Damaris Kofmel

Jan, le hooligan

(raconté par Jan Günther)

EDITIONS OURANIA

Titre original en allemand:
Der Hooligan

Titel der im Brunnen Verlag Basel
erschienenen deutschen Originalausgabe:
«Der Hooligan»

Les textes bibliques sont tirés de la version Segond 21

Traduction: Trudy Baudrier

Case postale 128
CH-1032 Romanel-sur-Lausanne
info@ourania.ch / www.ourania.ch

ISBN 978-2-940335-63-3
Imprimé en Allemagne par CPI Books sur papier FSC

Je dédie ce livre à mon amie Myriam,
qui est une des femmes les plus impressionnantes
que j'aie jamais rencontrées.

Table des matières

Informations préliminaires

Cette histoire est basée sur un récit authentique, et les principaux événements qu'il relate se sont passés exactement comme ils sont racontés ici (notamment ceux de Köpenick, de l'Alexanderplatz, de l'établissement pénitentiaire pour jeunes de Dessau et ce qui concerne le club du BFC).

En revanche, par respect pour les personnes et pour leur sécurité, la plupart des noms, quelques lieux et quelques détails ont été modifiés.

1. Perquisition

Jamais je n'aurais cru possible que ma vie d'adolescent – un peu insolent, c'est vrai – puisse prendre un jour un tournant aussi dramatique. Les événements se sont déroulés peu de temps avant mon 17e anniversaire. Je venais de rendre visite à un ami punk à Berlin centre et je rentrais chez moi, sans me douter le moins du monde de ce qui se préparait. Fredonnant une chanson, j'ai monté à toute vitesse les marches de l'escalier qui menait à notre modeste appartement. Ma mère m'attendait dans la cuisine, les bras croisés. Son visage sévère exprimait à la fois l'indignation et la préoccupation.

– Jan, a-t-elle fait nerveusement, la *Stasi*[1] est venue chez nous.

Ce nom m'a fait frissonner. S'il y avait bien une chose qui faisait peur à tout citoyen de RDA, c'était de voir des agents du service de la sûreté intérieure avec leur badge gris et leur casquette à visière. Tout le monde était terrifié face à eux. Je suis resté pétrifié, pour un instant incapable de prononcer la moindre parole, fixant ma mère de mes yeux noirs écarquillés. Moi, Jan, j'étais muet... ce n'était pas peu dire!

– La... la *Stasi* est venue à la maison? ai-je répété en bégayant.

– C'est ça, a-t-elle dit, son torse se bombant au rythme de ses paroles. Cette fois, tu vas devoir te débrouiller *toi-même*!

....

1 Abréviation de *Staatssicherheitsdienst*. Service de la sûreté intérieure de l'Etat d'ex-RDA. (N.d.T.)

– Mais… mais qu'est-ce qu'ils voulaient? me suis-je enquis prudemment.

Le visage de ma mère s'est congestionné.

– Ce qu'ils voulaient?! Tu me demandes sérieusement ce qu'ils voulaient, Jan?! Tu n'as pas une petite idée, mon garçon?! S'ils ont fouillé notre logement, c'est *à cause de toi*. Ils sont venus *pour toi*! Tu m'entends? Ils m'ont posé des questions à propos d'une bombe de peinture.

– Une bombe de peinture? Qu'est-ce que j'en ferais?

– Un farceur a tagué «RDA = KZ[2]» sur un mur à Köpenick[3]. Et, bien sûr, ils pensent que c'est toi!

– Moi?!

– Oui, toi! Qui d'autre aurait pu commettre un acte aussi insensé, si ce n'est mon Jan? Tu ne fais jamais rien d'autre que provoquer, provoquer et encore provoquer!

– Mais… ce n'est pas moi, Maman! ai-je affirmé honnêtement. Je n'ai rien peint du tout, je t'en donne ma parole. Je ne ferai jamais ça, je ne suis pas fou!

– Pas fou?! a crié ma mère en se prenant la tête entre les mains. Et les murs de ta chambre? Quel est le fou qui en est responsable?

Bon sang! ai-je songé, un sombre pressentiment me traversant l'esprit. *Ils n'auraient quand même pas…*

– Ils ont fouillé toute ta chambre, a déclaré ma mère comme pour confirmer mes soupçons. Ils ne parlaient plus de la bombe de peinture, mais par contre, ils ont tout pris en photo! Ils ont mitraillé chaque recoin de la pièce! Tu comprends?!

Le sol semblait se dérober sous mes pieds. *Ça ne peut pas être vrai*, ai-je pensé. *Ce n'est pas possible.*

– Je te l'ai toujours répété, a continué ma mère d'une voix tremblante: arrête avec tes bêtises et tes cheveux colorés. Je

2 Abréviation de *Konzentrationslager* (camp de concentration). (N.d.T.)

3 Quartier de Berlin situé dans la partie est avant la réunification de la ville. (N.d.T.)

te l'ai toujours dit! Pourquoi tu me fais ça à moi? C'est moi qui en souffre. A cause de toi, ils vont m'interdire d'exercer ma profession! Tout cela par *ta* faute. Parce que *tu* ne marches pas droit. Parce que *tu* parles à tort et à travers. Mais qu'est-ce qui se passe dans ta tête? Pourquoi fais-tu cela?! Demain, à 8 heures précises, tu dois te présenter à la préfecture de police, a-t-elle ajouté un peu plus doucement. Et si tu n'y vas pas, ils te retrouveront de toute façon. C'est ce qu'ils ont dit.

J'ai avalé ma salive. Bien sûr qu'ils me retrouveraient. En RDA, ils n'avaient pas à craindre que quelqu'un disparaisse. Il était impossible de quitter le pays! Et s'ils voulaient trouver quelqu'un, ils le trouvaient. Personne n'échappait à l'Etat! Surtout pas quelqu'un comme moi. Je sentais une boule de plus en plus grosse dans ma gorge.

– Et... qu'est-ce qu'ils ont photographié exactement?

– Tout! Ils ont tout pris en photo! s'est désolée ma mère. Tout, Jan. *Tout*! Ils ont tout retourné sens dessus dessous. Ils ont tout trouvé et emporté.

– Non! ai-je dit dans un souffle en m'affalant sur une chaise, complètement abasourdi. Non...

En un instant, ma vie, celle que je connaissais depuis toujours, s'écroulait. J'admets que, du haut de mes presque 17 ans, j'avais déjà fait pas mal de bêtises. Je n'étais pas ce qu'on appelle communément «un adolescent modèle». Se faire remarquer, telle était ma devise. J'étais un punk! J'avais les cheveux de toutes les couleurs et je les maintenais hérissés avec du savon et de la mousse à raser. Avec mes amis, nous traînions en vêtements déchirés et nous nous amusions à scandaliser les honnêtes citoyens par notre apparence extravagante et nos provocations. Nous nous considérions non seulement comme la terreur des petits bourgeois, mais aussi comme de véritables ennemis de l'Etat. Oui, comme des ennemis de l'Etat! Mais comment avais-je pu croire que cela continuerait indéfiniment? C'en était fini de moi. On ne pouvait pas être plus dans les ennuis que je ne l'étais alors.

Je n'ai pas dormi, cette nuit-là. J'espérais qu'à mon réveil, tout cela se révélerait n'avoir été qu'un mauvais rêve. Mais non, ce n'était pas un mauvais rêve. Le lendemain matin, la convocation écrite à la main trônait toujours sur mon bureau, notifiant: «Clarification d'un fait.» Mots obscurs, mais redoutables et sans pitié. Il n'y avait aucune échappatoire, aucun moyen de différer la confrontation, pas même de quelques jours. Il fallait que je m'y rende.

C'est donc lors d'une triste et grise journée d'automne, juste avant mon 17e anniversaire, que j'ai franchi la porte de la préfecture de police de Berlin centre. Ce jour devait changer ma vie à jamais.

On m'a conduit dans un petit bureau. Assis face à moi, un inspecteur, représentant de l'Etat. C'était un homme grand, aux yeux perçants, les cheveux gris coiffés avec une raie sur le côté. Visiblement irrité, il s'acharnait avec énergie sur le clavier de sa machine à écrire. Il était tellement furieux qu'il me semblait que le col de son horrible uniforme gris n'allait pas tarder à craquer. Il m'a lancé un seul regard, plein de dégoût, qui m'a glacé le sang dans les veines.

– MAIS QU'EST-CE QUE TU AS DANS LA TÊTE?!!! s'est-il mis à hurler alors que j'étais à peine assis.

Je me suis recroquevillé comme un mouton à l'approche du loup. Personne ne m'avait jamais parlé ainsi, pas même ma mère qui, pourtant, pouvait être très soupe au lait. J'ai vraiment compris, à ce moment-là, dans quelle situation dangereuse je me trouvais. Jusqu'alors, toute ma vie avait gravité autour des fêtes, des concerts punk et, évidemment, du BFC[4], mon club de foot, que j'aimais par-dessus tout. L'école pas-

4 Voir p. 45. Un des clubs les plus prestigieux du pays du temps de la RDA. (N.d.T.)

sait après. «Provoquer et s'amuser», telle était notre devise. A chaque fois qu'il y avait une occasion de faire la fête ou de semer le trouble, je répondais présent, moi, Jan. Et avec mes idées farfelues, j'assurais largement le spectacle. Nous étions tous amis. Nous nous moquions de l'Etat et de tout le système socialiste. Bien sûr, nous étions toujours à la limite de la légalité. J'avais même franchi cette limite à plusieurs reprises. Et jusque-là, je m'en étais toujours tiré de justesse. Mais désormais, je me tenais devant quelqu'un qui incarnait la loi dans toute sa dureté. Je sentais sa haine. Je la sentais littéralement, comme si, en cet homme qui me faisait face, elle s'était matérialisée en chair et en os. J'avais peur, terriblement peur. Et j'étais sur le point de faire dans mon pantalon quand, soudain, l'agent de la *Stasi* s'est penché en avant, tout près de mon visage, et a sifflé:

– Maintenant tu as des ennuis, mon garçon. Tu as de vrais ennuis!

Ses cheveux lui tombaient sur le visage; il les a rejetés d'un mouvement brusque de la main et s'est remis à marteler la machine à écrire installée sur son bureau.

– Nom!

– Jan, ai-je soufflé, honteux, Jan Günther.

– Age?

– 16 ans, ai-je murmuré en m'enfonçant de plus en plus dans mon siège.

– Première question, a poursuivi le policier en me fixant de son regard dur: Que t'a donc fait cet Etat pour mériter que tu l'outrages ainsi?

Je ne savais pas trop ce que je pouvais répondre à cela.

– Eh bien… euh… je voulais seulement critiquer un peu…

– TU VOULAIS QUOI?!!! a-t-il hurlé sans me laisser terminer ma phrase, ses yeux lançant des éclairs.

– C'est-à-dire que… marmonnai-je… je suis mécontent.

– Monsieur est mécontent?!

Le fonctionnaire s'est levé brusquement et, avant que je ne réalise ce qui m'arrivait, il m'a giflé violemment. Il s'est ensuite rassis derrière son bureau, comme si de rien n'était. Je suis resté prostré, tenant ma joue brûlante et me sentant de plus en plus petit et démuni.

A-t-il le droit de poser la main sur moi? me suis-je demandé. *Où ai-je atterri? Sortirai-je vivant de cet endroit?* Mon cœur battait la chamade. J'avais du mal à respirer et j'étais pris de vertiges. Mes pensées tournaient en rond. J'avais l'impression que l'air qui m'entourait était vicié par la méchanceté de cet homme.

– Donc, tu es mécontent, a constaté l'agent de la *Stasi* en posant un dossier volumineux sur le bureau.

Mon nom y était inscrit en gros caractères. L'idée qu'un dossier aussi épais sur ma personne puisse exister dans les archives de la *Stasi* était oppressante. Comment la liste des forfaits commis par un adolescent de 17 ans pouvait-elle déjà avoir pris de telles proportions? Je n'avais pourtant fait qu'exprimer mon opinion! Le policier l'a ouvert et mon regard est tombé sur des photos qui, visiblement, avaient été prises dans ma chambre. Ils n'avaient pas trouvé la bombe de peinture, pour la simple et bonne raison que l'auteur de ces tags, ce n'était vraiment pas moi. En revanche, ils avaient découvert d'autres slogans qu'ils avaient pris en photo et saisis comme pièces à conviction.

J'avais réalisé de nombreuses caricatures de Honecker, président du Conseil d'Etat, et j'en avais décoré un mur de ma chambre. Son portrait paraissait quotidiennement des dizaines de fois dans les journaux. Je découpais ces photos et les affublais de bulles remplies de déclarations de mon invention. J'y ajoutais aussi certains décors au crayon. Sur l'une de ces caricatures, je lui avais dessiné un habit de détenu de camp de concentration et je l'avais fait regarder par-dessus le mur de Berlin. Puis, dans une bulle, je lui faisais dire: «Il faut que je sorte d'ici!» Il n'y avait là rien de bien grave. Mais les fonctionnaires de la *Stasi* avaient dû croire, en entrant dans ma chambre, qu'ils avaient débusqué l'ennemi n°1 de l'Etat.

En un instant, j'ai compris qu'ils avaient vraiment trouvé chez moi tout ce qu'il y avait à trouver. Tout! Même les chansons contre Honecker et le communisme, que j'avais enfouies au fond d'un tiroir de mon bureau. J'étais fait!

– Sais-tu comment nous appelons cela? a-t-il grondé en étalant les clichés devant moi.

J'ai secoué la tête.

– Calomnie contre l'Etat et dénigrement des autorités, m'a-t-il informé.

Il a chassé pour la énième fois les cheveux qui lui tombaient sur le visage. Pour moi, il ressemblait presque à un démon.

– Te rends-tu compte des conséquences que cela implique? a-t-il tempêté en me regardant comme si j'étais la plus répugnante vermine de la planète. TE RENDS-TU COMPTE?!

Je sursautais à chaque mot, comme si on me torturait avec des décharges électriques. Ce type, avec sa terrible méchanceté, m'intimidait tellement que j'étais certain de subir le pire. J'étais persuadé que je ne sortirais pas vivant de cet endroit. On annoncerait à ma mère que j'avais succombé à une crise cardiaque ou que je m'étais suicidé. Elle ne saurait jamais ce qui était réellement arrivé à son jeune fils. Je disparaîtrais tout simplement, comme tant d'autres avant moi. J'en avais des sueurs froides. Personne ne pouvait-il venir à mon secours?

Que faire? ai-je songé. *Lui dire la vérité? Dois-je lui expliquer combien je me sens mal de ne pas pouvoir exprimer mon opinion librement? Dois-je lui dire combien j'aspire à quitter ce pays horrible? Peut-être aurais-je une chance en tant que dissident politique...* J'avais entendu dire que les gens incarcérés pour des raisons politiques finissaient par être expulsés vers l'Ouest s'ils étaient déterminés. Moi, je voulais de tout mon être partir à l'Ouest, quitter cet Etat de «flics» et échapper enfin à cette surveillance constante. Mais je n'étais pas majeur et je n'avais ni parent ni ami à l'Ouest, ce qui ne me laissait aucun espoir.

Un jour, sur l'Alexanderplatz[5], j'avais rencontré une fille qui était prête à m'épouser pour me permettre de rejoindre l'Allemagne de l'Ouest. D'habitude, je ne m'intéressais pas beaucoup aux filles, même s'il y en avait de temps en temps qui flashaient sur moi. Avant d'adopter le look iroquois multicolore, j'avais des cheveux très blonds qui, combinés à ma peau claire, à ma silhouette athlétique et mes yeux noirs, attiraient facilement le regard des filles. Moi, je préférais traîner avec ma bande de copains. Pourtant, cette jeune-là, venue de l'Ouest, occupait toutes mes pensées. Elle s'appelait Daniela Müller et était venue visiter Berlin-Est dans le cadre d'un voyage scolaire. Elle trouvait «cool» que je sois punk en RDA. «Quand j'aurai 18 ans, m'avait-elle dit, je me marierai avec toi et tu pourras me suivre à l'Ouest sans aucun problème.» Je m'étais accroché à cette promesse.

Mais alors que je me trouvais assis devant ce policier, même ce rêve-là semblait se perdre dans un futur inaccessible. *Il ne me reste plus que la fuite en avant*, ai-je songé. *A jouer cartes sur table. Peut-être me relâchera-t-il...*

J'ai pris mon courage à deux mains.

– Je... j'aimerais partir à l'Ouest... ai-je balbutié.

Je m'attendais à une autre explosion de violence, mais cette fois, elle n'a pas eu lieu.

– Ah bon, c'est ce que tu veux? a-t-il fait seulement.

– Oui, ai-je insisté. Je ne suis pas satisfait de la politique de ce pays et je veux le quitter.

– Ce sera l'Etat qui décidera si tu peux ou non le quitter après tous les sacrifices qu'il a faits pour toi, a-t-il dit sur un ton glacial en bombant le torse.

....

5 Place du centre de Berlin, très fréquentée. Surnommée «l'Alex» par les habitants, elle tient son nom du tsar Alexandre Ier. (N.d.T.)

A cet instant, mes espoirs se sont brisés. L'homme s'est levé dans toute sa hauteur, a croisé les bras et s'est avancé vers moi. Ses bottes craquaient. J'avais l'impression d'être un insecte qui allait être écrasé d'un moment à l'autre. Je m'attendais à recevoir une autre gifle. Mais à la place, il m'a détaillé de la tête aux pieds, s'est penché vers moi et m'a susurré:

– Tu sais ce que nous allons faire de toi, maintenant?

Je sentais son haleine fétide sur mon visage.

– Nous allons t'éduquer. Nous allons t'éduquer convenablement. Nous allons te montrer de quoi cet Etat est capable. Nous allons te le montrer, Jan Günther. Et pour commencer, tu vas être enfermé dans une cellule dont tu ne sortiras pas avant quelques années, je t'en fais la promesse!

J'étais convaincu qu'il ne bluffait pas. J'aurais voulu disparaître sous terre. Tout était fini, il était trop tard pour faire marche arrière. C'était la fin! Je ne reverrais plus jamais ma famille, plus mes copains, pas même Dirk, mon meilleur ami. J'étais complètement à la merci de l'Etat.

On m'a emmené dans une prison qui avait déjà dû servir du temps d'Hitler. Là, ils m'ont jeté dans une cellule d'isolement, tout au fond de la cave. La lourde porte a claqué. Puis, soudain, je me suis retrouvé seul, affreusement seul. *Ça y est*, ai-je songé. *Tout est fini. Ma vie va s'arrêter là.* Et, tandis que je me laissais glisser par terre contre le mur froid et humide, les seize premières années de mon existence ont défilé comme un film dans ma tête.

2. Dirk n'est pas un bagarreur

Dirk habitait à deux rues de chez moi. Nous nous connaissions depuis tout petits et étions les meilleurs amis du monde. Pourtant, nous étions aussi différents l'un de l'autre que le jour l'est de la nuit. Dirk portait d'épaisses lunettes, il était assez enveloppé et lourdaud, et lorsque nous nous promenions, il était rapidement essoufflé. Moi, j'étais un aventurier dans l'âme, grand conquérant de nouveaux mondes. Dirk était mon fidèle acolyte. Où que j'aille, il m'accompagnait. Dans tous les jeux que j'imaginais, il fallait qu'il soit de la partie. Sans lui, rien ne m'amusait.

Bien sûr, si cela n'avait tenu qu'à lui, il serait resté cloîtré toute la journée dans sa chambre à lire des livres ou à faire des mots-croisés. Il aimait prendre son temps, faire les choses tranquillement, tandis que je préférais parcourir les forêts de Köpenick en quête de folles épopées. Il ne fallait pas qu'il se passe un seul jour sans que j'aie vécu quelque chose de passionnant. Et s'il ne se produisait rien, eh bien, je créais l'événement.

– Dirk, ai-je dit un jour, après une matinée plutôt maussade, j'ai une super idée.

– Oui, et qu'est-ce que c'est? a-t-il demandé tout en essuyant laborieusement ses lunettes à l'aide d'un mouchoir.

Nous avions dans les 10 ans et nous flânions au bord de la Spree[1].

1 Rivière qui traverse Berlin et qui, autrefois, servait de frontière entre Berlin-Est et Berlin-Ouest. (N.d.T.)

– On va faire semblant de se bagarrer, ai-je proposé, enthousiasmé par mon projet farfelu.

Dirk a remis ses lunettes sur son nez et m'a regardé d'un air consterné à travers ses verres épais.

– C'est quoi, encore, cette idée?

– Ça va être cool, tu vas voir! me suis-je exclamé, déjà complètement excité.

– Comment ça, cool? s'est étonné Dirk qui n'y comprenait vraiment rien.

– Tu vois les garçons, là, devant nous? ai-je demandé en désignant un groupe d'enfants du voisinage qui étaient assis à côté d'une vieille pelleteuse rouillée et qui jetaient des pierres dans la rivière. Alors, écoute-moi bien, on va s'approcher d'eux et on va faire semblant de se battre.

– Mais je ne veux pas me battre avec toi, a objecté Dirk.

– Dirk, c'est du *cinéma*! Tu comprends? Mais évidemment, il faut que ça ait l'air vrai. Ils doivent croire qu'on est vraiment fâchés. O.K.?

– Je sais pas trop...

– Allez, viens, Dirk. Ça va être marrant, je t'assure!

Après de longues hésitations, mon ami s'est enfin laissé convaincre de l'excellence de mon idée.

– Si t'insistes vraiment, alors d'accord, je veux bien.

– Bon, il faut qu'on imagine un scénario! ai-je fait, impatient. Pour quoi est-ce qu'on pourrait se disputer? Qu'est-ce que t'en penses, Dirk?

– Aucune idée, on ne se dispute jamais, a-t-il répondu en haussant les épaules.

C'était la vérité. On ne pouvait pas se disputer avec Dirk, car il était à la fois trop flegmatique et trop pacifique. Mais c'était cela, justement, qui rendait l'idée passionnante: mettre en scène une bagarre entre lui et moi. Les garçons, là-bas près du fleuve, n'allaient plus rien y comprendre en nous voyant nous «crêper le chignon». Ce serait du jamais vu! J'avais hâte de voir leur réaction.

Au bout de quelques minutes d'intense réflexion, j'avais concocté un plan de bataille et je savais exactement comment procéder. J'ai donc dévoilé ce plan à mon ami. Et tout compte fait, la distribution des rôles ne lui semblait pas si mauvaise.

– Bon, c'est parti! ai-je dit en me frottant les mains. Montre ce que tu as dans le ventre! Scène trois, prise une! Action!

Et notre spectacle a commencé. Dirk s'est impliqué à fond. Il m'a poussé énergiquement avec ses mains en s'efforçant simultanément d'avoir l'air furieux.

– Rends-moi tout de suite mon bonnet! a-t-il piaillé.

– Plus fort, l'ai-je encouragé en chuchotant, tout en feignant de perdre l'équilibre.

Dirk a rempli d'air ses poumons et a répété son texte avec une force redoublée.

– Je veux récupérer mon bonnet! a-t-il hurlé en me poussant devant lui pour me faire descendre la colline en direction de la pelleteuse. Les garçons, près du cours d'eau, ont levé la tête, intrigués.

– Tiens? s'est étonné l'un d'eux. On dirait Jan et Dirk. Mais qu'est-ce qui leur prend?

J'ai fait un clin d'œil à Dirk, puis j'ai agité son bonnet ostensiblement en l'air et, en mobilisant tout mon talent d'acteur, j'ai déclamé:

– Ah, tu veux ton bonnet? Alors viens le chercher, mauviette!

– Comment tu viens de m'appeler? s'est exclamé Dirk en montrant ses poings.

– Mauviette!

– Mauviette toi-même! Si tu ne me rends pas mon bonnet tout de suite, tu vas voir ce que tu vas voir!

J'avais du mal à m'empêcher de rire. Il se débrouillait vraiment bien, Dirk. Il s'identifiait tellement à son rôle qu'il était méconnaissable. Nous étions observés avec une inquiétude croissante. Pas de doute: notre querelle semblait authentique. Digne d'un film!

– Dis donc, ils se battent vraiment, a dit Heiner, l'aîné du groupe.

– Oui, c'est du sérieux, a murmuré un autre. Ils ne vont pas tarder à s'étriper. Mais qu'est-ce qui leur prend? Ils s'entendent toujours si bien d'habitude…

– Eh, Jan, qu'est-ce qui se passe? m'a lancé Heiner.

Nous avions convenus d'ignorer délibérément le groupe et c'est ce que nous avons fait. Au lieu de répondre, et sur un signe de ma part, Dirk a déclaré avec véhémence:

– On va régler ça entre hommes!

Il m'a attrapé par le bras, comme je le lui avais indiqué lors de notre préparation, et m'a tiré derrière un bosquet où les autres ne pouvaient plus nous voir. J'étais exalté par le succès complet de notre action.

– Maintenant, on arrive au grand final, ai-je dit.

Dirk soufflait comme une locomotive à vapeur.

– Quel final? a-t-il demandé.

– Eh ben, le combat, ai-je expliqué. Tu dois donner l'impression de me démolir.

– Mais je ne sais pas faire ça, Jan. Tu le sais bien.

– T'inquiète pas. J'ai une solution.

– Comment ça? s'est étonné Dirk.

J'avais pensé à tout, petit malin que j'étais. Chaque détail devait être au point. Il en était toujours ainsi quand j'organisais quelque chose. J'ai donc serré mon poing droit et je me suis donné moi-même un coup sur le nez. Dirk me fixait, horrifié.

– Jan, qu'est-ce que tu fais?

– Il faut que ça ait l'air vrai, ai-je répondu en m'assénant un nouveau coup. Dans un vrai combat, le sang doit couler, du vrai sang!

– Mais, tu ne vas pas te cogner jusqu'au sang, Jan! T'es malade!

– Non, c'est génial, Dirk, ai-je rétorqué, le visage tordu par la douleur et en prenant mon élan pour une nouvelle beigne. J'ai atteint mon nez de plein fouet et le sang a giclé. J'ai ricané de satisfaction.

– Donne-moi ta main! ai-je ordonné.

Il s'est approché de moi en secouant la tête. J'ai enduit son poignet de sang pour donner à la scène encore plus de réalité.

– Bon, maintenant, tu ressors et tu dis: «Je l'ai bien eu, celui-là» ou quelque chose comme ça.

– Et toi?

– Moi, j'arriverai dès que je pourrai tenir à peu près debout. Tu m'as pas mal démoli. T'as déjà oublié?

– Ah oui, bien sûr, a rigolé Dirk qui commençait visiblement à s'amuser de la situation.

– Allez, vas-y! Action!

Dirk s'est avancé en se dandinant. Je jubilais en l'entendant se mettre en scène.

– C'est réglé! a-t-il annoncé. J'allais pas laisser passer ça!

– Il est où Jan?

– Etalé dans le sable.

– N'importe quoi! Jan, étalé dans le sable?!

– Eh oui!

– Tu... c'est toi qui l'as démoli, Dirk? *Toi?*

– Tu me crois pas cap'? Regardez le sang! Vous voyez ça?

– Dis, je croyais que Jan était ton meilleur ami?

– Eh bien, moi aussi je le pensais, les gars.

Il s'est interrompu et j'en ai profité pour faire mon apparition, titubant et couvert de sang, tel un héros de cinéma.

– Tu vas me le payer, Dirk! ai-je vitupéré. Ça va pas se finir comme ça, je t'assure!

– Jan!

Ils n'en croyaient pas leurs yeux quand ils ont vu comment Dirk m'avait apparemment arrangé. Dirk, qui n'avait jamais fait de mal à une mouche, avait écrabouillé Jan.

– C'est pas possible...

Jamais je n'avais vu nos copains aussi stupéfaits. Nous avons continué la comédie avec quelques répliques encore, puis nous avons éclaté de rire tous les deux.

– On vous a eus! On vous a eus!

Nous sommes tombés dans les bras l'un de l'autre et les visages de nos spectateurs étaient de plus en plus sidérés.

– Mais... qu'est-ce qui se passe?

– C'était tout du bluff!

– Et le sang?

– Je me suis bousillé le nez moi-même, ai-je expliqué fièrement en me l'essuyant du dos de la main.

– Ben ça alors, a fait Heiner, j'étais sûr que vous vous battiez vraiment...

Notre farce avait parfaitement réussi, il n'y avait pas de doute. Dirk et moi avions fait une représentation impeccable. Je rayonnais avec mon visage sale et barbouillé de sang, me sentant comme une star hollywoodienne lors de la remise des Oscars. Et tandis que je recommençais à relater toute l'histoire, Dirk s'est assis sur une pierre pour nettoyer une nouvelle fois ses lunettes avec minutie.

3. Appendicite

J'étais par nature très doué pour jouer la comédie. Je pouvais me projeter dans n'importe quelle situation, m'adapter à n'importe quel rôle. «Quand je serai grand, je serai acteur», disais-je souvent. Et les occasions de prouver mes talents ne manquaient pas. Un jour, par exemple, j'ai voulu sécher un contrôle de maths. Mais l'histoire s'est retournée contre moi. D'ailleurs, aujourd'hui encore, j'ignore comment la situation a pu déraper à ce point.

C'était un dimanche, et le dimanche, toute la famille – mon beau-père, ma mère, ma petite demi-sœur et moi – avait l'habitude de faire une promenade en forêt. C'était avant que mon beau-père ne nous quitte, quand le monde tournait encore rond, quand je ne savais pas encore qu'il était secrètement porté sur la bouteille. Je n'ai jamais connu mon vrai père. Ma mère refusait de parler de lui. Tout ce que je savais, c'est qu'il était polonais et qu'il était sorti de sa vie en apprenant qu'elle était enceinte. Trois ans après, elle avait épousé Heinrich, mon beau-père. Et un an plus tard, Nathalie, ma demi-sœur, était venue au monde.

Mes relations avec ma mère et mon beau-père n'étaient pas fameuses. Quelque part, j'avais toujours l'impression qu'ils préféraient Nathalie. C'est ainsi que je suis devenu très inventif pour essayer d'attirer l'attention sur moi, comme, justement, lors de cette promenade dominicale en forêt.

Le lendemain, lundi, j'avais un contrôle de mathématiques que je redoutais beaucoup. En RDA, les notes allaient de 1 à 5,

5 étant la plus mauvaise. Je n'étais pas très fort dans cette matière et je ne pouvais pas me permettre un nouveau 5. *Il faudrait que je sois malade!* me suis-je dit. *Mais comment faire?* J'ai tourné et retourné le problème dans ma tête jusqu'à ce qu'il me vienne une idée de génie. *Je pourrais tout simplement faire semblant d'être malade! Je me persuaderai d'avoir une douleur atroce à un certain endroit et il leur sera impossible de m'envoyer à l'école. Car on ne peut pas suivre les cours en ayant si mal, c'est évident.*

Aussitôt pensé, aussitôt réalisé. Jan, champion du monde de l'embrouille, allait à nouveau montrer ses talents de comédien! Alors que nous nous promenions sur le chemin forestier, je me suis immobilisé d'un coup et me suis mis à gémir, plié en deux.

– Aïe! ai-je crié. Je peux plus bouger. Ahhh! Ouille!

Ma mère, Nathalie et Heinrich se sont arrêtés en fronçant les sourcils.

– Qu'est-ce qui se passe, Jan?

– Aïe, aïe! J'ai horriblement mal! ai-je pleurniché en accompagnant mes cris d'un rictus affreux, comme si je devais succomber d'un instant à l'autre.

– Ah, ah, n'importe quoi! T'as rien du tout! a fait ma sœur qui semblait voir clair dans mon jeu.

– T'en sais rien, j'ai très mal, ai-je répliqué en lui jetant un regard méprisant. Ah!!!

– Où est-ce que tu as mal? a demandé ma mère en se penchant vers moi, inquiète.

– Là, ai-je dit en désignant un endroit précis d'un côté de mon ventre. Je ne crois pas que je vais pouvoir aller à l'école demain...

– On va commencer par rentrer à la maison, a décrété mon beau-père, et si ça ne se calme pas, on appellera le médecin.

La promenade a donc été interrompue et nous avons pris le chemin du retour. J'ai gémi jusqu'à la voiture, de plus en plus courbé par la «douleur». Je jouais mon rôle avec brio. Même ma sœur a mis peu à peu ses doutes de côté. Et plus je me persuadais d'avoir mal, plus cette douleur imaginaire me gagnait en réalité. Une fois que nous étions rentrés, mon beau-père a fait effectivement venir le médecin. Celui-ci m'a trouvé recroquevillé sur le canapé.

– Où as-tu mal mon bonhomme?

Je lui ai montré l'endroit et quand il y a touché, j'ai poussé un hurlement. *Il va me faire un arrêt maladie*, ai-je pensé, sûr de ma victoire. *Ça va marcher.* Et puis, tout a basculé d'une façon que je n'aurais jamais pu imaginer.

– C'est donc bien là que tu as mal, a constaté le médecin.

– Oui, monsieur le docteur, ai-je confirmé docilement. Je crois qu'il vaut mieux que je n'aille pas à l'école demain.

– Je suis de ton avis, a déclaré le médecin à ma grande satisfaction. Puis, pensivement, il a ajouté:

– Je crois qu'il faut qu'on t'emmène à l'hôpital très rapidement.

– A l'hôpital?! D'un coup, mon envie de jouer la comédie avait disparu. Je dois aller à l'hôpital?

– Oui, dit le médecin. Je pense que c'est une crise d'appendicite.

– Une crise d'appendicite? ai-je fait en avalant ma salive avec peine. Mais...

Désespéré, je cherchais une échappatoire. En aucun cas, je ne voulais aller à l'hôpital. Tout ce que je voulais, c'était sécher le contrôle de maths.

– C'est peut-être pas si grave que ça, ai-je dit.

Et pour prouver mes dires, je me suis assis. Ce faisant, j'ai senti une douleur fulgurante qui ne pouvait pas être sortie de mon imagination. Quoique?

– On ne plaisante pas avec l'appendicite, a affirmé le médecin. Tu dois être immédiatement hospitalisé.

– Jan, est intervenu mon beau-père, tu as entendu ce que le docteur t'a dit? Mais ne t'inquiète pas, mon garçon. L'opération pour appendicite est une opération courante, de nos jours.

– Une opération?! me suis-je exclamé en me tenant désormais droit comme un «i». Non, non, je ne veux pas être opéré! Je me sens mieux, maintenant. Ça y est, c'est parti. Je ne me sens plus malade du tout. Peut-être que j'ai tout imaginé. C'est possible que...

– On ne peut pas inventer une appendicite, a déclaré mon beau-père. Si le docteur dit que tu dois aller à l'hôpital, tu iras à l'hôpital, un point c'est tout!

Toute objection était inutile. La chose était décidée. Je m'étais mis dans de beaux draps! Mais le meilleur restait à venir: à peine arrivé à l'hôpital, les médecins ont diagnostiqué une appendicite avec menace de péritonite devant être opérée d'urgence. Incompréhensible! Mais c'est pourtant ce qui s'est passé. Toujours est-il que j'ai échappé à mon contrôle de maths et, de surcroît, j'ai reçu un cadeau de mon beau-père. Et c'était de loin le meilleur de l'histoire!

Juste avant que j'entre au bloc opératoire, il s'est approché du brancard et m'a dit:

– Tu sais quoi? Quand tu reviendras à la maison, je t'offrirai un vélo.

Je devais avoir l'air vraiment misérable pour lui arracher une telle promesse. En tout cas, il l'a tenue, et c'est ainsi que j'ai obtenu mon premier vélo. Etonnant, à quoi peut servir une opération pour appendicite!

Ce vélo flambant neuf faisait toute ma fierté. Je l'utilisais tous les jours pour sillonner les bois. A Köpenick, le quartier de mon enfance, il y avait une magnifique forêt avec une piste cyclable qui serpentait entre les arbres. Elle longeait un ruisseau et traversait un village indien en bois, qui avait été construit pour les enfants. C'était d'ailleurs très rare en RDA.

Des heures durant, je parcourais ce chemin, d'abord en franchissant un petit pont, puis le long du ruisseau jusqu'au village indien. Venait ensuite la montée de la colline, suivie de la descente jusqu'à l'orée du bois. Ensuite, je reprenais tout depuis le début. En m'observant, on aurait pu songer qu'il devait être terriblement ennuyeux de faire inlassablement le même parcours. Mais pas du tout! Cela n'avait rien d'embêtant. Au contraire, ce circuit me procurait des sensations fortes. Car en réalité – et cela, les autres enfants l'ignoraient totalement – je ne faisais pas du vélo et je ne roulais pas dans la forêt. Non, je pilotais un car à travers les lacets d'une montagne et transportais des passagers extrêmement importants. J'avais de grosses responsabilités!

Bien sûr, les non-initiés devaient me trouver complètement cinglé quand ils me voyaient freiner brusquement pour une raison inconnue et fixer le sol devant moi, comme si je me trouvais au bord d'un précipice mortel. Il est vrai que la route fantaisiste sortie de mon imagination était parsemée d'embûches et de pièges innombrables: des pentes dangereuses, des rochers en surplomb et des chutes de pierres qui, parfois, rendaient certaines portions impraticables. Il fallait être un chauffeur de car expérimenté comme moi pour pouvoir emprunter ces chaussées montagneuses aux nombreux virages en épingle et amener les passagers à bon port.

La plupart du temps, il ne s'agissait pourtant que d'un seul passager, Dirk, en l'occurrence. Juché sur mon porte-bagages, il n'avait qu'à simplement rester assis sur mon vélo, ce qui, toutefois, s'avérait souvent assez périlleux étant donné ma façon de conduire...

Avant que nous puissions commencer à jouer, il y avait d'importants préparatifs: je confectionnais de petits panneaux avec des inscriptions comme «Interdiction de parler au chauffeur» ou «Monter par l'arrière». Je mettais naturellement un temps infini à fignoler ces accessoires.

– Je croyais qu'on allait s'amuser à jouer au bus... faisait alors observer Dirk au bout d'un moment.

– C'est ce qu'on fait, mais on a besoin de ces écriteaux. Attends que j'aie terminé.

– On pourrait peut-être jouer sans ces machins...

– C'est impossible, Dirk. Il faut faire les choses dans les règles!

Les panneaux devaient être aussi détaillés que possible car, dans mon monde, tout devait être parfait: le paysage, les écriteaux, les bruitages. Je savais exactement quel bruit faisait un car quand il avait du mal à démarrer ou quand il patinait dans la boue. J'étais imbattable pour les imitations.

Je ne comprenais pas que les autres enfants fassent toujours les mêmes bruits en jouant. Lorsqu'ils «tiraient» avec un revolver ou une mitraillette, le son ne variait pas. «Ta-ta-ta-ta!» couinaient-ils, comme si cela suffisait pour épater la galerie. C'était d'un navrant! Une mitraillette émettait pourtant un bruit bien caractéristique, surtout si, comme moi, on y avait adapté un silencieux spécial. «Pschtsch... pschtsch... pschtsch...» voilà ce qu'on entendait! Moi, on ne me racontait pas d'histoires. Quand je conduisais un car à travers les lacets d'une montagne, livrais une bataille sanglante contre des extraterrestres ou délivrais Dirk des griffes d'un dragon géant, mon monde était imagé et varié.

La vie en RDA était grise, mais mon univers à moi était en couleur parce que je me l'imaginais ainsi. J'aspirais à la couleur. Je voulais une vie variée et originale, pas la vie de Monsieur Tout le monde. A 10 ans, déjà, j'en étais convaincu. Et plus je grandissais, plus mon sens pour l'originalité se renforçait. Je me sentais attiré par tous ceux qui, d'une manière ou d'une autre, sortaient des sentiers battus.

A l'âge de 13 ans, j'ai fait la connaissance d'un groupe de punks qui traînaient sur l'Alexanderplatz. Leur look me fascinait. Des cheveux colorés, voilà exactement ce qu'il me fallait. Sans hésiter, je me suis fait une coloration en vert. Et quand, le lendemain matin, je suis arrivé à l'école avec mes cheveux vert fluo, l'enseignante a failli faire une attaque. Je n'en étais pas à ma première prestation, mais là, ça allait tout de même un peu loin. J'ai été aussitôt envoyé dans le bureau de la directrice qui, elle aussi, est tombée des nues en voyant ma dégaine.

– Ce n'est pas possible! s'est-elle exclamée. Rentre immédiatement chez toi! Tu ne mettras plus les pieds dans l'école tant que tu auras les cheveux de cette couleur!

Je suis donc rentré à la maison… pour me teindre les cheveux en rouge! Difficile de faire plus choquant! Les cheveux rouges étaient encore moins autorisés, en RDA. Mais, de toute façon, rien n'y était permis, sauf de marcher dans le rang et de se taire. Et cela, justement, je ne le voulais pas. Je ne voulais pas suivre le troupeau. Je ne voulais pas porter une chemise bleue avec l'emblème du soleil cousu sur la manche gauche, comme tous les jeunes qui faisaient partie de la FDJ[1], l'organisation pour la jeunesse qui émanait de l'Etat. La FDJ complétait le système d'éducation et, parallèlement à l'école, elle avait pour mission d'initier les adolescents au marxisme-léninisme. Officiellement, l'adhésion était facultative, mais celui qui choisissait de s'abstenir rencontrait de nombreuses difficultés dans le choix de ses études et de sa profession. Mais cela m'était égal. Moi, Jan, je ne me laisserais dicter ni mes actes ni mes pensées. J'étais libre comme l'air et je tenais à le rester coûte que coûte.

Coûte que coûte? Bien sûr, je n'avais pas la moindre idée du prix que j'aurais à payer en ne suivant pas le troupeau. Jusqu'où l'Etat était prêt à aller pour briser la volonté d'un citoyen de RDA récalcitrant, cela, je n'en avais pas la moindre idée. Non, je n'en avais pas la moindre idée.

1 Abréviation de *Freie Deutsche Jugend* (Jeunesse libre allemande). La FDJ était le mouvement de jeunesse officiel des 14-25 ans en RDA. (N.d.E.)

Pourtant, là, assis par terre dans ma cellule d'isolement, je me doutais que mes farces de gamin étaient terminées. Des temps difficiles m'attendaient, je le pressentais. Et cela me faisait peur…

4. La baie vitrée

La prison dans laquelle j'étais incarcéré ressemblait en tout point à celles que l'on peut voir dans un film: une cour centrale éclairée par le toit, entourée de cellules s'élevant sur sept étages. La mienne était située tout en bas, dans le sous-sol. Elle ne contenait qu'un tabouret, une table fixée dans le béton, un lit et une ampoule nue. Rien d'autre.

Un gardien m'avait poussé violemment dans mon nouveau chez-moi. Il m'y avait enfermé sans prononcer une seule parole, puis avait verrouillé la porte. Il avait ensuite jeté un dernier regard à travers le judas et éteint la lumière.

Je me retrouvais donc assis dans le noir à me demander ce que j'allais bien devenir dans cette situation sans issue. *Personne ne peut plus m'aider ici*, ai-je songé. *Personne ne sait que je suis là. Et un jour, dans quelques années, plus personne ne se souviendra de moi. Il ne leur restera plus qu'à m'emmener quelque part dans un champ pour m'abattre.* Oui, c'était réellement ce que je pensais. *Ma vie est finie*, me suis-je dit, la gorge serrée. *Je n'ai même pas 17 ans et c'est déjà terminé.* Je me sentais misérable, les bras serrés autour de mon corps et tremblant de peur. J'étais désespéré, complètement désespéré.

«Mon Dieu, ai-je chuchoté, aide-moi, s'il te plaît! Aide-moi à sortir d'ici! Il faut que je quitte cet endroit! Je n'ai fait de mal à personne! Je suis innocent. Tu sais que je suis innocent. S'il te plaît, mon Dieu, aide-moi à m'en sortir! Je t'en supplie!»

Je n'avais jamais prié auparavant. Mais je ne voyais pas d'autre solution. Je n'étais pourtant pas quelqu'un de religieux. Je croyais vaguement en un «bon Dieu», mais cela s'arrêtait là.

Ma seule expérience avec Dieu se résumait à un culte pour enfants où ma mère m'avait envoyé quand j'avais 6 ans. Ces réunions étaient organisées par l'église protestante. Bien sûr, en RDA, il était très mal vu d'aller à l'école du dimanche. Tout ce qui avait trait à l'Eglise ou à Dieu y était proscrit. Mais Maman avait déclaré: «Tu n'as qu'à y aller pour voir, Jan. Peut-être que cela te plaira.»

Et c'est ainsi que j'y avais participé à trois reprises. Je me moquais éperdument de tout ce qu'on y racontait. En revanche, j'étais très intéressé par l'œuf en chocolat qui était distribué à la fin. C'était un œuf surprise qui venait de l'Ouest, une friandise inconnue chez nous. Mais en dehors de cette sucrerie, rien ne me passionnait dans ces rencontres. En tout cas, je n'y avais pas appris à connaître Dieu. Et en cet instant, alors que j'étais assis dans ma cellule et que je l'appelais au secours, il semblait ne pas m'entendre. Je devais me débrouiller seul. Personne ne me soutiendrait, pas même Dieu!

Les premiers jours ont été épouvantables. Les repas qu'on m'apportait étaient immangeables. Je ne pouvais rien avaler, pas même une bouchée tellement c'était infect. Mais de toute façon, je n'avais pas d'appétit. L'incertitude quant au sort qui m'était réservé me rendait presque fou. *Que faire? Que faire?* me répétais-je inlassablement.

J'étais enfermé dans ce sous-sol 23 heures sur 24. Je ne pouvais prendre l'air sur le toit qu'une heure par jour et sans avoir de contact avec les autres détenus. Je n'avais aucune possibilité de parler à qui que ce soit. C'était à désespérer.

Les jours passaient, semblables les uns aux autres. Personne ne venait me parler ni me dire s'il y avait la moindre chance que je sorte un jour de cet endroit. J'étais coupé de tout, seul dans ma cellule si minuscule que j'y étouffais. Je marchais de long en large dans ma cage en béton, comme un tigre en captivité. Je la mesurais avec mes pas, encore et encore. Elle faisait quatre pas de long et trois pas de large. Quatre pas de long, trois pas de large... quatre pas de long, trois pas de large... quatre pas de long, trois pas de large.

Je dois sortir d'ici! hurlais-je dans ma tête. *C'est insupportable! Je vais craquer, enfermé entre ces murs!*

Quatre pas de long, trois pas de large... quatre pas de long, trois pas de large. Je n'avais même pas un livre à lire, rien pour passer le temps. J'étais seul avec moi-même, seul avec mes pensées qui me minaient. L'idée de rester enfermé ici (peut-être toute ma vie) pour finir par y mourir m'était intolérable.

Puis est arrivé mon 17e anniversaire. C'était le 8 octobre. Normalement, les anniversaires se fêtent en famille ou entre amis, mais pas en prison. Moi, j'ai fêté mes 17 ans au cachot, seul, sans amis, sans gâteau ni bougies, sans «Joyeux anniversaire», sans cadeaux. Jamais la solitude ne m'a autant pesé que ce jour-là. C'était horrible!

Cette nuit-là, j'ai songé au suicide. Mais je ne voyais même pas comment j'aurais pu m'y prendre. Devais-je me taper la tête contre les murs jusqu'à ce que mort s'ensuive? Je n'aurais jamais cru qu'un jour je souhaiterais en finir, moi, Jan, le clown de la classe, celui qui faisait rire tout le monde. Moi, Jan, la forte tête aux cheveux colorés et à la vingtaine de boucles d'oreilles, je ne voyais plus d'issue! Jamais de toute ma vie je ne m'étais senti aussi petit et abandonné. Mes amis me manquaient, surtout Dirk et mes copains punk de l'Alex. Ils me manquaient tant que j'en avais la gorge serrée.

Quand, là-haut sur le toit, j'effectuais ma promenade quotidienne, je pouvais apercevoir la pointe de la tour de télévision de Berlin. Je n'en voyais qu'une infime partie, mais elle suffisait pour stimuler mon imagination. En pensée, je descendais le long de l'édifice et je pouvais ainsi contempler la foule grouillante de l'Alexanderplatz.

Là-bas, au pied de la tour, mes amis sont assis et ils s'étonnent de ne plus me voir, pensais-je. *Si seulement je pouvais leur dire ce qui m'est arrivé. Si seulement je pouvais leur dire qu'on me retient ici. Si seulement ils savaient que je suis là, ils pourraient me délivrer!*

Je m'accrochais à la grille, le vaste ciel bleu au-dessus de ma tête. Plus je contemplais le haut de cette tour, plus mon imagination travaillait.

«Chère Alex, murmurais-je. Quand te reverrai-je?»

S'il y avait un lieu qui était particulièrement cher à mon cœur, c'était bien l'Alex. C'était notre territoire. Là, je me sentais bien, car il se passait toujours quelque chose sur ces 80'000 m² de Berlin centre. Chaque jour, dès la fin des cours, je m'y rendais pour retrouver mes amis. Tout mon temps libre, je le passais là. Les devoirs pouvaient attendre. De toute façon, l'école m'était indifférente; plus même, je la haïssais littéralement. Je préférais mille fois traîner avec mes copains à la recherche de nouvelles aventures. Et celles-ci ne manquaient pas, sur l'Alex.

On y trouvait par exemple de nombreux stands où l'on proposait toutes sortes de marchandises. L'un de ces étals n'attirait que rarement les passants. Il appartenait à un vieil homme qui vendait des timbres. Par tous les temps, il se tenait sous son abri précaire en toile et attendait qu'un collectionneur enthousiaste lui achète quelques précieux spécimens, ce qui ne se produisait que rarement. Un jour, je m'étais approché de lui et je m'étais arrêté plein d'admiration.

– Bonjour, avait-il dit poliment.

– Bonjour, avais-je fait en retour.

Laissant errer mes yeux sur toutes ces vieilles vignettes, j'avais fait mine de chercher quelque chose de précis. Je sentais sur moi le regard plein d'espoir du vendeur.

– Vous avez là des pièces intéressantes, avais-je fait remarquer au bout d'un moment en adoptant une voix d'intellectuel.

– Vous êtes collectionneur?

– Oui, je suis un passionné.

Le visage du vieil homme s'était illuminé: enfin quelqu'un s'intéressait à ses collections. Affichant la mine d'un connaisseur, j'avais désigné l'un ou l'autre des timbres au hasard.

– Celui-ci, avais-je fait. Et puis celui-là... et encore ce bloc de quatre... et, tenez, celui-ci...

A chaque exemplaire que je choisissais, le vieil homme se penchait avec empressement et saisissait la pièce avec des brucelles en prenant bien soin de ne pas endommager les petites dents fragiles qui lui donnaient sa valeur, puis il la faisait glisser dans une petite pochette transparente. Ses yeux brillaient à l'idée de l'affaire mirobolante qu'il était en train de réaliser ou, du moins, qu'il *pensait* réaliser.

– Celui-ci... celui-là... et ceux-là, là-bas... Tous ces timbres, je ne les veux *pas*, car les timbres ne m'intéressent absolument pas! m'étais-je finalement exclamé en riant.

L'homme avait levé la tête et, en s'apercevant qu'il s'était fait avoir, avait affiché une mine décomposée. Ma farce avait bien réussi. J'avais ricané et j'étais parti en courant sans attendre qu'il me couvre d'injures.

Nous y avions aussi vécu un jour une autre aventure qu'aucun de nous n'était prêt d'oublier: l'explosion de la baie vitrée. En RDA, on était surveillé à tout moment et presque partout par des caméras vidéo. Officiellement, elles servaient à observer la circulation. Mais personne n'était dupe. Le service de la sûreté intérieure de l'Etat, la *Stasi*, les utilisait pour garder un œil sur les journalistes de l'Ouest, sur les opposants ou sur tout autre suspect possible. L'Alexanderplatz faisait l'objet d'une attention particulièrement renforcée. Mais nous connaissions parfaitement les angles morts de ces caméras, et nous savions donc où mettre à exécution nos plans farfelus sans être vus par le «Big Brother». Toutefois, un petit détail excitait notre curiosité: il y avait, à un coin de rue, un immeuble avec une gigantesque baie vitrée en verre teinté, et personne ne savait ce qui se trouvait derrière.

«Crois-tu que la *Stasi* se cacherait derrière cette vitre? nous demandions-nous à chaque fois que nous passions devant l'immeuble. Et s'ils étaient vraiment là, juste devant notre nez, à nous espionner?»

Tout le monde l'ignorait, et ce serait certainement resté une énigme si, un jour, Dirk n'avait pas percé le mystère. Qui aurait cru cela de lui!

Je le traînais partout avec moi et, bien sûr, aussi sur l'Alex. Lui s'obstinait à garder continuellement dans la main son carnet de mots-croisés et son crayon pour remplir les cases. Car Dirk était plutôt intelligent, ce qui, pour un peu, m'aurait rendu jaloux. Donc, cet après-midi-là, nous nous baladions sur la place. Alors que je m'évertuais à dénicher une nouvelle aventure, Dirk marchait tranquillement à côté de moi en cogitant sur sa grille.

– «Plante indienne en neuf lettres»... avait-il marmonné.

– Oh zut, ça intéresse personne ton truc! m'étais-je exclamé, énervé.

– La première lettre est un «G», avait-il fait en se grattant la tête.

– On a autre chose à faire que de résoudre ces stupides mots-croisés!

Je lui avais coupé la route et il avait failli me heurter, tellement il était plongé dans son bouquin. Nous nous trouvions alors juste devant la mystérieuse baie vitrée.

– Le mot commence par un «G», avait répété Dirk en mâchonnant son crayon.

– Ça pourrait être: «J'en ai marre de tes mots-croisés.» On dira que ça commence aussi par un «G»...

Mais Dirk ne m'écoutait même pas. Puis, d'un coup, son visage s'était éclairé.

– Gingembre! s'était-il écrié en comptant les lettres sur les doigts de sa main. «Plante indienne en neuf lettres»: G-I-N-G-E-M-B-R-E.

– G-I-N-G-E-M-B-R-E, avais-je ânonné, méprisant.

Moi, je n'aurais jamais trouvé ce mot. Ça m'énervait qu'il en sache autant, Dirk. Alors qu'il notait sa trouvaille dans les cases blanches, je m'étais décidé à agir. Sans hésiter, je lui avais arraché la revue des mains.

– Hé, Jan, qu'est-ce que tu fais?

– Au cas où tu ne l'aurais pas remarqué, on est sur l'Alex, un endroit où il y a plein d'aventures à vivre. Des aventures! Tu piges? Découvrir des plantes indiennes en neuf lettres, c'est *pas* l'aventure!

– Hmmh, avait fait Dirk, abasourdi. Il me manquait plus qu'un mot en cinq lettres: «Fléau mortel au Moyen-Age». Ça commence par un «P».

– Essaye «primaire», avais-je proposé, irrité. Ça commence aussi par un «P». C'est toi qui es un vrai fléau avec tes mots-croisés. Même un fléau mortel, si tu continues comme ça!

– Je peux récupérer mon bouquin maintenant? avait demandé Dirk impassible.

– Non, tu l'auras pas!

– Mince, Jan, arrête ton cirque, avait protesté mon ami en faisant un pas vers moi.

Et c'est à ce moment-là que tout avait basculé. J'avais repoussé Dirk. Je n'avais pas prévu de lui faire du mal, je voulais juste qu'il comprenne enfin mon point de vue. Mais il avait perdu l'équilibre, était tombé en arrière et avait heurté la paroi vitrée de tout son corps volumineux. Il y avait eu des craquements divers et, d'un coup, la vitre avait cédé et s'était écroulée avec un grondement terrible.

– Dirk! avais-je hurlé, épouvanté.

Tous les passants s'étaient immobilisés et avaient tourné la tête vers nous. Une pluie de verre s'était abattue sur le malheureux Dirk qui ne comprenait pas ce qui lui arrivait. Et moi, j'étais resté figé pendant d'interminables secondes, comme enraciné dans le sol. Car, derrière Dirk, juste à l'endroit où son corps imposant avait atterri, un bureau était apparu: un bureau typique de la *Stasi*, avec des dossiers, une machine à écrire, des appareils compliqués dans un coin et, au mur, un gigantesque portrait de Honecker. J'étais estomaqué.

– Ça alors… avais-je bégayé.

D'un bond, je m'étais élancé pour arracher Dirk des débris de verre et nous nous étions mis à courir comme si notre vie en dépendait. Ce n'est que loin, très loin du lieu du «crime» que nous nous étions arrêtés hors d'haleine et que j'avais pu partager la découverte incroyable que je venais de faire avec Dirk. Examinant mon ami, j'avais constaté avec soulagement qu'il n'avait récolté que de légères égratignures.

– Tu comprends maintenant ce que je voulais dire? avais-je demandé, encore à bout de souffle. C'est *ça*, mon cher Dirk, c'est *ça* que j'appelle de l'aventure! Tu t'imagines s'ils nous avaient attrapés? Tu te rends compte: un bureau de la *Stasi*! J'ai toujours trouvé cette baie vitrée suspecte. Là, ce sont des sensations fortes, Dirk. Tu le sens?

– Je sens surtout mes fesses qui me font mal…

– Hé, mec, avais-je fait en le boxant gentiment, qui l'aurait cru? C'est toi qui as percé le mystère. Un bureau de la *Stasi*! Est-ce que c'est pas terriblement passionnant?

Dirk avait acquiescé vaguement en souriant. Puis, d'un coup, son visage s'était illuminé.

– Mais évidemment que c'est ça! Pourquoi je ne l'ai pas trouvé tout de suite?

– Tu parles de la *Stasi*?

– Mais non, de la peste!

– Comment?

– Le mot en cinq lettres, s'était extasié Dirk, c'est P-E-S-T-E! Ça y est, j'ai fini mes mots-croisés!

Il m'avait arraché la revue des mains et avait rempli fièrement les dernières cases.

Décidément, je ne comprendrai jamais ce qui se passe dans la tête de Dirk! avais-je pensé alors.

5. Seul contre sept

La *Stasi* savait y faire pour casser un prévenu. Ils m'ont d'abord laissé «mariner» plusieurs jours dans ma cellule, sans que j'aie aucun contact avec l'extérieur et sans que personne ne vienne m'expliquer ce qui m'attendait. Mais l'homme a la faculté de s'habituer à n'importe quelle situation. Peu à peu, non seulement je me suis résigné à mon triste sort, mais j'en ai aussi profité pour faire travailler mon imagination féconde. Je me voyais me promener en forêt, visiter la tour Eiffel à Paris ou galoper dans les vastes prairies américaines. Mon esprit était si fertile que, parfois, je me croyais réellement à ces endroits. Et ainsi, chaque jour, ma cellule s'agrandissait un peu plus.

Après cette période d'attente, les interrogatoires ont commencé. Chaque jour, on venait me chercher dans mon cachot pour me questionner pendant une heure. Ils m'attribuaient toutes sortes de forfaits et m'intimidaient tellement que je n'étais plus capable d'aligner deux mots sans bégayer.

Ils plaçaient devant moi les textes subversifs que j'avais écrits pour nos chansons. Avec quelques amis punk, j'avais fondé un groupe. Nous l'avions appelé *Ahnungslos*[1] et nous nous réunissions dans un garage. L'un de nous avait quelques notions de guitare, un autre tapait sur une boîte en métal remplie de pièces de monnaie en guise de batterie, et moi, Jan, j'étais le chanteur tout désigné. Notre musique laissait

1 Signifie «Inconsciemment», «Naïvement», «Innocemment».

à désirer, mais les paroles que je chantais, et dont j'étais l'auteur, étaient «cool» et plaisaient au public. A *notre* public en tout cas!

Toutefois, ces textes ne convenaient pas du tout à la *Stasi*, devant laquelle j'avais maintenant à me justifier. Ce n'était pas vraiment étonnant! Une chanson disait: «Marteau, compas et couronne, tout ça, c'est de la m....»[2] Et évidemment, cela pouvait être retenu contre moi. J'avais écrit beaucoup d'autres textes, juste comme ça, pour m'amuser, sans aucune arrière-pensée politique, et même ceux-là ont été déclarés subversifs. A leurs yeux, j'étais l'ennemi public n°1. Et ils me faisaient bien sentir leur mépris.

«Tout cela aura de graves conséquences», répétaient-ils. Je n'avais plus aucun doute sur les horreurs qui m'attendaient. J'en devenais presque fou. Après chaque interrogatoire, j'étais complètement lessivé et je n'avais qu'un souhait: que tout soit enfin terminé. Mais cela n'en finissait jamais. Chaque jour, la torture morale recommençait, sans aucun répit.

Et chaque jour, lors de ma promenade, je fixais mon regard sur la tour de la télévision. Je m'y accrochais en pensée, comme à une bouée de sauvetage. L'édifice était mon seul lien avec la liberté, avec la vie à laquelle on m'avait arraché si brutalement. Lorsque j'en contemplais la pointe, mon sentiment de solitude et d'isolement absolus me quittait pour quelques instants.

Mes amis, je suis là! criais-je intérieurement. Mon cœur se réchauffait lorsque je songeais à ma bande de punks et à mes copains supporters du BFC qui se réunissaient tous les jours au pied de cette tour. *Je serai de retour pour le prochain match, je vous le jure!*

Mes pensées repartaient alors vers le passé...

....

2 En 1959, la RDA a intégré au drapeau traditionnel allemand les armoiries du pays: le marteau, le compas et la couronne d'épis. (N.d.T.)

Berlin comptait deux grands clubs de football: le Berliner Fußball Club Dynamo, «BFC» en abrégé, et le 1er Fußball Club Union Berlin, appelé «l'Union». Moi, j'étais un ardent supporter du BFC, même si c'était justement celui-là que l'on accusait d'être à la solde de la *Stasi*. Son président, en effet, n'était autre qu'Erich Mielke, ministre de la sûreté d'Etat. Que faisait alors quelqu'un comme moi dans un club pareil? La grande majorité de la population soutenait le club vedette de l'Union, mais, pour ma part, voulant encore une fois me différencier, je m'étais tourné vers le BFC. C'était évidemment cela, ma motivation: faire le contraire de Monsieur Tout le monde.

A Köpenick, où j'habitais, il y avait uniquement des fans de l'Union. Une fois, j'étais allé les voir jouer, mais il n'y avait pas de quoi s'extasier. Par contre, je les avais entendus hurler: «BFC = connards!» ce qui m'avait fait penser: *Ils haïssent le BFC, ça, c'est pour moi!* C'est ainsi qu'un jour, je m'étais rendu à Prenzlauer Berg[3] pour suivre un match de cette équipe. C'était la première fois que j'entreprenais quelque chose tout seul, mais je voulais absolument voir de quoi avaient l'air ces gars qu'on haïssait tant.

Dès le début, je m'étais senti dans mon élément et j'avais été complètement emballé. J'étais fasciné par l'ambiance et les gens. Et avoir le culot de se déclarer partisan du BFC en plein Köpenick était de la pure provocation. Dès le premier match, j'avais accroché. J'avais été absolument enthousiasmé par le jeu et les supporters. L'ambiance au stade était tout simplement renversante.

«Un tir, un but: DY-NA-MO!!!» avait hurlé la foule d'une seule voix. Moi, en pleine cohue, j'avais hurlé avec les autres, comme si j'avais fait cela toute ma vie. Pas de doute, je voulais rester avec eux, je voulais appartenir à ce groupe. Ici, je me sentais vraiment bien. Le BFC Dynamo serait *mon* club.

....

3 Quartier de Berlin qui fait aujourd'hui partie de l'arrondissement de Pankow. (N.d.T.)

Waouh! avais-je pensé, *s'il y a autant de monde pour un match à domicile, qu'est-ce que ça va être pour un match en déplacement?* J'avais à peine été au bout de ma pensée quand un grand gars costaud, qui avait peut-être un an de plus que moi, m'avait abordé. Il avait des cheveux noirs hérissés, de grands yeux gris-vert et des pommettes très haut placées qui lui conféraient un air de dur. Il s'était égosillé à côté de moi durant toute la rencontre.

– Hé, petit! Tu viens avec nous, samedi à Halle[4]?

– Bien sûr, avais-je affirmé fièrement. On se retrouve où?

– A la gare de Lichtenberg[5]. Le train part à 7h15. Sois pas en retard!

– Pas de problème, j'y serai!

Et, bien sûr, j'y avais été! Je ne pouvais pas louper ça. J'avais été excité comme une puce pendant toute la semaine. Un match à l'extérieur avec ces gens-là! Je n'en avais pas dormi de la nuit et je n'avais plus rien écouté en classe.

Le samedi matin, j'avais manqué les cours, évidemment. C'était une froide matinée de décembre, mais mon cœur battait tellement vite que je ne sentais pas l'air glacial. Je portais un blouson blanc et un jean, et j'avais des baskets aux pieds. Environ 200 supporters s'étaient rassemblés à la gare de Lichtenberg. Ils avaient tous une écharpe rouge autour du cou. *C'est une écharpe comme ça qu'il me faut*, m'étais-je dit. Quelques gars s'étaient enveloppés de drapeaux de la RDA. Ils en avaient découpé les emblèmes et la couleur jaune de façon à ne garder que le rouge et le noir. Ainsi attifés, ils avançaient dans la foule.

Nous avions pu bénéficier d'un prix de groupe de 15 marks est-allemands, mais c'était beaucoup d'argent pour un écolier comme moi. Plus tard, j'allais apprendre un tas de combines,

....

4 Ville située dans la partie est de l'Allemagne et appartenant au Land de Saxe-Anhalt. (N.d.E.)

5 Autre district de Berlin situé dans la partie est de la ville. (N.d.E.)

notamment comment tromper les contrôleurs et resquiller. Mais lors de ce premier déplacement à Halle, je n'y connaissais rien. J'étais un blanc-bec impatient de voir ce qui allait se passer. Je m'étais efforcé de rester près du jeune qui m'avait invité et nous avions rapidement sympathisé.

– Tokyo, s'était-il présenté en me tendant la main, tout en mâchant son chewing-gum.

– Tokyo? avais-je répété, quelque peu déconcerté.

L'adolescent, qui mesurait bien une demi-tête de plus que moi, m'avait presque écrasé la main de sa poigne ferme.

– Tokyo c'est mon surnom, avait-il précisé en ricanant. Ça vient de ma coiffure en «hérisson». C'est quoi, le tien?

– J'ai pas de surnom. Je m'appelle Jan.

– Jan? avait-il fait, sceptique, tout en me détaillant. Jan, ça fait trop banal. Il te faut absolument un surnom. J'en trouverai un.

Il mâchonnait bruyamment son chewing-gum.

– T'as déjà participé à un match à l'extérieur?

– Non, c'est la première fois.

– Ça va te plaire, avait promis Tokyo. Un match en déplacement, c'est quelque chose!

– T'es supporter du BFC depuis combien de temps? avais-je demandé.

– Un bon bout de temps, avait-il expliqué. Mon père m'a un jour emmené voir une rencontre. Et depuis, je n'ai plus loupé un seul match!

– C'est génial! avais-je fait. Et l'écharpe rouge, tu la portes à chaque fois?

– *Lie de vin*, bon sang, pas rouge! avait-il repris avec véhémence. Rouge, c'est ceux de l'Union. Nous, du BFC, on est lie de vin. T'as intérêt à retenir ça si tu veux pas t'attirer des ennuis!

– Lie de vin, avais-je acquiescé. J'ai pigé. Et où est-ce qu'on peut trouver une écharpe comme ça?

– Tu peux l'acheter... à moins que tu aies une grand-mère qui puisse te la tricoter pour Noël. Mais il faut que tu lui fasses comprendre qu'il y a une différence énorme entre rouge et lie de vin.

– C'est ta grand-mère qui t'a tricoté ton écharpe? Tu blagues pas?

– Non, mais elle a dû s'y prendre à deux fois pour y arriver. La première, elle était rouge. Et quand je dis rouge, je veux dire le rouge horrible, le rouge criard de l'Union. Et ma bonne vieille mamie n'a pas compris pourquoi son cadeau ne me faisait pas plaisir. Elle avait dit: «C'est beaucoup plus joli en rouge.» BEEUURK!!! L'horreur, j'te dis pas. Hé, vous êtes là, les gars!!

Il avait salué quelques jeunes qui venaient d'entrer dans notre compartiment, des bouteilles de bière à la main. Chacun portait une écharpe lie de vin avec des écussons et des pin's du BFC.

– Alors, Tokyo, tu nous as amené un nouveau?

– C'est Jan, m'avait présenté Tokyo. Et Jan, voilà Ouragan, Moustique et Sergej.

Ils m'avaient salué d'un signe de tête encourageant et m'avaient aussitôt tendu une bouteille de bière. Je l'avais saisie et en avais bu avant de la passer à Tokyo. Mais il s'était contenté de secouer la tête.

– Je suis un non-buveur convaincu, m'avait-il expliqué. La boisson réduit ton temps de réaction. Et ça, c'est mauvais pour un hooligan.

– Ne l'écoute pas, avait fait Ouragan, Tokyo a parfois des idées bizarres.

Ouragan était grand. Il portait des lunettes de soleil et ses longs cheveux bouclés étaient attachés en une queue de cheval. Son âge était difficile à évaluer. Les deux autres devaient avoir à peu près le mien.

Le visage de Sergej me faisait penser à une photo noir et blanc qu'on aurait prise dans une maison de redressement pour mineurs. Ses cheveux foncés étaient coupés court et ses yeux étaient étrangement tristes. Il n'était ni très grand ni très musclé et semblait plutôt renfermé.

Celui qu'ils appelaient «Moustique» ne ressemblait pas du tout à un moustique. Il avait l'air sportif et hyper entraîné. Ses cheveux étaient châtain clair et, dans ses yeux, on lisait une soif d'aventures et de bagarres.

J'avais l'impression d'être terriblement important. Quelle émotion d'être assis dans ce train rempli de supporters du BFC et de discuter avec eux comme avec de vieux amis. Je m'étais senti tout de suite pleinement accepté. Chaque gorgée de bière m'avait rendu plus décontracté et je m'étais mis à débiter des blagues vaseuses.

– T'es toujours aussi drôle? m'avait finalement demandé Moustique.

– Ben j'aime quand on s'amuse, avais-je répondu en haussant les épaules.

– C'est ce qu'on constate, avait fait Ouragan, et, s'adressant à Tokyo, il lui avait demandé:

– Où est-ce que t'as déniché ce *Joker*[6]?

– *Joker*... avait répété Tokyo pensif.

Puis, son visage s'éclairant, il m'avait posé le bras sur l'épaule et avait déclaré:

– Je viens de trouver le surnom parfait pour notre blagueur: «Joker». Qu'est-ce que vous en pensez?

– «Joker», oui, ça sonne bien, avaient admis les autres.

Puis, levant leurs bouteilles, ils s'étaient exclamés:

– A Joker! Et au BFC!

Les bouteilles avaient tinté et la bière avait coulé à flot. Moi, j'avais désormais un nouveau nom: Joker. Ce nom me plaisait. Il m'allait vraiment bien. Longtemps avant d'être arrivé à destination, j'étais déjà largement éméché. Je n'étais pas habitué à boire autant d'alcool. A 15 ans, j'avais quel-

6 Signifie «farceur», «blagueur». (N.d.T.)

quefois bu une petite bière, pas plus. Là, je buvais beaucoup trop, mais je n'allais pas passer pour une mauviette devant mes nouveaux copains. Il n'aurait manqué plus que ça!

Peu avant d'entrer en gare de Halle, toutes les têtes s'étaient penchées à travers les fenêtres ouvertes et avaient hurlé en chœur:

– Preußen! Preußen! P – R – EU – ß – E – N[7]!!!

J'avais hurlé avec eux, même si je ne savais pas ce que «Preußen» pouvait bien signifier. Etait-ce une insulte pour nos adversaires? Tokyo avait fini par m'informer que les «Preußen», c'étaient *nous*!

– Ah bon, avais-je fait. Et les autres?

– Tu veux dire ceux qui vont se prendre une raclée aujourd'hui? On les appelle simplement «Haller»[8]. Allez, viens maintenant, Joker. On est arrivés.

Nous étions descendus du train et nous nous étions laissé entraîner vers le centre-ville, dans le flot de ces 200 supporters braillards, à la rencontre de nos adversaires.

«Preußen! Preußen! P – R – EU – ß – E – N!!!» Entendait-on résonner dans les rues. L'ambiance était survoltée. Il était évident que tout cela allait exploser bien avant le match. A un moment ou à un autre, nous allions tomber sur les supporters adverses et allions nous arranger pour bien leur gâcher la journée.

Il restait encore beaucoup de temps avant le coup d'envoi et nous en avions profité pour parcourir les rues à la recherche des «Haller». A un certain moment, j'avais perdu Tokyo de vue. J'étais assez ivre et il fallait absolument que je trouve des toilettes. J'étais entré avec deux gars dans les w.-c. publics devant la gare. Puis, soudain, mes deux compagnons s'étaient empressés de disparaître et je m'étais retrouvé

....

7 Signifie «Prussiens», selon le nom des habitants de la Prusse, ancien Etat de l'Allemagne du Nord dont Berlin était la capitale. (N.d.E.)

8 Habitants de la ville de Halle. (N.d.E.)

seul. Je suis parfois un peu long à la détente et, lorsque je m'étais rendu compte de la situation critique dans laquelle je me trouvais, il était déjà trop tard.

Près de moi se tenaient sept «Haller». Je ne les avais pas entendus approcher. Ils étaient tout simplement apparus et me guettaient comme des hyènes. Du premier coup d'œil, ils avaient vu en moi un Berlinois. Sentant leurs regards écrasants, j'avais commencé à transpirer. *Bon sang*, avais-je pensé. *Ça va chauffer! Qu'est-ce que je vais faire?*

Alors que je me retournais, j'avais encaissé le premier coup.

«Salopard de Dynamo!» avaient-ils crié, puis, la deuxième volée de coups m'avait touché en plein visage. J'avais atterri contre le mur et avais eu soudain vraiment très peur. *Tu dois te défendre!* m'étais-je dit. Mais je n'en avais eu ni le courage ni l'occasion. Une bourrade avait suivi l'autre et du sang avait commencé à couler de mon nez.

Je n'avais jamais été confronté à une telle situation. Bien sûr, je savais que cela pouvait arriver, mais pas dès ma première sortie... Où étaient passés mes amis? Les «Haller» me frappaient sans retenue et je n'avais aucune chance de leur échapper.

J'étais à la merci de mes ennemis et personne n'était venu à mon secours. C'était angoissant. Un violent coup de poing dans le ventre m'avait ensuite coupé le souffle pendant quelques secondes. J'avais tournoyé et glissé pour finir en plein dans la rigole de l'urinoir. Les «Haller» avaient beuglé de plaisir. Ils m'avaient donné encore quelques coups de pied et avaient fini par me laisser, allongé dans l'urine.

J'avais l'impression d'avoir croisé une tornade. Péniblement, je m'étais remis debout en tâtant prudemment mon nez. Rien de cassé, heureusement. Ces types n'avaient pas pris de gants avec moi et j'étais étonné de ne pas être plus mal en point.

Une fois le danger écarté, j'avais ressenti une étrange exaltation me saisir. Bizarrement, malgré tous mes déboires, ce sentiment d'impuissance et de panique avait suscité en moi une puissante poussée d'adrénaline. Même si cela peut sembler paradoxal, j'avais hâte de revivre de telles aventures.

Je m'étais lavé le visage et j'avais titubé vers l'extérieur. Quelques minutes plus tard, j'avais retrouvé les miens, et Tokyo m'avait détaillé de la tête aux pieds.

– T'as l'air de quoi, Joker?

Bien sûr, je leur avais raconté les événements à ma façon, avec quelques entorses à la vérité, plus flatteuses pour mon image.

– Les Haller m'ont eu. J'ai pris une bonne raclée, avais-je relaté d'un air dramatique. Je me suis battu comme une bête. Ils étaient au moins une dizaine. J'ai pu en terrasser pas mal, mais ils étaient trop nombreux.

– Ça alors, Joker! T'as été drôlement courageux pour une première fois! Respect!

J'avais savouré leur considération en ayant presque le sentiment d'être un héros. D'accord, j'avais le nez dans un drôle d'état et j'avais atterri dans la rigole de l'urinoir, mais maintenant, je faisais partie de la bande. *Je suis un des leurs, c'est pas croyable!* m'étais-je dit, comblé. Et lorsqu'on m'appelait par mon nouveau nom, je me redressais fièrement. La vie ne pouvait être plus belle.

6. Le BFC écrit l'Histoire

J'étais un des leurs! J'étais un partisan du BFC. Je soutenais ce club qui était haï non seulement à Köpenick, mais dans toute la RDA. C'était formidable, vraiment génial! Malgré tout, je prenais bien soin de taire que j'habitais Köpenick. Je ne voulais pas que les autres me prennent pour un gars sorti de sa campagne. Car bien qu'étant un quartier de Berlin, Köpenick était presque un village. On y élevait même des moutons! Tous les supporters du BFC venaient de la ville, et c'est cela qui m'attirait. Pour moi, c'était un honneur de compter désormais parmi leurs membres.

Parallèlement à mes activités avec le BFC, j'avais continué à fréquenter les punks. J'écrivais des chansons pour notre groupe qui se réunissait dans un garage et j'assistais à des concerts punk illégaux, lorsqu'ils n'avaient pas lieu le samedi. Car le samedi était maintenant consacré à mon club de foot. Il existait plus d'une dizaine de fan-clubs au sein du BFC: il y avait notamment les «Spatzen»[1], qui n'étaient que trois, les «Trilower» de Prenzlauer Berg, qui étaient de bons supporters, et les «Pankower Ratten»[2], qui étaient plutôt agressifs. Eux venaient du sud de la ville, comme nous. Pour ma part, avec Tokyo, Ouragan, Sergej et Moustique, j'appartenais aux «Black Pirates». Nous étions une douzaine et, à chaque fois que nous accueillions un nouveau membre, nous procédions à un «baptême»: nous lui versions de la bière sur la tête et

1 Signifie «Les moineaux».
2 Signifie «Les rats de Pankow», Pankow étant un quartier de Berlin. (N.d.T.)

lui faisions un genre de shampoing. Moi aussi, j'avais dû y passer. C'était le rituel.

Notre point de ralliement était l'Alexanderplatz et, très vite, je m'étais employé à convaincre les «Black Pirates» qu'en dehors des jours de match, nous devions toujours nous rencontrer sur l'Alex: «Je vous propose qu'on se rassemble tous les vendredis ou mercredis à 18 heures, ici, dans ce bistrot, sous la tour de la télévision.»

Ma suggestion avait fait l'unanimité et il n'avait pas fallu longtemps pour que le bar (que nous appelions «la grotte») devienne le repaire officiel des «Black Pirates» et, plus tard, d'autres supporters du BFC. Au début, nous n'étions qu'une poignée, mais avec le temps, nous étions devenus plus nombreux et, au sommet de notre gloire, nous avions parfois atteint la centaine. C'était vraiment «cool»! Peu importait le moment de la journée – matin, midi, soir – où l'on entrait dans «la grotte», on y trouvait toujours des gars du BFC. Et il s'y passait toujours quelque chose.

Nous n'avions pas beaucoup d'argent, mais il était inconcevable de ne pas boire au moins une grande bière quand on se retrouvait dans «la grotte». Un demi-litre coûtait 1,16 mark est-allemand. Ce n'était vraiment pas cher, mais, revers de la médaille, cette bière avait un goût vraiment affreux. Nous avions aussi bien envie de manger quelque chose, mais nous n'en avions pas les moyens. J'avais donc eu l'idée de créer un repas adapté à nos ressources. Je l'avais appelé «Texas-Sandwich». Il consistait en deux tranches de pain de mie à 5 pfennigs, généreusement garnies de moutarde et de poivre. Ce nom n'avait aucune signification particulière, je trouvais juste que ça faisait classe de crier à travers la salle: «Hé, prépare-moi un Texas-Sandwich!»

Ce casse-croûte nous permettait de calmer notre faim tout en buvant une bière dans «la grotte» et en laissant errer notre regard sur l'Alexanderplatz, *notre* Alex.

En effet, toute la place était entre nos mains et, très rapidement, nous l'avions fait savoir. Le bistrot, ainsi que tout son environnement, était notre territoire. Celui qui n'était pas au courant et qui s'aventurait au-delà d'un certain périmètre l'apprenait vite à ses dépens. Tout avait commencé avec trois gars qui portaient des écharpes de l'Union et qui se promenaient tranquillement sur l'Alex, sous notre nez.

«On peut pas laisser passer ça! nous étions-nous exclamés. Des supporters de l'Union sur l'Alex, ça va pas du tout! Il faut qu'on leur donne une leçon!»

Nous nous étions approchés d'eux et, sans prévenir, leur avions cassé la figure. Personne n'aurait pu s'attendre à ce que nous agissions avec aussi peu de scrupules.

«Les couleurs de l'Union n'ont rien à faire ici! avions-nous déclaré. L'Alex appartient au BFC!»

Qu'est-ce que nous avions pu nous amuser à terroriser ainsi les supporters des autres clubs de foot! Tous ceux qui osaient s'aventurer sur l'Alex se faisaient démolir par les BFC. Nous les repérions de loin, les fans de foot. Même le moindre petit pin's n'échappait pas à nos yeux de lynx. Et, une fois notre victime trouvée, nous n'avions plus aucune pitié. Le déroulement des opérations était toujours le même: nous nous approchions de l'intrus et lui posions une seule et unique question:

– T'es supporter de l'Union ou du BFC?

– Moi, je suis pour Iéna.

– On s'en fiche. Union ou BFC?

– Bon, on va dire Union.

– Mauvaise réponse...

Et nous arrangions le portrait du pauvre gars, qu'il soit supporter d'Iéna ou d'un autre club. Nous martyrisions ainsi au moins cinq personnes par jour, juste comme ça, pour nous occuper. Avec le temps, nous étions devenus de plus en plus mauvais et sans pitié. Personne ne se risquait plus seul sur l'Alex. Ceux de l'Union nous craignaient pour nos actions brutales et faisaient un large détour lorsqu'ils nous voyaient.

«Il faut se méfier des BFC, disait-on partout, ils ne sont pas nombreux, mais ils sont complètement cinglés.» C'était vrai, et nous en étions fiers.

Pourtant, c'est seulement près d'un an plus tard que l'Union avait appris ce que c'était que d'avoir *vraiment* peur. Jusqu'alors, nous n'étions qu'une poignée de supporters téméraires avides de violence. Mais cet après-midi-là, une nouvelle race de hooligans avait vu le jour: une race indomptable. Et aucun de ceux qui étaient présents à ce moment-là n'allait un jour oublier ces événements.

C'était après un derby[3] contre l'Union. Le résultat avait été manipulé par la *Stasi* et notre club avait gagné haut la main. Nous nous moquions complètement qu'il y ait eu de la triche pendant le match, ce qui nous importait à nous, c'était que nous avions gagné. Du coup, avant même d'avoir quitté le stade, nous nous étions mis à provoquer nos adversaires et à les narguer.

La haine dans les yeux de ceux de l'Union était manifeste. Ils nous haïssaient pour notre arrogance et notre insolence et, par-dessus tout, pour notre appartenance à cet infâme club de la *Stasi*. Ils nous prenaient tous pour des communistes sans se douter que nous étions, pour la plupart, des ennemis jurés de l'Etat. Quand une intervention d'Erich Mielke sur la tribune officielle était annoncée, nous nous mettions à siffler. Oui, nous nous permettions de siffler le chef de la *Stasi*, et cela dans notre propre stade. C'était fou, et on pourrait même dire que ça frisait la schizophrénie. Nous haïssions la *Stasi*, mais nous adulions son club de foot de façon presque maladive.

....

3 Rencontre entre équipes géographiquement voisines. (N.d.E.)

Bien sûr, nous nous prenions des raclées. On nous détestait et nous étions largement inférieurs en nombre. Pour les fans de l'Union, c'était presque la routine de nous tabasser après chaque match. En général, les fans du BFC étaient ramenés à la gare de la Friedrichstraße sous protection policière pour que la situation n'échappe pas à tout contrôle. Mais ce jour-là, les choses s'étaient déroulées autrement.

Nous avions un meneur nommé Rocky. Il tenait son surnom des fameux films du même nom et ce n'était pas pour rien. Ce jeune de 20 ans était un géant de 2 mètres, tout en muscles. Vêtu invariablement d'un chapeau et d'un manteau noirs dignes des westerns, il était un leader-né et était vénéré comme un dieu par les supporters du BFC.

– Cette fois-ci, on va se battre! On va se défendre, vous m'entendez? Aujourd'hui, on va les démolir! avait-il annoncé dès la fin de la partie avec une certitude contagieuse.

– Ouais, exactement!! avions-nous tous crié. Cette fois, on va combattre!

L'air était électrique, à notre sortie du stade «Weltjugend»[4]. Nous sentions qu'il allait se passer quelque chose de grand, quelque chose d'exceptionnel. En voyant le feu briller dans les yeux de Rocky, nous savions que le cours de l'Histoire allait changer cet après-midi-là. Il est difficile de décrire l'ambiance qui régnait alors. Il y avait comme une odeur de révolution dans l'air. A l'église, lorsque j'étais petit, j'avais entendu l'histoire d'un certain Gédéon qui avait écrasé une armée gigantesque avec le nombre ridicule de 300 soldats. Notre chef ne s'appelait pas Gédéon, mais je trouvais que les conditions étaient sensiblement les mêmes. Nous aussi, nous étions à peu près 300, et nos adversaires, qui envahissaient les rues après la rencontre, étaient environ 1000. Si l'on ne considérait que le

....

4 Signifie: «Stade de la jeunesse du monde». Stade de Berlin-Est qui avait une capacité de 50'000 places et qui accueillait la finale de la Coupe d'Allemagne de l'Est de football. Il a été démoli en 1992. (N.d.E.)

noyau dur de chaque camp, on parvenait à une proportion de un contre dix. Nous étions une cinquantaine de combattants et, de son côté, l'Union en avait environ 500!

Nous n'avions aucune chance, objectivement parlant. Mais il est étonnant de constater ce dont l'homme est capable quand il met de côté sa raison pour se laisser conduire par ses instincts. La détermination dont nous faisions preuve pour suivre Rocky frisait la folie. Notre haine envers ceux de l'Union, notre fierté que nous voulions défendre, notre désir de vengeance pour toutes les défaites subies étaient exacerbés à l'infini au moment où nous nous étions retrouvés face à nos adversaires.

– On va foncer! Quoi qu'il arrive, cette fois, on va les chasser et prendre le contrôle de Berlin! nous étions-nous encouragés mutuellement.

Les yeux de Rocky lançaient mille feux, tous ses muscles étaient tendus et ses parois nasales tremblaient.

– Allez les gars, on met le paquet! Plus jamais, PLUS JAMAIS on permettra qu'ils nous touchent! On va se venger! Vous m'avez compris? Aujourd'hui, le sang va couler!

La détermination dans son regard ne laissait place à aucun doute: le jour de la vengeance avait sonné, nous allions montrer à ces gars de l'Union et à toute la population de Berlin ce dont nous étions capables. Puis, soudain, deux fronts s'étaient dégagés. Nous étions massés sur une large avenue, et 50 mètres environ séparaient les deux camps. Peu à peu, nous nous étions rapprochés, les poings serrés, l'ennemi droit dans notre champ de vision. Notre taux d'adrénaline était au plus haut. De part et d'autre se tenaient quelques policiers qui commençaient à se douter que quelque chose se tramait. Mais personne ne pouvait s'attendre à une telle explosion de folie de notre part.

Puis, Rocky, notre idole, s'était avancé entre les deux fronts, avait ôté son chapeau et s'était mis à coiffer ses longs cheveux. C'était comme dans un film, le suspense était à son comble. Et cela pouvait dégénérer à tout moment. D'un geste théâtral, Rocky s'était retourné et avait laissé son regard errer sur nos rangs.

– Vous êtes prêts? avait-il crié.

– Ouuuaaais! On est prêts!

Le compte à rebours avait commencé:

– Dix... neuf... huit...

Les supporters de l'Union avaient d'abord pris la chose à la légère.

– Qu'est-ce qui leur prend à ceux-là? Ils veulent se révolter? Eh bien, ils vont voir...

Nous, nous avions continué notre décompte:

– Sept... six... cinq...

Nos adversaires, amusés, avaient commencé à frapper dans leurs mains au rythme de notre compte à rebours.

– Quatre... trois...

Mais peu à peu, ils s'étaient rendu compte que nous étions tout ce qu'il y avait de plus sérieux. Finalement, cet affrontement pouvait se révéler plus dangereux qu'ils ne l'avaient soupçonné. Nous dégagions autant d'énergie que si nous avions été 5000. Jamais on n'avait pu voir autant de haine, autant de détermination sur nos visages. Il devenait évident que nous étions prêts à tout.

– Deux... un... zéro... HOURRRAAAHHH!!!

Nous nous étions mis à courir. Un pour tous, tous pour un! Avec un terrible hurlement nous nous étions élancés vers les supporters de l'Union, traditionnellement invincibles. Tel un ouragan, 50 barbares du BFC assoiffés de sang avaient chargé sans aucune hésitation et sans regarder aux pertes. Nous étions conscients de risquer la prison, mais cela nous était égal. Le temps où nous reculions devant l'Union était définitivement révolu.

Soudain, j'avais vu nos ennemis s'enfuir. Des douzaines de supporters adverses, saisis de panique, avaient pris leurs jambes à leur cou. Nous les avions pourchassés, balayant tout sur notre passage, et ils avaient couru pour sauver leur vie. Ceux que nous étions parvenus à attraper avaient été brutalement frappés. Telle une horde d'éléphants en furie, nous les avions piétinés. Des nez et des dents avaient été brisés, des épaules démises. Le sang avait coulé. Des hurlements avaient résonné dans tout le quartier.

Il n'y avait pas eu d'aussi grande bataille de rue à Berlin durant les décennies précédentes. Personne n'aurait pu imaginer que le petit groupe minable de supporters du BFC – tellement minable qu'habituellement, il avait besoin d'une protection policière – disjoncterait à ce point. Ils avaient dû nous prendre pour des assassins de masse, pour des fous. Nous avions rugi et vociféré, ivres de notre triomphe. Nos ennemis n'avaient eu aucune chance de s'en sortir. Ils étaient restés là, étendus par terre, blessés et vaincus.

Avec une clameur sauvage nous les avions poursuivis jusqu'à la gare de la Friedrichstraße. Certains, en désespoir de cause, avaient même sauté dans la Spree. Nous avions beuglé et braillé derrière eux. Ma main était couverte de sang, la peau de mes chevilles était râpée. Mais je m'étais senti tel un conquérant dans un film de reconstitution historique. Notre triomphe avait été sans mesure!

7. Dans les griffes de l'Etat

A partir de ce jour, nous avions acquis la réputation d'être la pire bande de hooligans de la région. Très vite, le bruit s'était répandu qu'il fallait se méfier de nous. Tous ceux qui venaient à Berlin pour assister à des matchs de football avaient peur de s'aventurer dans la rue.

C'était vraiment grisant de surfer sur cette vague de succès. Nous étions les meilleurs! Notre nom inspirait le respect. Celui qui tombait entre nos mains était mal parti. Et plus le temps passait, plus nous devenions audacieux.

Un jour, par exemple, nous avions sauté à trois seulement dans une *S-Bahn*[1] bondée pour dévaliser tous les supporters des autres clubs qui y avaient pris place. Nous avions récupéré leurs écharpes comme trophée avant de les passer à tabac. C'était une époque passionnante, riche en aventures et sensations fortes.

Nous nous comportions comme des forcenés, nous, au BFC. Aucun autre club de supporters ne nous arrivait à la cheville. Nous étions remplis de haine, uniquement de haine. Parallèlement, nous étions les énergumènes les plus comiques que le monde ait jamais vus. La créativité était notre image de marque. Avec nous, on s'amusait toujours. Nous avions sans cesse de nouvelles idées. Et souvent, c'était moi qui avais les plus extravagantes. Une fois, à Leipzig, nous avions acheté 3000 grenouilles en plastique que nous avions jetées toutes en même temps sur le terrain. Les supporters de l'autre club

1 Train de banlieue, comme le RER en région parisienne. Féminin en allemand. (N.d.E.)

n'avaient vraiment pas compris où nous voulions en venir, mais c'était justement ça qui était «fun»! Nous formions en quelque sorte une sous-culture et nous en étions extrêmement fiers. A Noël, nous emportions des petits sapins pour les matchs à l'extérieur et, à Pâques, des œufs colorés. Nous avions toujours des coups folklo en tête.

Une fois, à Erfurt, nous avions fait quelque chose de particulièrement dingue: nous avions organisé une sortie «manteaux de cuir». C'était vraiment fort! Nous nous étions tous procuré de longs manteaux en cuir noir, comme ceux de la Gestapo à l'époque d'Hitler. Cela n'avait pas été si facile, car il s'agissait de pièces rares. Mais d'une manière ou d'une autre, nous y étions parvenus, et c'est ainsi accoutrés que nous avions arpenté les rues. Quel spectacle! Cent individus marchant à travers la ville avec des manteaux descendant jusqu'aux chevilles et chantant en chœur: «Quand les Dynamos de Berlin marchent dans les rues, toutes les filles ouvrent les fenêtres et en prennent plein la vue!»

Et effectivement, les gens avaient ouvert portes et fenêtres. En nous voyant ainsi défiler, ils avaient dû croire au retour des nazis. C'était du jamais vu. On connaissait, bien sûr, les défilés des jeunesses de l'Etat, les chants en l'honneur de Honecker, mais ça, c'était autre chose! Nos bottes avaient martelé le sol au rythme de nos pas cadencés.

B-F-C! B-F-C! avait-on entendu résonner dans les ruelles. Le sentiment que cela nous avait procuré était indescriptible. Notre intention était uniquement de choquer les petits bourgeois. En Allemagne de l'Est, adopter un comportement nazi était une des pires choses. Moi, j'avais toujours trouvé très drôle quand quelqu'un imitait Hitler en tendant le bras droit. Notre marche en manteaux de cuir avait vraiment été un coup formidable. Nous n'avions d'ailleurs pas eu d'intention politique; notre but avait été simplement de nous amuser et de provoquer. L'Etat, bien sûr, ne l'entendait pas ainsi et, rapidement, quelques-uns d'entre nous avaient été arrêtés.

A l'époque, je ne m'étais pas douté que je serais le prochain sur la liste. C'était pourtant ce qui était arrivé, à peine une semaine plus tard, ce jour où la police avait perquisitionné ma chambre et trouvé mes textes subversifs et mes caricatures. Ce jour-là, un autre vent avait commencé à souffler dans ma vie. Finies les clowneries et la provocation. Désormais, je n'étais plus celui qui terrorisait les autres, j'étais la victime, la cible d'un Etat avec lequel on ne plaisantait pas... surtout si on était un hooligan et un punk âgé d'à peine 17 ans.

Seule ma mère avait obtenu l'autorisation de me rendre visite en prison. Elle avait le droit de m'apporter 50 marks est-allemands d'argent de poche par mois. Mais lorsqu'elle est venue la première fois, elle ne m'en a apporté que 30, et quand je lui ai demandé pourquoi, elle m'a accablé de reproches: «Sais-tu seulement ce que je suis obligée de subir à cause de toi? On m'a interdit d'exercer ma profession, par ta faute à *toi*. Tu n'imagines pas combien tu me rends la vie difficile!»

Ma mère a toujours été douée pour faire porter le chapeau aux autres. Avant, le coupable, c'était mon beau-père, qui était un alcoolique chronique. Enfant, je ne m'en étais pas rendu compte. Il s'était toujours appliqué à dissimuler son penchant. Mais, peu de temps après m'avoir offert mon premier vélo, il était parti pour ne jamais revenir. Depuis, ma mère devait se débrouiller seule pour nous élever, ma demi-sœur et moi. «C'est la faute de ton beau-père, si nous n'avons pas d'argent, avait-elle coutume de dire. Il nous a abandonnés.»

Elle était professeur d'allemand à la *Volkshochschule*[2], et comme ses cours duraient souvent jusqu'au soir, elle avait peu de temps à consacrer à ses enfants. Ainsi, avec Nathalie, nous étions livrés à nous-mêmes et faisions beaucoup de bêtises. Plus précisément, moi, je faisais les bêtises et ma sœur rapportait. Mais ma mère ne s'est jamais beaucoup préoccupée de savoir comment nous utilisions notre temps libre.

2 Université populaire. (N.d.T.)

Maintenant que j'étais incarcéré comme ennemi de l'Etat, au moins, ma façon de vivre ne lui était plus indifférente. Mais je l'avais profondément déçue et elle n'était pas prête à s'impliquer pour me sortir de là. Elle n'a même pas essayé de me trouver un avocat. La seule chose qu'elle faisait était de me noyer sous un flot d'accusations: c'était à moi et à moi seul d'assumer les conséquences de mes actes provocateurs; elle ne remuerait pas le petit doigt pour moi. J'ai eu du mal à encaisser ces paroles. Notre relation n'avait jamais été fameuse, mais là, son attitude m'a durement heurté.

Après plus d'une semaine d'isolement, j'ai été transféré dans une cellule de douze personnes où je suis resté jusqu'à mon jugement. Le procès n'a été qu'une grande mascarade. Deux autres membres de mon groupe de musique punk avaient été eux aussi mis en examen, mais ils étaient défendus par un avocat et ils n'ont été condamnés qu'à une peine avec sursis et mise à l'épreuve. Et moi? J'ai récolté un an de prison ferme. J'avais déjà effectué deux mois, il m'en restait donc dix. *Ça ne sera pas la mer à boire*, me suis-je dit. Disons, c'est ce que je m'imaginais. Car j'étais loin de me douter que ces dix mois seraient les pires de ma vie...

On m'a conduit à la gare, où on m'a fait monter dans un wagon de transport groupé. C'était le tristement célèbre *Grotewohl-Express*. Il portait le nom du premier président de la RDA, Otto Grotewohl. Pourquoi? Je ne l'ai jamais su. Ce train parcourait le pays pour transférer les prisonniers d'un pénitencier à l'autre. Nous étions tous enchaînés les uns aux autres et personne ne savait où menait le voyage. Comme chacun de mes compagnons d'infortune, je n'avais pas la moindre idée de la prison dans laquelle j'allais atterrir. Mais je savais une chose: je ne voulais pas que ce soit Dessau. Car Klaus, le prisonnier dégingandé auquel j'étais attaché, m'avait mis au parfum dès les premières heures.

– Si t'as le malheur d'être transféré dans la prison pour jeunes de Dessau, t'auras un vrai problème. C'est ce qu'il y a de pire. Ton seul espoir, c'est de ne pas y aller.

– Pourquoi? avais-je demandé. Qu'est-ce qu'il y a de si terrible à Dessau?

– J'ai entendu dire que c'est l'enfer. Quand tu arrives là-bas, les autres détenus commencent par te démolir pour te souhaiter la bienvenue.

– Comment tu peux savoir ça?

– J'ai rencontré un gars qui y était. Il m'a raconté deux ou trois choses.

– De toute façon, je n'irai pas à Dessau, avais-je affirmé sans conviction.

– Ben, avait fait Klaus, on ne peut jamais savoir. Si jamais tu y vas quand même, je te donne un tuyau: en arrivant dans le dortoir, si tu vois traîner une serpillière, donne un bon coup de pied dedans, aussi fort que tu peux.

– Pourquoi?

– Pour leur montrer que t'es un caïd. Si tu ne te fais pas respecter dès le début, t'es fichu.

– Je te le répète: je n'irai pas à Dessau.

– Ça vaudrait mieux pour toi, avait-il répondu en haussant les épaules. C'est une expérience que je ne souhaite à personne.

J'espère vraiment ne pas me retrouver là-bas, avais-je pensé. *Mais il y a tellement de prisons, pourquoi serais-je envoyé justement dans celle-ci?* Jusqu'alors, j'avais eu plutôt de la chance. Mis à part les premiers jours d'isolement, où j'étais complètement désespéré et où j'avais même songé au suicide, je pouvais être assez satisfait de mon temps en détention provisoire. Les hommes avec qui j'avais partagé la cellule étaient des gars sympathiques. Certains avaient près de 50 ans, et ils en avaient passé vingt derrière les barreaux. En RDA, il était facile de se retrouver en taule. Si tu ne voulais pas travailler: en prison! Si tu avais un comportement asocial: en prison! Si tu ne pouvais pas prouver d'où venaient tes revenus: en prison! Moi, j'étais de loin le plus jeune des douze et ils m'avaient eu à la bonne. Ils m'avaient donné des sucreries, parfois un flanc ou un petit pain, dons qui provenaient d'une église. Le soir, à table, je leur avais raconté des histoires ahurissantes sur les matchs de foot. J'étais un bon narrateur et ils m'avaient écouté avec enthousiasme. «C'est fou, tout ce que vous avez fait, disaient-ils. Et c'est génial que vous ne vous soyez jamais fait attraper!»

Oui, je n'avais pas eu à me plaindre. Bien sûr, j'aurais voulu retrouver ma liberté, mais vu les circonstances, je n'aurais pas pu espérer mieux. Et évidemment, j'espérais bien passer les dix mois restants en compagnie de gens aussi sympas. Je ne souhaitais donc qu'une seule chose: ne pas aller à Dessau.

Durant trois longues journées nous avons voyagé dans ce *Grotewohl-Express*. Toujours enchaînés, toujours dans le même wagon exigu et puant, comme si nous étions du bétail. J'avais un torticolis, et toutes mes articulations me faisaient mal. De plus, mes doigts de pieds étaient gelés, car c'était l'hiver et il faisait un froid glacial. Et puis, le 25 décembre, vers 6 heures du soir, le train s'est arrêté. Nous n'avions aucune idée de l'endroit où nous nous trouvions. La porte coulissante s'est ouverte et un policier est apparu.

– Nous sommes arrivés! a-t-il fait d'une voix nasillarde. Dessau. Jan, dehors!

Sur le coup, j'ai cru que mon cœur allait s'arrêter de battre. *Non! Pas Dessau!* ai-je hurlé en moi-même. *Tout, mais pas ça!*

– C'est... c'est une erreur, ai-je affirmé. Je ne suis pas censé aller à Dessau. Quelqu'un a dû inverser des papiers...

Le policier a détaché mes chaînes et m'a poussé sans ménagement vers l'extérieur. J'ai remarqué les regards gênés de mes codétenus. Chacun était secrètement soulagé d'y avoir échappé. Personne n'avait envie de se retrouver à Dessau.

«N'oublie pas la serpillière», a murmuré Klaus quand je me suis retourné une dernière fois vers lui.

Puis, il est sorti de mon champ de vision... et de ma vie. Devant moi surgissait une nouvelle existence, menaçante, étouffante et oppressante: la prison pour jeunes de Dessau. C'était un bâtiment affreux. Tout était si sombre, si froid, si gris: les murs, la cour, le grillage, les fenêtres à barreaux. Cela avait l'air horrible, et j'avais comme un poids qui m'écrasait la poitrine quand on m'a fait traverser le grand portail au-dessus duquel était écrit en grosses lettres:

Ce que tu ne sais pas, tu l'apprendras.
Si tu apprends, nous t'aiderons.
Si tu ne veux pas apprendre, nous t'y forcerons.

Cette inscription ne figurait pas seulement sur l'arc du portail, elle était reproduite partout: sur le mur dans la cour et dans les couloirs. Partout, on pouvait la lire. Car il ne fallait surtout pas l'oublier. *Mais où ai-je atterri?* me suis-je demandé, le cœur serré. *Pourvu que je rencontre ici un supporter du BFC! Pourvu que je rencontre quelqu'un qui me comprenne!*

A peine arrivé, j'ai eu droit à une nouvelle coupe de cheveux: complètement rasé derrière, brosse sur le devant. Pour moi, c'était comme un viol. Je me sentais tellement mal avec cette nouvelle coiffure, c'était comme si je me retrouvais tout nu. Mon estime personnelle était bafouée. Mes mèches colorées, qui faisaient mon identité, se trouvaient désormais éparpillées sur le sol. Elles étaient la preuve que ma vie en couleur appartenait définitivement au passé.

Ensuite, j'ai été mis au courant des règles en vigueur dans l'établissement. Il y avait tant de préceptes à ingurgiter qu'à la fin, je ne savais plus où j'en étais. Les serviettes de toilette et le linge de lit avaient un motif quadrillé, et c'était ce quadrillage qui servait de norme... avec une exactitude rigoureuse.

«Le lit mesure précisément 136 carreaux de long et 39 de large, m'a expliqué un éducateur de grande taille et à l'accent saxon prononcé. Donc le drap, lui aussi, devra être placé de manière à ce qu'on puisse compter 136 carreaux dans la longueur et exactement 39 carreaux dans la largeur. Si tu ne respectes pas ça, tu feras l'objet d'une interdiction de fumer et d'autres mesures répressives. Pour les serviettes, c'est le même principe. On les plie une *seule* fois. Des deux côtés, il faut pouvoir compter 15 carreaux, sinon, c'est la sanction.»

La marche au pas était une autre règle à observer. Partout et en toute occasion, il fallait marcher au pas: lors de la promenade dans la cour, pour rejoindre le réfectoire et les dortoirs, et même pour aller aux w.-c.

«Et pendant les repas, c'est le silence absolu, a continué l'homme. Si tu ouvres la bouche, tu sors de table et c'est fini.»

Je savais qu'il ne servirait à rien d'ignorer ou de contourner le règlement. Ici, on ne plaisantait pas. Il n'y avait qu'une seule chose à faire: obéir, et observer à la lettre chacune de ces prescriptions, sans souffler mot. Peu importe si elles étaient absurdes.

«Nous allons t'éduquer convenablement.» Les paroles de l'agent de la *Stasi* qui m'avait interrogé à la préfecture de police me revenaient à l'esprit. «Nous allons te montrer de quoi cet Etat est capable. Nous allons te le montrer, Jan Günther.» Je comprenais maintenant ce qu'il avait voulu dire. Mon incarcération à Dessau, je m'en rendais compte, ne résultait pas du hasard, elle était tout à fait intentionnelle. J'avais osé me révolter contre l'Etat, eh bien l'Etat allait me le faire payer, et ce avec une sévérité excessive et une discipline de fer. Il me ferait sentir son omniprésence jusqu'à ce que j'aie retenu la leçon et que je rentre dans le rang des honnêtes citoyens. Ma journée serait ponctuée de corvées de lits au carré, d'armoires rangées, de chambres nettoyées, de marches au pas et de garde-à-vous.

Au fur et à mesure que cet éducateur en uniforme m'inculquait le règlement de l'établissement, je me sentais de plus en plus petit et perdu. C'était comme si quelqu'un me donnait des coups de poing dans l'estomac. *Comment vais-je pouvoir survivre ici pendant dix mois?* me demandais-je, désespéré. *C'est pas possible, je n'y arriverai pas! Je suis perdu!*

Après avoir été instruit sur l'attitude militairement correcte, j'ai reçu un ballot de vêtements de détenu: une chemise bleue rayée de jaune, une paire de chaussures de travail, une chemise de nuit blanche, une serviette éponge, des draps et quelques affaires de toilette comme une brosse à dents et du savon. Puis, un autre éducateur m'a conduit jusqu'à ma cellule. Nous marchions bien sûr toujours au pas, le regard droit devant nous. L'homme a tourné la clé, ouvert la porte, m'a poussé à l'intérieur et m'a abandonné à mon sort.

Regardant autour de moi, j'ai vu une grande pièce dépouillée, meublée de vingt lits superposés. Près de quarante jeunes y étaient entassés. Leurs yeux me dévisageaient avec curiosité. Ils étaient tous identiques: la même chemise bleue rayée de jaune et la même coiffure: rasé derrière, brosse devant. Aussitôt, j'ai ressenti leur attitude hostile. Elle me glaçait le sang. J'avais l'impression d'avoir été jeté en pâture aux lions.

– Voilà un nouveau! a crié l'un d'eux.

Qu'est-ce que je vais faire? ai-je paniqué. *C'était quoi déjà, l'histoire de la serpillière? Si j'en vois une, je dois taper dedans et l'envoyer dans un coin,* a-t-il dit. En regardant le sol, j'en ai effectivement aperçu une juste à côté de la porte. *Il faut que j'agisse maintenant, c'est ma seule chance de ne pas me faire dévorer par ces bêtes sauvages!*

D'un pas décidé, je m'en suis approché et, d'un bon coup de pied, je l'ai envoyée contre le mur. Durant quelques secondes, un grand silence a régné. *Ça a marché!* ai-je pensé, soulagé. Mais l'instant d'après, je n'étais plus aussi sûr de moi...

– T'es pas complètement cinglé de shooter dans cette serpillière? a sifflé un garçon qui avait une tête de plus que moi et une cicatrice en travers du visage.

– J'ai mes raisons, ai-je affirmé.

– Et c'est quoi tes raisons?

– Ce sont *mes* raisons.

Il m'a fait signe d'approcher. Il y avait en lui quelque chose d'arrogant et de sournois. Pas de doute, c'était un gars à qui il ne fallait pas chercher des histoires.

– Allez viens, a-t-il fait d'un ton nasillard. Tu sais qui je suis? Je m'appelle Leo. Et c'est moi le plus ancien du groupe. Ça veut dire que c'est moi qui fais la loi ici. Et toi, on te demande rien du tout. Pigé?

Puis il a ricané, imité par tous les autres.

– Et merci pour les godasses, a-t-il ajouté en me prenant mes chaussures de travail des mains et en me donnant ses vieilles tout usées à la place.

Un autre s'est approché pour m'échanger ma serviette neuve contre son ancienne. Et ainsi de suite pour le savon, le dentifrice... jusqu'à ce que je me retrouve uniquement avec des affaires usagées.

– Eh, les gars, on peut pas dire que j'ai fait de bonnes affaires, là, ai-je tenté de protester.

– Toi, t'es un mec intelligent, a dit Leo ironiquement. Tu viens d'où?

– De Berlin.

– Tu viens de Berlin! Un Prussien donc! Et à cause de quoi on t'a mis en taule?

– Pour des raisons politiques.

– Ah, un politique! Regardez-moi ça! Dans ce cas, t'es définitivement hors course ici. Au fait, tu t'appelles comment?

– Jan, ai-je répondu, penaud.

– O.K., Jan. Bienvenue à Dessau. Tu permets que nous remettions à plus tard les réjouissances pour fêter ton arrivée?

Leur rire moqueur me faisait craindre le pire. Quel mauvais tour avaient-ils bien concocté pour moi? J'ai eu la réponse à cette question dès ma première nuit...

8. La vie à Dessau

Dans un lit superposé, tout au fond du dortoir, j'étais allongé sur la couchette du bas. C'était la place qu'on m'avait attribuée. Il m'a fallu longtemps pour m'endormir, cette première nuit. Trop de pensées m'agitaient. Sans repos, je me tournais et retournais sur mon matelas. Que devenait Dirk? Et Tokyo? Et mes amis du BFC? Quelles mauvaises surprises le lendemain allait-il m'apporter? Quelles représailles allais-je m'attirer au moindre faux pas?

Au milieu de la nuit, alors que je venais enfin de m'assoupir, j'ai été brutalement tiré de mon sommeil. On a jeté une couverture sur moi et, maintenu dans cette couverture, j'ai été mis par terre et tabassé sans pitié. De tous les côtés, on m'a distribué des coups de pied et de poing. Je voulais me défendre, mais la couverture, telle une camisole de force, m'en empêchait et étouffait mes cris. J'avais du mal à respirer et je n'étais pas loin de m'évanouir.

L'attaque n'a pas duré une minute, après quoi, mes agresseurs ont disparu aussi vite qu'ils étaient venus. Perclus de douleurs, je me suis hissé péniblement sur mon lit. Je saignais du nez et la tête me tournait. *Est-ce que c'est ce qui m'attend toutes les nuits?* me demandais-je. *Où est-ce que j'ai atterri?* C'était l'horreur! Un vrai cauchemar! Je n'allais pas faire de vieux os, ici. Tout ce que je souhaitais à présent, c'était m'endormir pour ne plus jamais me réveiller. «Dieu, ai-je prié, étendu sur mon matelas dur, tremblant et frissonnant. S'il te plaît, aide-moi! Si tu existes, viens à mon secours!»

Le matin est venu bien trop tôt.

«RASSEMBLEMENT!!!» a hurlé un gardien en tapant sur les lits en métal avec sa matraque.

J'ai appris plus tard qu'il se nommait Schmidt.

«On sort des lits!» a-t-il aboyé d'un ton militaire.

Souffrant dans tout mon corps, je me suis levé péniblement pour prendre place dans le rang. Nous devions nous aligner au garde-à-vous, par ordre de taille. J'étais mort de fatigue, j'avais un œil au beurre noir, le nez tuméfié et la lèvre fendue, et des traces de sang étaient visibles sur ma chemise de nuit blanche.

Les mains dans le dos, impassible, la démarche fière, le sous-lieutenant a procédé à son inspection. Il nous a tous détaillés des pieds à la tête, ses bottes grinçant sur le sol. C'était un homme grand, corpulent, avec un double menton et un fort accent saxon lui aussi. Posées sur son long nez, d'affreuses lunettes cerclées de noir lui donnaient un air de gangster. Il s'est arrêté devant moi et m'a fixé un long moment.

– Dites-moi, que vous est-il arrivé?

Là, il s'agissait de faire attention. Si je lui disais la vérité, je ferais figure de traître et on me le ferait bien sentir à chaque occasion. D'un autre côté, avec la tête que j'avais, je ne pouvais pas non plus prétendre qu'il ne s'était rien passé. Que faire? *Jan*, me suis-je dit, *si tu veux te faire respecter, c'est maintenant*. Et je savais comment m'y prendre. Ce n'était pas pour rien que, par le passé, j'avais été le clown de la classe.

– Vous ne pouvez pas imaginer ce qui m'est arrivé cette nuit! ai-je commencé d'une voix de conteur dramatique.

Tous me regardaient, l'air interloqué.

– Et de quoi s'agit-il? a demandé Schmidt en se balançant légèrement d'avant en arrière.

– Donc, voilà. C'est la nuit. J'éprouve un urgent besoin d'aller aux toilettes. Je me lève, direction les cabinets. Il fait un noir d'encre. Tout le monde dort.

Quelques gars ont étouffé un rire, je m'en suis aperçu. Apparemment, personne n'avait encore osé parler de la sorte à un gardien. Je savais que je frisais l'impertinence, mais j'ai néanmoins poursuivi.

– Je longe les lits...

– Venez-en aux faits, a ordonné le sous-lieutenant en agitant impatiemment sa matraque en l'air. Allez, continuez, continuez!

– C'est alors que cela s'est produit, ai-je repris très sérieusement. J'ai glissé et je suis tombé en avant. En avant, vous comprenez?

Les yeux globuleux de Schmidt semblaient sur le point de sortir de leurs orbites.

– Oui, oui, et alors? a-t-il fait, agacé.

– Eh bien, ai-je terminé, l'air toujours aussi sûr de moi, j'ai eu alors le malheur d'atterrir le visage en plein sur le réservoir de chasse d'eau. Boum! Puis je me suis écrasé par terre et je me suis mis à saigner.

Mes codétenus avaient du mal à ne pas éclater de rire, mais Schmidt conservait son attitude inébranlable.

– Vous aurez votre première punition aujourd'hui même, Günther.

– Une punition? me suis-je étonné. Pourquoi?

– Parce que vous m'avez menti.

– Je vous ai menti?

– Oui, a déclaré le gardien en redressant sa masse imposante, vous m'avez menti, et comment! Dans nos toilettes, il n'y a pas de réservoir de chasse d'eau, mais une chaîne.

Je n'ai mis qu'un instant pour rassembler mes esprits et pour rétorquer:

– Vous imaginez bien qu'à ce moment-là, c'était la dernière chose dont je me souciais!

Tous les jeunes ont alors éclaté de rire. Et moi, j'ai eu ma punition: interdiction de fumer et petites corvées. Mais en échange, j'ai été accepté par le groupe. Et cela valait toutes les sanctions.

Chaque jour, nous, les prisonniers, étions emmenés en bus dans une usine où l'on nous faisait travailler durement. Nous étions environ 500 détenus. Notre tâche consistait à fabriquer des silos en ciment. Il régnait un bruit assourdissant dans le hall de l'usine et nous trimions comme des esclaves. Là aussi, des règles strictes étaient imposées. Et des surveillants postés à intervalles réguliers sur des plates-formes étroites, le long des murs, veillaient à ce que chacune de ces règles soit bien respectée. Par exemple, il y avait sur le sol des lignes jaunes qu'il ne fallait franchir en aucun cas. Dès mon premier jour de travail, un pauvre garçon a, par inadvertance, posé un pied sur une de ces lignes et, aussitôt, une sirène s'est déclenchée. De plusieurs côtés, des gardiens se sont précipités et se sont mis à le tabasser avec des matraques. Puis, ils lui ont mis des menottes et il a été enfermé dans une sorte de cage, où il était exposé à tous les regards. Il est resté ainsi suspendu au-dessus de nos têtes, suant et en sang, pour servir d'exemple à tous ceux qui caresseraient l'idée de sortir des rangs. Jamais je n'avais vu autant d'injustice et de cruauté. C'était terrible. *Mais où ai-je atterri?* me suis-je demandé une fois de plus. *Qu'est-ce qui va encore bien pouvoir se passer ici?*

A peine une semaine plus tard, j'ai eu la réponse à ma question et j'ai compris ce qu'il advenait des détenus qui transgressaient le règlement. Après une longue journée de travail à l'usine, nous rentrions à la prison. J'étais épuisé et je tombais de fatigue. Je n'aspirais qu'à prendre une bonne douche et me coucher. Le lieutenant Schmidt a ouvert la porte de notre cellule et nous y a fait rentrer en rang. Trop fatigué pour marcher au pas, j'ai pris la liberté de franchir les derniers mètres en marchant normalement. Erreur!

– On relève les jambes! a tonné Schmidt. A Dessau, on marche au pas partout et tout le temps!

– Et pourquoi vous, vous ne marchez pas au pas? ai-je dit sans réfléchir.

Mes codétenus ont ricané en douce, tandis que le visage de notre gardien changeait d'aspect. D'une seconde à l'autre, il est devenu rouge comme une tomate et a bombé le torse, indigné par cet affront.

– Je vais vous mater Günther! Vous pouvez me faire confiance! a-t-il hurlé en claquant la porte derrière lui.

Il est réapparu deux minutes plus tard et m'a fait sortir dans le couloir.

– Dehors!

Puis, il m'a mis une brosse à dents et du cirage dans les mains.

– A genoux! a-t-il commandé.

Je l'ai regardé, interloqué.

– A genoux, Günther! a-t-il répété, menaçant. Vous allez me cirer le sol!

J'ai cru avoir mal entendu.

– Je dois... cirer le sol avec une brosse à dents?

– C'est exactement ce que j'ai dit, a-t-il confirmé. Et cela en petits cercles de cinq centimètres. Tout le couloir, jusqu'au bureau là-bas!

Il ne peut pas être sérieux, ai-je pensé.

– Mais... il y a au moins 30 mètres! ai-je objecté.

– Alors vous avez intérêt à vous y mettre tout de suite, a-t-il répliqué, ravi. Cela vous permettra peut-être d'apprendre la politesse et de comprendre que vous n'êtes pas ici pour vous amuser.

A contrecœur, je me suis mis à genoux et me suis attaqué à cette corvée absurde et humiliante qui consistait à cirer le couloir avec une brosse à dents. Schmidt s'est installé derrière le bureau qui se trouvait au bout du corridor pour me rappeler à l'ordre lorsque je ralentissais trop le rythme à ses yeux.

– Allez, allez! Allez, allez! hurlait-il en me regardant avec une telle satisfaction que je n'avais plus qu'une envie, celle de lui tartiner la face avec le cirage.

C'était tellement dégradant de ramper ainsi sur le sol avec cette brosse à dents et d'entendre son rire méchant. Je haïssais ce Saxon ignoble. Je haïssais son ricanement imbécile et son patois stupide. J'avais toujours regardé de haut ceux qui ne parlaient pas comme nous, les Berlinois. J'étais même arrogant quand il s'agissait de mon dialecte. *Nous, les Berlinois*, pensais-je, *nous sommes les meilleurs. Nous sommes les plus cool. Tous ceux qui parlent autrement sont des idiots.* Et Schmidt, avec son accent saxon prononcé et sa joie sadique, me faisait presque perdre la raison.

Des heures plus tard, j'ai enfin touché au but: je suis arrivé à ses chaussures. Alors, il a baissé son regard vers moi et, avec un nouveau ricanement, m'a lancé:

– Très bien, Günther. Il ne reste plus qu'à passer la lustreuse.

Il est allé chercher la lourde machine en acier et l'a tirée dans le couloir. Sur le dessous étaient fixées des brosses rondes qui, en effectuant des mouvements rotatifs, faisaient briller le sol. Il s'est installé dessus, tel un héros de guerre romain sur son char, et moi, j'ai dû le pousser sur toute la longueur du corridor. C'était terriblement ridicule et même vraiment désagréable de faire faire ces allers-retours à ce gros bonhomme sur sa lustreuse. Il n'aurait pas pu trouver punition plus idiote.

– Un peu plus d'entrain, s'il vous plaît! criait-il de temps à autre. Ne vous endormez pas, Günther! Allez, allez, allez!

– C'est facile à dire, ai-je murmuré une fois comme pour moi-même.

Mais il l'a entendu. Il a sauté de l'engin et m'a attrapé par le col. Son gros nez touchait presque le mien.

– Vous n'avez toujours pas compris la leçon? a-t-il vociféré en me postillonnant au visage. Vous ne savez toujours pas comment vous devez vous comporter ici?

Puis, il m'a tiré par l'oreille jusqu'au mur où était affichée la devise de l'établissement.

Ce que tu ne sais pas, tu l'apprendras.
Si tu apprends, nous t'aiderons.
Si tu ne veux pas apprendre, nous t'y forcerons.

– Savez-vous lire? a-t-il rugi. Pouvez-vous lire ce qu'il y a écrit là, Günther? Non? Alors je vais vous en faire la lecture!

Et, sans que j'aie le temps de me rendre compte de ce qui m'arrivait, il a cogné ma tête contre le panneau.

– Ce que tu ne sais pas, tu l'apprendras! a-t-il crié, tapant à nouveau ma tête contre le mur et m'éclatant l'arcade sourcilière.

– Si tu apprends, nous t'aiderons!

Ma lèvre s'est mise à saigner.

– Si tu ne veux pas apprendre, nous t'y forcerons!

Il a répété le tout plusieurs fois, jusqu'à ce que j'aie tout le visage en sang. On aurait dit que je venais de subir douze rounds de boxe. Il ne s'est arrêté que lorsque je me suis écroulé sous la douleur et m'a alors ramené dans ma cellule.

Complètement traumatisé par ce qui venait de m'arriver, je me suis lavé le visage et allongé sur mon lit. Je ne parvenais pas à croire que tout cela s'était réellement passé. J'éprouvais une terrible haine pour ce gardien, mais aussi envers l'Etat et envers tout le système, ce système cruel et dénué de scrupules, qui enlevait toute dignité à l'être humain.

Vous ne perdez rien pour attendre, pensais-je. *Quand je sortirai d'ici et que je serai à l'Ouest, je vous dénoncerai. Je raconterai tout en détail, tout ce que je sais. Vous allez voir! Vous allez payer, vous allez payer pour chaque forfait, pour chaque crime que vous avez commis. J'y veillerai, je le jure!*

J'avais compris la leçon. Maintenant, je savais comment les choses se passaient. Et je me suis rapidement arrangé pour ne pas m'attirer d'ennuis. Car si les gardiens étaient de vraies brutes, il y avait d'autres personnes dont il fallait se méfier: les détenus de «l'actif». Dans chaque dortoir de quarante hommes, huit faisaient partie de «l'actif». C'étaient eux qui faisaient la loi. Moi, prisonnier politique, j'étais tout en bas de l'échelle et je n'avais aucune chance de faire un jour partie de cette «élite». Les politiques étaient des «sans caste». On pouvait leur faire ce qu'on voulait, c'était quasi officiel. Il fallait qu'ils endurent toute la rigueur de la loi. Quant aux prisonniers de droit commun et aux assassins, on les laissait tranquilles. C'étaient même eux qui rejoignaient rapidement «l'actif». Et plus leur crime était atroce (viol ou inceste, par exemple), plus leur ascension dans la hiérarchie était rapide.

Le système était bien ficelé et fonctionnait selon un principe très simple: les détenus se surveillaient et assuraient la discipline eux-mêmes. Cela évitait aux gardiens bien du travail et de la fatigue. Quand ça sentait le roussi, ces derniers cédaient le terrain à «l'actif» et s'en lavaient les mains. Il ne leur restait plus qu'à jouer de la matraque de temps à autre. Pour tout le reste, c'était la loi du plus fort qui régnait. Si quelqu'un ne marchait pas droit, il était tout simplement démoli. Les pires choses pouvaient se produire. Et pour moi, une évidence s'imposait: si je ne voulais pas être persécuté par Leo et sa bande, je devais de toute urgence trouver une combine.

Je dois tirer parti de leur bêtise, me suis-je dit. *Il faut que je manigance un plan pour obtenir leur faveur. Je dois les distraire pour leur faire passer l'envie de m'attaquer encore la nuit.* Et comme, depuis toujours, j'étais un petit malin, j'ai concocté un plan génial.

9. Une grosse bêtise

Pour mettre en place ma contre-attaque, j'ai proposé à Leo de faire passer un test à tous les nouveaux. «Chaque nouvel arrivant doit nous raconter une histoire, ai-je suggéré, une histoire passionnante. Et si on ne la trouve pas assez intéressante, il sera fouetté.»

Leo a adhéré à mon idée et nous l'avons aussitôt mise à exécution. Le premier garçon qui a rejoint notre groupe avait à peu près mon âge. Il s'appelait Albert et était extrêmement timide et maladroit. Une petite nature comme lui était évidemment une aubaine pour nous. Nous lui avons expliqué la nouvelle règle et l'avons sommé de nous raconter une histoire. Il était tellement impressionné qu'il n'est même pas parvenu à aligner deux mots. Pour finir, Leo s'est tourné vers moi et m'a demandé:

– Qu'est-ce que t'en penses, Jan? Est-ce que son histoire était passionnante?

– Vous avez trouvé ça passionnant, vous? ai-je rétorqué.

– Non, c'est de loin le récit le plus nul qu'on ait jamais entendu. Le fouet!

Le pauvre garçon est devenu blanc comme un linge. Il m'a jeté des regards suppliants, tandis que nous lui enlevions sa chemise de nuit et l'attachions à son lit avec des serviettes. Je n'ai éprouvé aucune pitié envers lui. La pitié et la clémence étaient des sentiments qui ne faisaient pas long feu à Dessau. Et j'avais moi aussi perdu toute miséricorde. Ici, c'était chacun pour soi.

Nous avons fait des nœuds à une serviette de toilette, l'avons mouillée et nous sommes mis à frapper Albert. Quelqu'un avait prétendu un jour que cette méthode ne laissait pas de traces visibles sur le corps, mais qu'elle produisait de sévères blessures internes. C'est ce que nous avons cherché à expérimenter sur ce jeune Saxon, et ce sans aucun scrupule. C'était chacun son tour. Et quand ça a été le mien, j'ai exprimé dans chaque coup de fouet toute ma haine: haine envers ma mère, envers l'Etat, envers Honecker, envers la police et pour la vie que je menais.

Avant mon incarcération, j'étais quelqu'un de serviable. J'aidais les gens en difficulté. Je compatissais à leur sort. Sauf, bien sûr, quand j'étais avec les hooligans! Mais j'avais changé. Mon cœur était devenu dur comme pierre. Mon sens de la justice avait totalement disparu. Mes bons sentiments envers l'humanité s'étaient transformés en véritable haine. J'étais devenu un être complètement insensible et je n'en avais même pas honte.

Le pauvre Albert hurlait comme si on l'égorgeait et me suppliait d'arrêter. Mais cela m'était impossible. Il était devenu le bouc émissaire pour tout ce que l'Etat m'avait fait subir, et je voulais le voir souffrir. Ses cris auraient dû attirer toute une horde de gardiens. Mais aucun n'est intervenu. Les surveillants se moquaient de savoir si nous nous battions entre nous. Nous avons poursuivi la torture jusqu'à ce que Leo décrète que c'en était assez pour cette fois. Puis, approbateur, il m'a tapé sur l'épaule en disant:

– Bonne idée, le truc de l'histoire. Si t'en as d'autres, fais le moi savoir, Jan.

A partir de ce jour, j'ai été nommé responsable des épreuves pour les nouveaux arrivants. J'inventais toujours d'autres plans et je m'en donnais à cœur joie pour martyriser les plus faibles de la manière la plus méchante possible. C'est ainsi que j'ai réussi à manipuler Leo et sa clique de «l'actif». En principe, c'étaient eux qui commandaient, mais en réalité, ils finissaient toujours par me demander mon avis avant de décider quoi que ce soit. Je les tenais bien et ils avaient complètement oublié qu'ils auraient eu tout loisir de me torturer, moi, puisque j'étais prisonnier politique. Je les menais par le bout du nez et ils étaient trop stupides pour s'en apercevoir.

Le temps a passé. Les jours, les semaines, les mois. Et ma libération approchait à grands pas. Il ne me restait plus que deux semaines à purger. Mon humeur était plutôt au beau fixe.

Durant la courte pause qu'on nous accordait à l'usine, nous avions l'habitude de nous réunir dans une salle de repos pour discuter de choses et d'autres. Nous lisions parfois le journal communiste gratuit *Junge Welt*[1].

Ce matin-là était un matin comme les autres. Je fumais une cigarette avec délectation en débitant quelques bêtises et feuilletais distraitement la dernière édition du quotidien. Sur la une figurait une photo du président polonais et j'ai été frappé par la similitude de la forme de sa tête avec celle d'Hitler. Sans réfléchir, j'ai attrapé un stylo et je me suis mis à décorer son portrait. Je l'ai affublé de la moustache d'Hitler et de sa raie sur le côté. La ressemblance était frappante. Je n'ai attaché aucune importance à mes gribouillis et, la pause terminée, j'ai jeté le journal dans le porte-revues et repris le travail.

Puis, le soir, nous étions sur le point de nous coucher, quand soudain a surgi le sous-lieutenant Schmidt en compagnie de quelques gardiens.

– Rassemblement! a-t-il hurlé.

Nous nous sommes empressés d'obéir et nous sommes mis au garde-à-vous. Schmidt s'est posté devant nous,

1 Signifie: «Nouveau monde.» Quotidien interrégional d'orientation marxiste. (N.d.T.)

campé sur ses grandes jambes. Son regard ne présageait rien de bon.

– Il s'est passé quelque chose de très sérieux, a-t-il déclaré en scandant chaque mot. L'un de vous a commis un grave délit.

Nous étions tous perplexes.

De quel délit peut-il bien s'agir? me suis-je demandé.

Schmidt a pris son temps. Il s'est d'abord contenté de parcourir le rang de ses yeux globuleux. Nous nous sommes tous rendu compte que la situation était critique. Mais qu'est-ce qui avait bien pu se produire?

– L'un de vous, a répété le sous-lieutenant, a commis un horrible forfait. Et je lui conseille vivement de se dénoncer, sinon, ce soir, c'est le «carnaval».

Il y a eu un murmure. Le «carnaval» était le pire moyen coercitif dont les gardiens disposaient. Il s'agissait d'une peine collective qui ne manquait jamais son but. Son principe était simple: tout le groupe était puni pour la faute d'un seul. Il y avait différentes peines collectives, comme l'interdiction générale de fumer, la course dans les escaliers, la marche pieds nus dans la neige, etc. Et cette punition durait jusqu'à ce que le coupable se dénonce. Car il y avait toujours un moment où l'auteur d'un forfait se faisait connaître, surtout lors du «carnaval».

Durant mes dix mois de détention, j'avais subi ce châtiment collectif à trois reprises et je ne voulais surtout pas le revivre une quatrième fois. Il s'apparentait à un entraînement militaire des plus brutaux. Le déroulement était toujours identique: il fallait d'abord se préparer pour aller au lit, puis, à peine étions-nous couchés que nous devions nous relever et nous préparer à aller au travail. Ensuite, on nous faisait courir à toute vitesse dans les escaliers. A chaque palier était posté un gardien qui nous donnait un coup de matraque sur le visage et dans le dos. Après plusieurs passages, nous devions à nouveau nous préparer pour la nuit, puis le petit jeu recommençait.

Non, vraiment, un quatrième «carnaval» ne me tentait pas. *Que celui qui a fait cette bêtise se dénonce tout de suite et on sera tranquilles*, ai-je dit en moi-même. Néanmoins, je n'allais pas tarder à changer d'avis, car le sous-lieutenant Schmidt, après avoir fait durer le suspense, a brandi ce qu'il cachait derrière son dos. C'était un journal et, plus exactement, l'exemplaire qui représentait le président polonais transformé en Hitler avec moustache et raie sur le côté. A cet instant, mon cœur a cessé de battre. *Purée, je suis fait!*

Si jamais on découvrait que c'était moi le responsable de cette plaisanterie, je pouvais dire adieu à ma mise en liberté. Il y avait même un texte de loi qui qualifiait mon méfait. Cela s'appelait du «dénigrement public d'hommes d'Etat». Et ce n'était pas tout. Je ne m'étais pas contenté de dénigrer un officiel, je l'avais «déguisé» en Hitler. En Hitler! Le pire des forfaits dans cet Etat socialiste. Et pour couronner le tout, c'était *moi* l'auteur de ce méfait, moi qui avais justement écopé d'une peine de prison pour des caricatures de ce genre. Quinze jours seulement avant ma libération tant attendue, je me permettais une bêtise pareille! J'aurais pu me gifler. Mais où avais-je donc la tête? *Ça me vaudra au moins cinq ans de taule*, ai-je calculé rapidement, un frisson me parcourant le dos.

– Alors, qui c'est? a martelé Schmidt en marchant de long en large devant notre rang. Qui a osé humilier ainsi le chef d'Etat polonais? Qui? Je lui donne cinq minutes pour avouer son acte.

Deux garçons m'ont jeté un regard entendu. «C'est toi, Jan, ce matin pendant la pause», semblaient-ils dire. Je ne savais que faire. En cet instant, les douze mois que je venais de vivre se sont déroulés comme un film dans ma tête. *Quatre, voire cinq ans de plus dans ce bagne, je ne tiendrai pas! Si ça m'arrive, je suis mort.* Je ne pouvais pas dire la vérité, c'était tout simplement impossible. Trop de choses étaient en jeu. Je craignais qu'on entende mon cœur battre la chamade.

Les minutes passaient. Schmidt attendait, les yeux rivés sur sa montre. Mes lèvres restaient fermement closes. Les autres commençaient à s'agiter.

– Encore une minute avant le «carnaval», a averti le sous-lieutenant.

– Bon, sérieusement, a fait Leo. Ce salopard doit se dénoncer. Je n'ai aucune envie de payer pour quelque chose que je n'ai pas fait. Et je crois que tout le monde pense la même chose. C'est qui? Qu'il s'avance!

Je n'ai pas bougé d'un pouce, mais je sentais sur moi les regards accusateurs de mes codétenus. *Non, je ne peux pas avouer, je ne peux tout simplement pas!*

Le lieutenant a saisi son sifflet.

– Les cinq minutes sont écoulées. On se prépare pour aller au travail!

Il a sifflé, donnant ainsi le signal de départ pour le «carnaval». Chacun devait se changer à toute vitesse en laissant sa chemise de nuit soigneusement pliée sur son lit. Puis, toujours à coups de sifflet, Schmidt nous a pressés dans la cage d'escalier. Monter, descendre de l'autre côté, puis retour au point de départ. Et à chaque palier, l'inévitable gardien avec sa matraque. Ensuite, nouveau coup de sifflet.

– Préparation pour le coucher! a hurlé Schmidt qui attendait les bras croisés dans notre dortoir. Allez, allez, on se dépêche un peu! Vous n'êtes quand même pas déjà fatigués? Ça ne fait que commencer! Et c'est peut-être parti pour toute la nuit. Ça ne dépend que de vous.

Le visage bien amoché et le corps couvert de contusions, nous avons enfilé notre chemise de nuit blanche et nous sommes mis au lit. Puis, un nouveau coup de sifflet a retenti, et nous avons dû nous relever.

– On se prépare pour le travail!

Nous sommes ressortis dans le couloir, avons remonté et redescendu les escaliers, puis regagné à nouveau la cellule.

– Préparation au coucher! Je vous préviens tout de suite: si le coupable ne se dénonce pas, vous allez en voir de toutes les couleurs cette nuit!

Coup de sifflet.

– Préparation au travail!

Et ainsi de suite, jusqu'à ce que personne ne puisse plus tenir sur ses jambes, percluses de douleur et de fatigue. Il n'était pas loin de minuit quand Schmidt a annoncé:

– Voilà ce que nous allons faire: je vais m'installer dans mon bureau. Celui qui a fait ça a exactement trois minutes pour m'y rejoindre. A défaut, le «carnaval» continue. J'espère m'être exprimé clairement! Trois minutes!

Il a fait demi-tour et a disparu. Assis sur nos lits, haletants, nous tentions de reprendre notre respiration.

– Je vais lui tordre le cou de mes propres mains à l'oiseau qui nous a valu ça, a déclaré un détenu, la voix remplie de haine. Personne ne sait qui c'est?

A ce moment-là, un gars qui me regardait de travers depuis un bon moment s'est posté devant moi et a déclaré:

– Il vaudrait mieux que tu craches le morceau, Jan. On a assez souffert à cause de toi. Et puis ce que tu as dessiné, c'est pas si terrible que ça.

Un frisson m'a parcouru: il m'avait dénoncé devant tous. Cela me rappelait un autre événement qui s'était produit à l'école primaire: j'avais enfermé notre institutrice dans la salle des maîtres et le premier de la classe m'avait dénoncé lui aussi. Mais là, il n'était pas question d'une simple bêtise de gamin. Il s'agissait de savoir si j'allais passer les cinq prochaines années en liberté ou en taule. J'ai avalé ma salive et j'ai commencé à me ronger les ongles. Toutes les têtes étaient tournées vers moi. Leo s'est levé à son tour, a croisé les bras et m'a interrogé, incrédule:

– Jan? C'est vrai? C'est toi?

J'ai hésité. *Non, je ne peux pas avouer, je ne peux tout simplement pas.*

– Alors Jan, c'est toi ou pas?

Si j'avoue, je signe mon arrêt de mort!

– Jan?

Les regards de mes codétenus me transperçaient. Ils attendaient ma réponse. Et je savais que je devais mettre fin à ce désastre. Mais il y avait tellement de choses en jeu! J'ai poussé un profond soupir. Pas de doute, cet aveu signerait mon arrêt de mort.

– Oui, ai-je fait, penaud. C'est moi.

– Quoi!!! Ce sale porc, c'est toi? a hurlé un des plus âgés. Il allait se jeter sur moi, quand Leo s'est interposé.

– Tu nous as mis dans un sacré pétrin, a-t-il constaté simplement. A toi maintenant d'arranger ça avant que quelqu'un ne soit sérieusement blessé.

J'ai acquiescé, déconfit, et je suis parti me dénoncer au sous-lieutenant. Jamais le couloir qui menait à son bureau ne m'avait paru aussi long. Je tremblais de tout mon corps. En frappant à la porte, j'avais l'impression de creuser ma propre tombe.

– Entrez! a-t-on crié de l'intérieur.

Le cœur lourd, j'ai pénétré dans l'antre de Schmidt. Siégeant derrière son bureau, il m'a accueilli d'un air glacial, triomphant.

– Détenu Günther au rapport, sous-lieutenant.

– Entrez et fermez la porte!

Je me suis exécuté et me suis immobilisé à quelque distance. Il m'a fait signe d'approcher et lorsque j'ai été assez près, il a flanqué le journal sur le bureau.

– Voilà le journal! a-t-il lancé en m'observant à travers ses lunettes cerclées de noir, comme un juge dévisageant un prévenu.

– C'est votre œuvre, Günther?

– Oui, ai-je murmuré.

– Mais qu'est-ce qui vous a pris de faire une chose pareille?

– En fait, je n'ai pas du tout réfléchi.

– Pas réfléchi? a-t-il dit avec un rire amer. Mais c'est pour ce motif que vous vous trouvez ici, Günther, pour «calomnie envers l'Etat et dénigrement des autorités». Et vous prétendez sérieusement que vous n'avez pas réfléchi?

– Pourtant, c'est bien vrai, j'ai fait ça machinalement.

– Machinalement? Ah, vraiment!

Schmidt s'est levé, a contourné son bureau et est venu coller son long nez contre mon visage.

– Vous pouvez rejoindre votre groupe, Günther. Mais vos agissements auront des conséquences, je peux vous l'assurer!

Il m'a fixé de ses yeux globuleux, jubilant visiblement de me faire sentir son pouvoir. J'aurais voulu disparaître sous terre. Les genoux flageolants, j'ai tenté de soutenir son regard.

– Eh bien, je vais être dans l'obligation de transférer ce dossier au ministère public, a-t-il déclaré avec un regret feint en retournant s'asseoir. La suite ne dépendra plus de moi. Allez, retournez dans votre cellule!

– Je vous en supplie, pas le procureur!

– Rejoignez votre groupe!

– Si vous en informez le procureur, vous savez ce qui arrivera!

– Rejoignez votre groupe!!!

J'étais complètement anéanti. *Ça ne peut pas être vrai,* ai-je songé. *Si ce dossier parvient au procureur, je suis fini. Je ne sortirai plus jamais d'ici.*

Les jours suivants, j'étais un vrai paquet de nerfs. Je ne mangeais plus, je ne dormais plus et je vivais dans une peur panique de ce que j'allais devenir. Trois jours avant la date prévue pour ma libération, Schmidt m'a convoqué dans son bureau.

– Vous allez être transféré à la prison de Rummelsburg, à Berlin! m'a-t-il annoncé sans détour.

J'ai eu l'impression de recevoir une décharge électrique.

– Mais, je dois être libéré dans trois jours, ai-je objecté.

– Eh bien, vous ne le serez pas, a-t-il déclaré froidement. Vous serez transféré dès aujourd'hui à Berlin, et là, on statuera sur votre cas.

– Mais... mais j'ai purgé ma peine, ai-je bégayé.

– Ce n'est pas vous qui décidez si vous avez vraiment payé *toutes* vos dettes, c'est l'Etat qui en jugera, a-t-il répondu en ricanant. Nous nous reverrons peut-être dans six mois. Toujours est-il que je vous souhaite un agréable séjour à Berlin, Monsieur Günther. Ne m'oubliez pas!

J'avais l'impression que le sol se dérobait sous mes pieds. J'avais compté les mois, les jours, les heures jusqu'à ma libération. Et maintenant, juste avant ce moment tant attendu, mon espoir s'envolait comme une vaine chimère.

Lorsque j'ai quitté le bureau, escorté par deux gardiens, un sentiment de profonde déception, d'angoisse quant à l'avenir et de désespoir s'est emparé de moi, parcourant tout mon corps. *On me transfère à Berlin*, ai-je pensé. *Là, je serai rejugé, et tout recommencera depuis le début! En tant que récidiviste, et politique en plus, je suis mal parti. Comment vais-je pouvoir survivre à ça?*

Dans la cour, où les gardes m'avaient conduit, une petite fourgonnette grise m'attendait. En contradiction avec toutes les conventions des droits de l'homme, on m'a passé les menottes aux mains et aux pieds, puis j'ai été enfermé à l'arrière du véhicule. J'ai entendu ensuite les deux gardes monter dans la cabine en se racontant des blagues idiotes. Moi, j'étais reclus dans cet espace sombre, et toute ma vie était fichue. Mon humeur était aussi noire que mon environnement. J'avais peur de n'avoir plus assez de force pour me battre contre ce découragement qui m'avait envahi. Puis, le moteur a vrombi et la camionnette s'est mise en mouvement.

Bien plus tard, le véhicule s'est arrêté et les deux agents ont disparu pendant un bon moment. J'avais des douleurs atroces aux poignets et aux chevilles. De plus, je commençais à avoir une envie pressante d'aller aux toilettes.

– Ohé! ai-je appelé. Il y a quelqu'un? Ohé! Il faut que je sorte!

Aucune réponse. J'ai supposé que mes gardes s'étaient retirés dans quelque restaurant. Ils devaient être en train de se remplir la panse et avaient manifestement complètement oublié qu'il y avait quelqu'un – c'est-à-dire moi! – à l'arrière de leur camionnette.

– Ohé! ai-je répété. Ça urge vraiment!

J'ai attendu, mais il n'est venu personne. J'ai attendu encore, mais il n'y avait toujours personne en vue. Puis, finalement, je n'ai plus pu me retenir et j'ai fait dans mon pantalon. Il a fallu attendre encore très longtemps avant que les deux hommes ne reviennent enfin et ne reprennent la route. Mes douleurs sont devenues insupportables et je macérais dans mon urine. L'odeur était abominable et je ne savais plus comment m'installer pour éprouver un peu de soulagement.

Après un voyage interminable, nous sommes enfin arrivés à Rummelsburg. J'ai entendu le portail s'ouvrir et le véhicule s'avancer lentement dans la cour, puis j'ai perçu une nouvelle voix. Enfin cet accent berlinois qui m'était si familier!

– Vous n'allez pas me dire que vous avez transporté un prisonnier dans ce véhicule?!

– Eh bien, a ricané un des deux gardes, vous savez ce que c'est. Nous, on se contente d'exécuter les ordres.

– Il y a vraiment quelqu'un là-derrière? Depuis Dessau?

– Oh, c'est rien. C'est juste un politique. Jan Günther. Tout est notifié dans les documents.

– Vous vous appelez comment? a demandé le Berlinois au Saxon.

La conversation commençait à devenir intéressante.

– Müller.

– Müller? Vous savez que vous avez contrevenu au règlement, Monsieur Müller. Dépêchez-vous d'ouvrir!

Des pas ont fait crisser le gravier. Puis, le hayon a été ouvert et j'ai cligné des yeux devant la lumière du jour. J'étais heureux de pouvoir enfin respirer l'air frais. La puanteur a fait reculer les agents de quelques pas.

– Mais qu'est-ce qui s'est passé là-dedans? s'est étonné le chauffeur.

– C'est aussi ce que je me demande! a renchéri le Berlinois, le ton de sa voix indiquant clairement qu'il n'appréciait pas ce qu'il voyait.

J'ai profité de l'occasion pour intervenir:

– Excusez-moi, quelqu'un pourrait-il me détacher? J'ai appelé de nombreuses fois pour aller aux toilettes, mais personne ne m'a jamais répondu.

Le Berlinois s'est redressé de toute sa hauteur et, d'un ton énergique de commandement, il s'est adressé aux deux gardiens restés bouche bée.

– Détachez-le tout de suite! Dépêchez-vous! Mais qu'est-ce qui vous a pris de transporter un prisonnier dans le noir et sans le moindre arrêt-pipi? Et enchaîné comme un grand criminel, en plus! Cela aura des conséquences, je vous préviens! Vous risquez des sanctions!

C'est génial! ai-je exulté. *Un fonctionnaire qui est de mon côté. C'est tout simplement génial!* Confus, l'homme qui s'appelait Müller est monté à l'arrière du véhicule et a ôté les menottes de mes mains et de mes pieds.

– En plus, a poursuivi le Berlinois, énervé, il n'y avait pas besoin de menotter ce détenu. Il va être libéré dans deux jours, c'est précisé sur ces documents.

Les deux gardes ont échangé un regard étrange, qui ressemblait à celui de deux enfants qu'on vient de surprendre à faire une mauvaise blague. Et moi, je ne comprenais plus rien.

– Excusez-moi, ai-je fait, complètement désorienté. Je vais être libéré?

– Bien sûr que vous allez être libéré, a répondu le fonctionnaire. Vous ne connaissez pas la date de votre libération?

– Euh... si, en fait.

– Vous n'êtes ici que pour une ou deux nuits et, après, vous êtes libre.

Abasourdi, je l'ai regardé comme s'il était un extraterrestre.

– On ne vous a rien dit?

Je ne savais quoi répondre. Non, naturellement, on ne m'avait rien dit. Schmidt, fidèle à ses méthodes cruelles, m'avait fait croire que j'allais être transféré à Berlin parce qu'une nouvelle procédure avait été engagée contre moi. En réalité, il n'avait probablement même pas fait suivre le journal avec ma caricature. Il avait juste voulu me faire souffrir jusqu'au bout. Cela lui ressemblait bien, à ce tortionnaire.

– Monsieur Günther? a fait le fonctionnaire, me ramenant à la réalité. Tout va bien?

J'ai hoché la tête comme dans un rêve, puis je me suis mis à rire. C'était un rire franc et libérateur, comme il n'en était plus sorti de ma gorge depuis douze mois.

– Je vais être libéré, ai-je murmuré comme pour moi-même. Je suis libre!

– Dans deux jours, Monsieur Günther, a rectifié l'homme. Je vais vous accompagner à l'intérieur. Et vous deux, Messieurs, vous allez m'attendre ici. Je n'en ai pas encore fini avec vous!

J'ai suivi le fonctionnaire dans la cour gravillonnée et, subitement, cette prison ne m'apparaissait plus aussi grise et menaçante. J'éprouvais même une certaine allégresse en songeant à la liberté si proche.

La liberté! Je la humais déjà. Il me semblait même entendre chanter un petit oiseau, quelque part derrière les murs épais. C'était un doux gazouillis et j'avais l'impression qu'il ne s'adressait qu'à moi. *Dans deux jours, je serai libre. Dans deux jours, le pire chapitre de mon existence appartiendra au passé et je pourrai recommencer à vivre. Encore deux jours et Berlin sera à nouveau à moi! Attendez-moi, les hooligans du BFC! J'arrive! Joker est de retour dans la course!*

10. Surprises

– Joker?! C'est vraiment toi?!

Tokyo avait les yeux écarquillés en me voyant pénétrer d'un pas tranquille dans «la grotte». Je ne peux pas exprimer combien j'étais heureux de le revoir. Il avait changé, pendant mon séjour en prison: il mesurait maintenant près de deux mètres et pesait certainement dans les 100 kilos. Un géant! Il avait de larges épaules et était un vrai paquet de muscles. Mais ses signes distinctifs – ses cheveux noirs hérissés et son large sourire – étaient toujours là. En m'approchant de lui, je me sentais joyeux, bien dans ma peau. J'avais l'impression d'être revenu du royaume des morts. C'était un sentiment indescriptible.

– C'est bien ça, Tokyo. Je suis de retour!

– J'en reviens pas! s'est-il exclamé d'une voix tonitruante. Regardez qui est là, les gars! C'est notre Joker!

– Joker! a-t-on crié de toutes parts, avant que nous ne tombions dans les bras les uns des autres, telle une équipe de foot qui vient de marquer un but.

Ils étaient tous là: Ouragan, Sergej, Moustique, Tokyo et tous les autres. Nous faisions des bonds, dansions, hurlions, renversant au passage plusieurs chaises. C'était une vraie fête. Qu'est-ce qu'ils m'avaient manqué, mes amis du BFC! Surtout Tokyo! Je n'avais pas de meilleur copain que lui, à part Dirk, naturellement.

– Depuis quand t'es sorti? a demandé Ouragan, excité.

– Depuis aujourd'hui! Ça fait deux heures qu'on m'a libéré!

– C'est fou! Il faut qu'on trinque pour fêter ça! s'est écrié Moustique en hélant le serveur. Une tournée de bière pour notre table!

– Et un Texas-Sandwich! ai-je ajouté. Non, apportes-en deux! Avec beaucoup de moutarde et beaucoup de poivre! J'en ai rêvé tous les jours! En taule, la bouffe était immonde!

– Et ça, c'est quoi? a demandé Sergej en touchant mes cheveux rasés derrière et en brosse sur le devant. T'as décidé de te promener comme ça, maintenant?

– Pas du tout, mon gars, ai-je rétorqué. C'est la coupe officielle à Dessau. A pleurer, non?

– Révoltant, je dirais, a commenté Tokyo en riant de bon cœur. Hé, mec, c'est génial que tu sois de retour!

– C'est moi le plus heureux, je te le dis! Qu'est-ce que vous m'avez manqué! Dans chaque cellule, j'ai gravé le sigle du BFC sur un mur. Oui, vous m'avez manqué! Et nos voyages en train, nos raids contre l'ennemi, les poussées d'adrénaline, tout ça aussi ça m'a manqué. J'ai hâte de cogner sur ceux de l'Union!

– Ah ça, c'est bien notre Joker! a fait Ouragan en m'administrant une tape amicale dans le dos. Notre Joker est de retour!

Le serveur a apporté les bières et Ouragan s'est levé en brandissant solennellement sa chope.

– A Joker! Et au BFC! a-t-il déclamé.

Nous avons trinqué en vidant nos bocks d'un trait. La bière était merveilleusement écœurante, comme elle l'avait toujours été. Combien j'appréciais d'être assis là dans notre café habituel, entouré de mes amis du BFC! J'avais si souvent soupiré après cet instant, durant ces longs mois: depuis le toit de la prison, quand je regardais avec envie le haut de la tour de la télévision, puis tous les matins, quand Schmidt collait son nez allongé sur ma figure et me hurlait dessus comme si j'étais un moins que rien.

– T'arrives à un moment intéressant, a annoncé Tokyo. Il y a un match en déplacement samedi prochain.

– C'est où?

– A Aue[1]. On va vraiment bien s'amuser. Tu viens?

– Tu me demandes si je viens? Mais bien sûr que je viens!

– Dis donc, Joker, est intervenu Sergej, j'ai entendu dire que tu chantais des chants communistes, en taule. C'est vrai, ça?

– M'en parle pas, ai-je fait. On nous y forçait.

– On vous obligeait à chanter? s'est étonné Tokyo. Explique!

Tout le groupe s'est rapproché et je me suis mis à raconter.

– Eh ben, voilà comment ça s'est passé: on avait le choix entre différents ateliers qui avaient lieu une fois par semaine. Il y avait par exemple l'atelier sport, l'atelier peinture ou l'atelier chant. Moi, je m'étais dit que je m'essaierais bien à la peinture. Mais quand j'en ai parlé au sous-lieutenant, il m'a répondu qu'ils avaient déjà prévu quelque chose pour moi. «Ah, vous avez trouvé quelque chose pour moi? C'est génial, comme ça, je n'ai plus besoin de m'en occuper», je lui ai dit. «Non, vous n'avez plus besoin de vous en occuper», a ricané le gardien. «Très bien, alors qu'est-ce que je vais faire?» j'ai demandé. «Vous allez rejoindre le groupe de chant. J'ai lu dans votre dossier que vous étiez attiré par la musique. Donc vous intégrerez la chorale de la FDJ.»

– Quelle horreur! s'est offusqué Moustique, tu vas pas me dire que t'as dû chanter tous ces affreux refrains qui exaltent la victoire du socialisme?! Ces horribles chants «rouges» sur le travail et tout ça?

– Bâtis, bâtis, bâtis! Toi, la Jeunesse libre allemande, bâtis! ai-je cité. Ouais, c'était vraiment l'horreur, vous pouvez me croire!

– J'aurais bien aimé te voir, dans ta chemise bleue, a fait Tokyo en ricanant et en me mettant le bras sur l'épaule. Notre Joker dans la FDJ, c'est le bouquet!

....

1 Ville de Saxe qui compte aujourd'hui 17'000 habitants environ. (N.d.E.)

– C'était humiliant, ai-je appuyé. Heureusement, tout ça, c'est derrière moi!

Le serveur m'a apporté deux Texas-Sandwichs sur une assiette et je les ai ingurgités avidement, en mâchant avec bruit. Que cela me faisait du bien, après une année, de pouvoir savourer à nouveau mon repas préféré. J'avais l'impression d'avaler un morceau de patrie à chaque bouchée. Jamais un pain de mie à la moutarde et au poivre ne m'avait paru aussi délicieux. J'étais de retour, assis en compagnie de mes amis, dans notre bistrot sous la tour de la télévision, comme au bon vieux temps! C'était magnifique.

– Et quoi de neuf par ici? ai-je demandé. En arrivant, j'ai aperçu quelques punks. Vous les connaissez?

Ouragan s'est rapproché.

– T'as pas idée, Joker! Ils poussent comme des champignons, maintenant. C'est plus comme avant. Etre punk, ça n'a plus rien d'extraordinaire.

– Qu'est-ce que tu veux dire?

– C'est devenu un vrai phénomène de mode, a expliqué Moustique. Ils viennent en masse de la campagne. Ce ne sont plus des pseudo-révolutionnaires comme nous, ce sont des petits minets qui veulent être dans le vent.

– Mais c'est impossible!

– Malheureusement si! Ils sont malades, je te dis. Ils se promènent dans des fringues crades et, le plus fou, c'est qu'ils se disent de gauche!

– Arrête! me suis-je exclamé en avalant mon toast de travers. Des punks, de gauche?! C'est pas possible! Ils veulent provoquer qui avec leur look?

– Personne, je te dis, a fait Ouragan. C'est bien ça le problème, ce sont des punks à la mode. Ils veulent *être*, c'est tout. Je ne comprends pas, c'est fou comme ça a changé en un an!

– C'est le comble! Tu veux dire que si, maintenant, je me promène à nouveau avec les cheveux multicolores et une crête, je passerai pour un communiste?

– Tu peux aussi bien continuer à chanter avec les FDJ, ça revient au même.

– Quelle bêtise, ai-je grommelé. On peut pas laisser faire ça!

– Non, a déclaré Tokyo, on peut pas laisser faire ça. Les punks sont devenus nos ennemis déclarés. S'ils nous approchent de trop près, ils se prennent une raclée. Et si j'étais toi, je réfléchirais à deux fois avant de me balader à nouveau avec une coupe d'Iroquois. Etre punk, c'est plus ça.

– C'est quoi qui est à la mode, alors?

Personne n'avait de réponse à cette question. J'étais profondément déçu. Ma fierté avait été traînée dans la boue. J'avais été une des rares personnes en RDA à avoir osé provoquer l'Etat avec mes cheveux. J'étais de droite, autant qu'on pouvait l'être dans un système socialiste. Même les chants des FDJ en prison n'avaient pu m'ébranler dans mes certitudes. C'était moi, l'archétype de l'ennemi de l'Etat. Et voilà que ces «ploucs de province» venaient tout chambouler! Cela allait trop loin.

Il fallait que je trouve quelque chose. Je devais absolument pouvoir me différencier à nouveau de la masse. Monsieur Tout le monde avait désormais des cheveux longs jusqu'aux épaules, comme Rocky, portait des chaînes et jouait de la guimbarde. Donc ce n'était plus une alternative pour nous, en tout cas, ça ne l'était plus pour moi. Car je voulais me singulariser, provoquer et faire exactement le contraire du plus grand nombre. Je voulais faire enrager l'Etat par ma façon de m'habiller et par ma musique. Voilà ce que je recherchais. Et si je ne pouvais plus atteindre ce but dans le milieu punk, je le ferais ailleurs. Mais où?

Ces changements m'écœuraient vraiment. Mais lorsque je suis rentré chez moi, ce soir-là, j'ai appris une autre nouvelle tout aussi écœurante: ma mère s'était remariée pendant mon absence, sans me prévenir. On allait tout droit à la catastrophe.

– Quoi, tu t'es mariée? ai-je lâché complètement abasourdi.

– Elle était assise dans la cuisine, et un homme de taille moyenne, avec lunettes et moustache, se tenait debout derrière elle, lui massant les épaules. Rien que la vue de cette connivence entre eux m'agaçait. Mais le pire était à venir.

– Voilà Peter, l'a-t-elle présenté. Peter, voilà mon fils, Jan.

Et c'est à ce moment-là que le choc s'est produit.

Il est venu vers moi, m'a tendu la main et a dit:

– Salut Jan, ta mère m'a beaucoup parlé de toi.

Ses mots m'ont fait l'effet d'une douche froide. Il n'y avait rien à redire au niveau du sens, mais c'est *l'accent* qui m'a pétrifié. C'était du *saxon*! Cet homme parlait le dialecte de Saxe! De toutes les régions possibles d'Allemagne de l'Est, ma mère s'était déniché un Saxon, précisément un Saxon! Cela m'horripilait de l'entendre parler. L'image de Schmidt me revenait, de Schmidt et de toutes les ordures de Saxons de Dessau qui, ces derniers mois, avaient fait de ma vie un enfer. Je ne pouvais plus supporter cet accent. Quand je l'entendais, je voyais rouge. C'était comme une allergie, pire que si quelqu'un avait gratté un tableau noir avec ses ongles. J'avais cru enfin y échapper et je rentrais chez moi pour découvrir que ma mère avait justement épousé… un Saxon!

J'ai fait un pas en arrière, refusant de lui serrer la main.

– Tu n'es pas sérieuse, Maman, ai-je grogné. Pourquoi tu ne m'as pas prévenu?

– Pour quelle raison l'aurais-je fait?

– Tu ne trouves pas que j'ai le droit d'être au courant quand ma propre mère se marie? ai-je répliqué en leur jetant un regard méprisant.

Peter, un peu emprunté, est resté planté entre nous deux.

– Il s'agit de *ma* vie, Jan, s'est justifiée ma mère, les mains tremblant quelque peu. Peter est quelqu'un de bien. Il est professeur d'histoire.

– Je m'en fiche! ai-je lancé, fâché. Il n'est pas question que je vive sous le même toit que ce clown!

Outrée, ma mère s'est alors levée de la table de la cuisine et m'a jeté un regard qui en disait long.

– Tu vas bien être obligé de t'y résigner, Jan! Tu as déjà gâché ma vie. A cause de toi, je n'ai plus le droit d'enseigner, au cas où tu l'aurais oublié. Tu ne vas pas détruire mon bonheur à nouveau, je te préviens. Peter habite maintenant avec nous, que ça te plaise ou non.

– Jamais! ai-je protesté. Ce Saxon n'a rien à faire ici!

Peter, qui avait patiemment assisté à l'échange, a alors estimé judicieux d'intervenir. C'était une erreur.

– Si on s'asseyait pour en discuter tranquillement, a-t-il proposé.

Je ne supportais pas sa façon de parler. Je me suis avancé vers lui en pointant mon doigt sur son visage.

– Il n'y a rien à discuter, Peter. Je n'ai pas l'intention de partager mon appartement avec un Saxon. C'est tout!

Il a fait une nouvelle tentative pour m'amadouer.

– Jan, je peux comprendre que tout cela soit un peu déroutant pour toi. Mais je suis sûr qu'on finira par s'entendre.

– C'est complètement exclu, ai-je éclaté.

A chaque phrase que cet homme prononçait, je m'énervais un peu plus. J'étais comme un taureau devant lequel on agite un tissu rouge. Peter a ajusté ses lunettes et s'est forcé à sourire. Il ne pouvait pas imaginer à quel point j'étais sérieux. Seule ma mère se rendait compte que ça commençait à chauffer sérieusement.

– Jan, va dans ta chambre, a-t-elle dit. Ton beau-père et moi...

Je ne lui ai pas permis de terminer sa phrase.

– Mon beau-père?! ai-je hurlé. Tu voudrais que j'accepte ce chien comme mon nouveau beau-père?

Sans prévenir, j'ai donné un coup de poing dans la poitrine de Peter. Il a reculé en chancelant, tandis que ma mère suppliait:

– Jan! Arrête, Jan!

Mais je ne voulais pas m'arrêter. Ma colère avait atteint son paroxysme et plus personne ne pouvait me freiner. Le Saxon était tellement pris au dépourvu devant ce manque de respect qu'il ne savait plus quoi dire ni quoi faire. Avant qu'il ait le temps de faire ouf, je lui ai envoyé un crochet à la mâchoire. Il a fait un tour sur lui-même et ma mère s'est écartée en poussant un cri. Puis il a tâté prudemment sa lèvre qui saignait.

– Holà, mon gars, ça suffit maintenant! a-t-il dit.

Malgré cela, je l'ai attrapé par les épaules et l'ai projeté contre le réfrigérateur. Sa tête l'a heurté, ses lunettes sont tombées par terre et sa tempe s'est mise à saigner.

– Je vais t'écrabouiller, sale Saxon! ai-je fulminé, les poings serrés.

Je tremblais de fureur. Peter est revenu à lui et m'a regardé, complètement horrifié. J'ai vu la peur dans son regard et cela m'a plu. Il n'avait aucune chance contre moi et il le savait. Non seulement j'étais plus fort que lui, mais en plus, la haine qui m'habitait me rendait imprévisible.

Ma mère se tenait devant la porte, blanche comme un linge, la bouche ouverte, et si choquée par mon éclat de violence qu'elle en était réduite au silence. Je lui en avais déjà fait voir des vertes et des pas mûres, mais ce n'était rien, comparé à ce qui se passait là. L'état dans lequel je m'étais mis les laissait complètement démunis, elle et son nouveau mari. La prison m'avait visiblement rendu fou.

J'ai fait demi-tour, poussant ma mère hors de mon chemin sans ménagement. Dans l'entrée, j'ai jeté un vase par terre, puis j'ai donné un violent coup de pied dans les petits carreaux de la porte d'entrée.

– Vous pouvez aller vous faire voir! ai-je crié en poursuivant mon œuvre de démolition. Et félicitations pour ton mariage, Maman!

Quand il n'est plus resté un seul carreau intact, j'ai quitté l'appartement en proférant des injures et en claquant violemment la porte derrière moi, décidé à ne plus jamais remettre les pieds dans cet endroit. Ma mère n'avait plus aucune place dans ma vie. Dorénavant, ma seule famille serait le BFC.

11. Les meilleurs

Il me fallait impérativement trouver un autre endroit où loger. Immédiatement, un seul nom m'est venu en tête: Dirk.

Mon ami était fou de joie quand j'ai sonné chez lui et qu'il m'a découvert devant sa porte. Il n'avait pas changé depuis un an, hormis le fait qu'il avait encore grossi, ce qu'il niait cependant avec conviction. Ses parents et lui habitaient dans un modeste deux pièces, mais ils compensaient le manque d'espace par une atmosphère chaleureuse, pour laquelle j'avais jalousé mon ami depuis notre enfance. J'appréciais particulièrement son père, que l'on trouvait la plupart du temps assis devant son poste de télévision. C'était un homme à la culture générale étendue, qui parlait volontiers et qui ne manquait pas d'anecdotes à raconter. J'avais toujours secrètement espéré avoir un tel père. Cela devait être formidable!

Ce soir-là, le père de Dirk regardait la télé, comme à son habitude, et il m'a adressé un signe de tête aimable lorsque j'ai pénétré dans le salon.

– Alors, Jan, ils t'ont relâché?

– Oui, depuis ce matin je suis un homme libre.

– Un homme libre? a-t-il protesté en se redressant sur son fauteuil. Tu n'es libre que le jour où tu passes à l'Ouest. Ici, à l'Est, la liberté n'existe pas.

– Je sais, je passerai de l'autre côté dès que je pourrai, lui ai-je donné raison.

Et c'était vraiment mon intention. J'en avais plus qu'assez de ce système, surtout après ma douloureuse expérience en prison. *Mon heure viendra*, me disais-je. *Un jour, j'aurai ma chance, et je les dénoncerai tous, ces «camarades» de la Stasi, avec leurs méthodes de torture. Ils devront payer pour chaque coup de matraque, chaque humiliation que j'ai dû subir sous leur joug. Oui, quand je serai à l'Ouest, ils devront payer pour tout ça!*

J'ai pu dormir pendant quelques semaines chez Dirk, sur le canapé. Peu à peu, j'ai remis un peu d'ordre dans ma vie. L'Etat souhaitait que je me réintègre socialement et j'ai donc joué le jeu. J'ai commencé un apprentissage de couvreur et j'ai suivi des cours du soir avec assiduité pour devenir ouvrier qualifié. Puis, comme j'avais enfin toutes les apparences du citoyen rangé, la RDA a mis un petit appartement à ma disposition. Ce n'était qu'un studio avec cuisine et une minuscule douche, et, bien sûr, il était truffé de micros pour qu'ils puissent m'espionner à tout instant. Mais en tout cas, j'avais enfin un endroit où dormir, et il ne m'en fallait pas plus.

Car ma famille, dorénavant, c'était le BFC. Et de ce côté-là, ça déménageait vraiment! Pendant mon incarcération, les hooligans du BFC étaient devenus plus tristement célèbres encore. Ils s'étaient hissés au rang des casseurs les plus craints de tout le pays. Et cela me convenait parfaitement!

Je faisais maintenant partie des plus anciens. Nous formions un groupe de 40 à 50 gars, et nous nous étions tous rencontrés deux ou trois ans auparavant. Nous étions le noyau dur, les vétérans admirés par tous, car nous n'avions peur de rien. Nous étions des hooligans entraînés au combat rapproché. Nous avions notre fierté, notre réputation à défendre, et nous restions soudés dans n'importe quelle situation, même la plus dangereuse. Tous âgés de 17 à 19 ans, nous avions le culot de nous battre à 50 contre 500.

Ceux de l'Union n'auraient jamais osé faire cela. Ils se distinguaient plutôt par leurs actes de vandalisme: ils entaillaient des sièges, cassaient des vitres, pillaient des caisses et autres stupidités de ce genre. Ce n'était pas notre style. Nous, au BFC, nous ne sentions pas la nécessité de casser. Notre force résidait dans notre incomparable bravoure. Et les actes héroïques faisaient partie de notre histoire, comme, par exemple, cette action audacieuse lors d'un match de coupe à Erfurt[1].

Comme si souvent, il y avait eu de la triche. L'arbitre avait été soudoyé par l'Etat et il s'était rapidement avéré évident qu'il arrangeait le jeu en notre faveur. Nous jubilions, car cela signifiait que les gens allaient nous haïr. Et plus il y aurait de la haine et de la colère dans l'air, plus grande serait la chance que tout finisse par une vraie grande bataille de rue. Pour nous, c'étaient précisément ces combats qui faisaient le charme des rencontres sportives.

Tout le stade sifflait et huait, outré par le résultat injuste. Et il n'y avait pas que les supporters adverses, avides de violence, qui nous en voulaient: même la police était contre nous. En réalité, ils nous haïssaient tous, car à leurs yeux, nous représentions l'Etat. Et à la réflexion, c'était quand même fou: nous, les ennemis de l'Etat, nous nous battions pour un club de la *Stasi*!

Cet après-midi-là, l'affrontement semblait à nouveau programmé. Car dehors, tout autour du stade, la foule grondait. Et alors que nous nous apprêtions à sortir, une mauvaise surprise nous attendait: ils s'étaient tous postés devant l'entrée, armés de bâtons et de pierres. Ils, c'est-à-dire des adultes et des enfants, des milliers de citoyens en furie. La place devant le stade était noire de monde, et toute cette masse n'avait qu'un seul désir: nous passer enfin un vrai savon. Nous avions

1 Ville d'Allemagne de l'Est, capitale du Land de Thuringe. (N.d.E.)

remarqué que les forces de l'ordre se faisaient volontairement discrètes et qu'elles ne faisaient pas mine de vouloir nous protéger. Les premiers projectiles ont volé. La foule hurlait et nous injuriait, remplie de colère. On aurait dit une mer déchaînée, des vagues prêtes à nous submerger dès que la grille serait ouverte.

Même moi, je commençais à avoir la frousse. Il n'y avait qu'une seule sortie et, pour l'instant, elle était encore fermée par un cadenas. Si nous attendions que la police l'ouvre, ces milliers de personnes allaient s'élancer sur nous comme une horde de buffles qui écrase tout sur son passage. Non, il n'était pas question d'attendre! Il nous fallait absolument sortir pour ne pas nous retrouver en position de défense.

A l'extérieur, la situation empirait. La poussière volait. Derrière le stade, il y avait un terrain avec des parterres de fleurs et il était lui aussi noir de monde. La foule piétinait tout et criait en secouant le grillage, comme atteinte par la rage. Cette fois, nous n'allions pas nous en sortir indemnes, nous en étions conscients.

Rocky a pris le commandement. Il portait son long manteau et son chapeau habituels, ainsi que des lunettes de soleil.

– Peu importe le nombre de ceux qui s'agitent là dehors! s'est-il égosillé, tentant de couvrir les hurlements de nos ennemis. On va s'y prendre exactement comme on s'y est pris avec les gars de l'Union, c'est-à-dire tous ensemble! On va se serrer les coudes! Un pour tous, tous pour un! Vous m'entendez! L'honneur de Berlin est en jeu!

Nous étions environ 500, mais beaucoup n'étaient que des fans pacifiques venus assister au match pour le plaisir du jeu. Ils n'étaient pas là pour se battre. Cependant, nous étions tous dans le même bateau et tous nous savions qu'il fallait passer ce portail coûte que coûte. Le compte à rebours a commencé:

– Dix... neuf... huit... sept!

A zéro, nous nous sommes élancés. Nous nous sommes projetés contre la grille et le cadenas a cédé. C'était un bruit que je n'allais jamais oublier.

– Hourrraaahhh!!!! hurlions-nous en continuant notre course.

La foule s'est scindée à notre approche. Des personnes ont fait des sauts sur le côté et nous nous sommes glissés dans la brèche. En fait, nous avions prévu que la surprise leur ferait prendre la fuite et que nous pourrions les poursuivre en vociférant. Mais ce plan n'a pas fonctionné et c'était mauvais pour nous. Car au lieu de fuir, les gens sont restés sur le côté et, soudain, ils nous ont encerclés. Cette gigantesque meute a commencé à nous attaquer de toutes parts. Nous n'avions aucune chance de nous en sortir.

J'ai vu Rocky, qui se faisait agresser par plusieurs hommes, s'écrouler sous les coups de bâtons et de lattes de bois arrachées à une clôture. Notre meneur, notre «dieu», s'est retrouvé par terre avec un bras cassé! C'était comme si le roi était tombé au combat. Nous étions vaincus.

La foule a continué à nous tabasser en nous chassant vers la gare. Peu avant que nous ayons atteint le bâtiment, la police a enfin consenti à nous protéger en formant une sorte de haie. Mais même elle nous frappait tout en nous ménageant un passage. Nous sommes montés dans notre train et, bien qu'ayant essuyé une complète défaite, nous débordions de satisfaction.

– C'était tellement génial! Vous avez vu comme ils se sont défoulés sur nous! C'était carrément fou!

L'un d'entre nous n'avait plus de dents, un autre avait une grosse entaille, un troisième le nez cassé. Mais c'était le délire! Nous avions survécu. Nous avions été morts de trouille, mais cette poussée d'adrénaline, ce défi de parvenir jusqu'au train malgré tout, c'étaient des sensations fortes qu'aucune drogue au monde n'aurait pu nous procurer.

A propos, cela a été la dernière bataille menée par Rocky. Je ne l'ai plus jamais vu lors d'un match. Et je ne devais le retrouver que bien plus tard, en d'autres circonstances, mais cela, je l'ignorais à ce moment-là. Tout ce que j'ai su, c'est qu'il avait réussi d'une façon ou d'une autre à passer à l'Ouest. Je l'enviais pour cela et j'ai pris la ferme résolution de faire de même un jour. Un jour – je ne savais ni quand, ni comment, ni où – j'y parviendrais moi aussi, comme Rocky!

Notre seuil d'inhibition tombait de plus en plus bas. Nous étions la bande de référence pour tout ce qui concernait la violence et les émeutes. Il y avait de plus en plus de hooligans qui voulaient se joindre à nous. Mais nous n'acceptions pas n'importe qui. Il fallait faire ses preuves. Nous observions le comportement des candidats lors des bagarres. Nous jugions s'ils fonçaient ou s'ils se tenaient plutôt en retrait. Le contrôle était sévère. Nous ne voulions pas de simples sympathisants. Nous n'acceptions que des hooligans qui étaient prêts à tenter le tout pour le tout, même au risque de se retrouver en prison. D'ailleurs, à plusieurs reprises, nous avons échappé de justesse à une arrestation.

Il y avait eu par exemple nos démêlés risqués avec des supporters venus de Rome. Le match contre l'Italie avait eu lieu dans notre stade de Prenzlauer Berg. Les rues grouillaient de monde. Pour un match de championnat habituel, on comptait environ 15'000 personnes, mais pour la coupe d'Europe, ce chiffre montait jusqu'à 25'000. Ce n'était pas énorme, mais être au milieu de toute cette foule qui se pressait sur l'immense parvis du stade vous procurait une sensation extraordinaire. C'était un sentiment de fierté, d'appartenance à un groupe. Ici, beaucoup de sang avait coulé. On avait fait la fête et on avait pleuré. Ici, j'étais chez moi. C'était ma famille. Ici, jouait mon BFC!

Il était environ 21h30. Le bus des Italiens stationnait près de l'entrée du stade, sans surveillance. Les supporters romains étaient très imbus de leur personne. Ils se penchaient par les fenêtres de leur car en vociférant. Nous, près du grand portail d'entrée, nous observions la scène, les bras croisés et avec un agacement croissant.

– Ils se croient tout permis parce qu'ils viennent de l'Ouest! a proféré Tokyo, en colère.

– Et si on leur mettait une raclée? ai-je proposé.

– Tout à fait d'accord, a approuvé Ouragan. Mais comment?

Promenant mon regard autour de la place, j'ai constaté que les forces de l'ordre ne s'y trouvaient pas. Elles s'occupaient de toutes sortes de choses, mais visiblement pas de ces supporters italiens bruyants. J'ai pris ma décision.

– On attaque le bus! ai-je décrété.

– Qu'est-ce que tu dis? s'est étonné Moustique.

– C'est l'occasion rêvée! ai-je affirmé. Regardez, il n'y a personne aux alentours.

– Tu délires? a fait Sergej. Ce sont des touristes étrangers!

– Et alors?

– Ça nous vaudra un séjour en taule! Tu le sais mieux que nous, Joker!

– Tu te dégonfles?

– Non, c'est seulement... je veux dire... on risque quand même assez gros...

– C'est maintenant ou jamais! ai-je déclaré. Une occasion comme celle-là, ça ne se représente pas, les gars. Le temps que la police se rende compte de ce qui se passe, on aura déjà terminé. Alors on y va?

En quelques secondes, nous avons pris la décision de tenter le coup. Nous savions quels étaient les risques si la police nous attrapait, mais peu nous importait! Les Romains devaient trinquer! Nous avons échangé des regards et, à mon signe, nous avons chargé.

«HOURRRAAAHHH!!!» avons-nous hurlé en nous élançant vers le bus.

Jamais quelqu'un n'avait osé une action aussi culottée. Le chauffeur a eu le réflexe de verrouiller la porte, mais nous avons cassé le pare-brise et l'avons obligé à la rouvrir. Et il s'est exécuté, les mains tremblantes. Nous nous sommes alors engouffrés dans le véhicule comme un ouragan et nous avons commencé à taper sur les Italiens pris au dépourvu. Ces derniers hurlaient à pleins poumons, persuadés que leur dernière heure était venue.

«Aiuto! Aiuto[2]!»

Pris d'une peur panique, ils gesticulaient devant les vitres, espérant que quelqu'un viendrait à leur secours. Mais quand la police a compris ce qui se passait, il était déjà trop tard.

L'attaque n'avait pas duré deux minutes. Nous avons abandonné les Italiens gémissants à leur triste sort et avons disparu aussi vite que nous étions venus. L'un ou l'autre en serait peut-être traumatisé à vie, mais de cela, nous nous en souciions comme de notre première chemise. L'essentiel, pour nous, était de nous amuser. Et effectivement, nous nous étions amusés! Une fois de plus, nous nous sentions comme les rois du monde.

2 A l'aide!

12. Terrible haine

Les assauts comme celui perpétré contre le bus des supporters romains étaient extrêmement fréquents. En RDA, nous surpassions en violence tous les autres groupes de hooligans et nous n'avions plus aucun scrupule. Là où, chez n'importe qui s'allumait un signal d'alarme, pour nous, c'était toujours «feu vert».

Personnellement, j'avais franchi un seuil critique. C'était comme si j'avais relâché le frein à main de ma conscience et que je ne savais plus comment le serrer à nouveau. Sergej a été le premier à constater que j'avais changé. Je continuais à faire des blagues, mais mon humour avait tourné au sarcasme. Et lors des combats, je me distinguais par une brutalité extrême.

– Joker, t'es plus le même, me faisait remarquer Sergej parfois.

– Qu'est-ce que tu veux dire par là?

– Je ne sais pas vraiment. T'es devenu plus dur, depuis ton séjour en taule.

– C'est la vie, faisais-je simplement, sans me justifier.

Je n'ignorais pas que la prison m'avait marqué, mais je ne m'en inquiétais pas. Car je me défoulais sur ceux de l'Union. C'était sur eux que je déversais ma haine, et je le faisais sans pitié.

J'avais une prédilection pour les attaques dans les trains, elles me divertissaient toujours autant. Le scénario était bien rodé et notre triomphe était assuré, lorsque nous surgissions à l'improviste dans une *S-Bahn*. Nous arrachions les écharpes de nos adversaires et, après les avoir tabassés, nous sautions du wagon une à deux stations plus loin. Ceux de l'Union étaient terrifiés à la seule évocation de nos raids. Et, bien sûr, nous leur tombions toujours dessus quand ils s'y attendaient le moins. Mais un jour, l'affaire a failli tourner à la catastrophe pour moi…

Nous étions cinq: Moustique, Sergej, Ouragan, Tokyo et moi. Inséparables, presque comme les fameux mousquetaires. Chacun pouvait compter sur l'autre et c'était ce qui faisait notre force. Nous avions passé une nuit blanche et c'est passablement alcoolisés – à l'exception de Tokyo, sobre comme toujours – que, très tôt ce samedi matin-là, nous avions pris d'assaut un wagon de la *S-Bahn* dans lequel voyageait une dizaine de supporters de l'Union, morts de fatigue. Ils étaient en route pour un match à l'extérieur et nous avons pleinement profité de l'effet de surprise et de leur épuisement.

Après avoir hurlé: «Vous allez prendre une bonne raclée!» nous nous sommes mis à démolir ces pauvres types. Pas un seul ne s'en est sorti sans au moins une lèvre éclatée ou un œil au beurre noir.

Au cœur de la mêlée, mon regard a été attiré par un écusson du Werder de Brême[1], mon deuxième club de foot préféré. Et comme j'avais déjà chapardé bien assez d'écharpes, j'ai eu l'idée de m'approprier cet écusson. Je trouvais qu'il irait parfaitement avec le foulard du Werder de Brême que je portais négligemment noué à ma ceinture. J'ai donc sauté sur le gars qui avait cet écusson sur sa veste en jean, ouvert mon canif et tenté de détacher l'objet convoité le plus rapidement possible. Mais il était si solidement cousu que je ne parvenais pas à l'enlever. Je le voulais absolument. Je le désirais tant

…………………

1 Club de football de la ville de Brême. (N.d.T.)

que je ne me suis pas rendu compte – entièrement absorbé par mon obsession – que nous étions arrivés à l'Ostbahnhof[2] et que tous mes copains avaient quitté le wagon.

Soudain, les portes se sont refermées, le train s'est remis en mouvement, et j'ai réalisé avec effroi que je me retrouvais tout seul dans la *S-Bahn*. Seul... avec une horde de gars de l'Union! J'ai avalé ma salive, puis j'ai juste encore eu le temps d'apercevoir mes amis qui, dehors, faisaient de grands gestes avec les bras. «Joker! Faut que tu sortes! Vite!» m'a crié Tokyo.

Mais il était trop tard. Le train partait et moi, j'étais coincé à l'intérieur. En refermant mon couteau, j'ai commencé à me sentir vraiment mal. Un gars baraqué, qui avait une tache de vin sur la figure, s'est posté derrière moi et s'est exclamé en ricanant:

– Regardez ce qu'on a là! Un de ces porcs est resté! A ton tour, maintenant!

La tension était palpable. Je pouvais littéralement sentir leur haine qui m'enserrait comme un nœud coulant. Il n'y avait plus d'échappatoire.

– C'est à toi, maintenant, espèce de «Be-Fe!» a proféré un autre en crachant ostensiblement devant moi.

Ils faisaient craquer leurs doigts et tapaient avec leurs poings dans la paume de leurs mains en me fixant comme du gibier voué à la mort. Puis, soudain, ils m'ont sauté dessus et ont commencé à me tabasser à grand renfort de coups de poing et de coups de pied. Ils y mettaient toutes leurs forces. Etendu à même le sol, je tentais de me protéger autant que je le pouvais, mais je n'avais aucune chance.

– Saloperie de porc du BFC! hurlaient-ils. A nous la vengeance!

Ils avaient vraiment l'intention de me tuer, j'en étais certain. Le gars à la tache de naissance, qui devait avoir mon âge,

....

2 La Berlin *Ostbahnhof* (gare de l'est) est, après la gare centrale et la gare de Südkreuz, la troisième gare de la capitale allemande. (N.d.E.)

m'a empoigné par le blouson et m'a traîné vers la portière. Je craignais le pire. Le train était alors au niveau de l'ancien site industriel d'Ostkreuz. Tandis qu'il franchissait les aiguillages à vitesse réduite et avec force grincements, l'un de mes ennemis a ouvert la portière. A cette époque, il était encore possible d'ouvrir les portes en marche et de sauter du wagon. Nous l'avions d'ailleurs souvent fait lors de nos raids. Je me trouvais donc couché par terre et chaque coup de pied qu'on m'assénait me rapprochait un peu plus du vide. La haine de ces gars était telle qu'ils étaient fermement décidés à aller jusqu'au bout de leur projet.

La peur de mourir m'avait envahi. Si je ne trouvais pas très rapidement un moyen de leur échapper, ils me jetteraient sur la voie. Ce n'était plus un jeu. C'était une question de vie ou de mort! J'en étais pleinement conscient. Alors que ma tête était déjà à l'extérieur, le meneur m'a soulevé et d'autres m'ont attrapé par les jambes. Ce n'était pas une plaisanterie, ils étaient vraiment prêts à le faire! J'étais saisi de panique.

– Arrêtez! Stop! ai-je hurlé, tentant de couvrir les grincements et les crissements du wagon. Ecoutez-moi les gars!

Surpris, ils se sont interrompus. Il était en effet plutôt étonnant que j'ose ouvrir la bouche dans ma situation. J'ai regardé le meneur droit dans les yeux, essayant d'être aussi persuasif que possible.

– Si tu me balances maintenant, mon gars, ai-je haleté, t'en prendras pour au moins seize ans! Réfléchis bien si ça en vaut vraiment le coup! Seize ans!

Interloqué, il me fixait. Mes paroles l'avaient déstabilisé. Il ne s'était vraiment pas attendu à ce que je lui dise une chose pareille. Mais cela a eu le mérite de le ramener à la raison et de le sortir de son délire de vengeance. C'est alors qu'il m'a lâché.

– Attends qu'on arrive à Plänterwald! a-t-il grogné. Tu vas pas t'en tirer comme ça, espèce de «Be-Fe»!

L'un d'eux a refermé la portière et, intérieurement, j'ai poussé un soupir de soulagement. Je l'avais échappé belle! Bien sûr, je savais que je n'étais pas encore sorti d'affaire. Nous les avions provoqués, et c'était maintenant moi qui allais payer la facture pour tous les autres «Be-Fe's», comme ils nous appelaient.

A Plänterwald, qui était l'arrêt suivant, ils m'ont traîné hors du wagon et se sont remis à me rouer de coups.

Je ne résisterai plus très longtemps, ai-je pensé.

– Saloperie de «BeFe»! vociféraient-ils en me frappant au visage encore et encore.

Puis, à travers une fente de mes yeux gonflés, j'ai soudain distingué un autre train qui entrait en gare. Et dans ce train – oh surprise! – se trouvaient mes copains! Mes amis arrivaient! Ils avaient pris la rame suivante pour venir à mon secours! Ma bouche meurtrie s'est tordue en un sourire.

– A vous, maintenant! me suis-je exclamé, anticipant notre victoire.

Le gars à la tache de naissance a stoppé un énième coup de poing en plein élan et m'a regardé d'un air surpris.

– Qu'est-ce que tu dis?

– J'ai dit: maintenant, ça va être à vous. Vous êtes tous morts, ai-je fait en m'esclaffant.

– T'es maboul ou quoi?

Il n'y pas eu besoin de lui donner davantage d'explications. Avec un hurlement de sauvages, mes compères se sont rués hors du train et, avant qu'ils puissent se rendre compte de quoi que ce soit, ceux de l'Union ont été littéralement balayés.

C'était impressionnant de voir comment une situation pouvait se retourner rapidement. *Mes amis* étaient venus à mon secours. *Mes amis* étaient arrivés pour me défendre. Existait-il preuve plus éclatante de fidélité? Nous étions unis, nous, au BFC. C'était un pour tous et tous pour un. J'étais couvert de sang, mais, intérieurement, je me sentais comme un roi. Voilà ce que c'était que l'amitié! Voilà ce que c'était que la véritable camaraderie! Et maintenant, les supporters de l'Union allaient déguster.

Nous les avons traînés hors de la gare (qui était sous vidéo-surveillance) vers un coin tranquille, derrière une usine désaffectée. A ce moment-là, le meneur à la tache de vin nous a échappé, mais les autres, nous les avons remis à leur place de la façon la plus sordide que l'on puisse imaginer. Cela nous a procuré une satisfaction immense. Maintenant, j'étais en mesure de me venger. En prison, j'avais acquis une certaine expérience sur les différentes manières d'humilier quelqu'un. Nous les avons ainsi forcés à se déshabiller et à se mettre à genoux devant nous. Puis, nous leur avons uriné sur la tête en les obligeant à répéter plusieurs fois en chœur: «Je hais mon club.»

Nous avons passé près d'une heure à torturer et martyriser ces pauvres supporters de l'Union. Et, pour couronner le tout, avant de les laisser partir, nous leur avons volé leurs portefeuilles. Ils n'étaient pas près d'oublier cette journée, ça, c'était sûr!

– Allez, déguerpissez! leur ai-je crié alors qu'ils se sauvaient. Et dites à vos copains qu'il arrivera la même chose à tous ceux qui s'en prendront à l'un de nous!

– On leur a bien montré de quoi on était capables! a ricané Tokyo. Dis donc, Joker, t'as vraiment des idées de malade!

– On apprend pas mal de choses en taule, ai-je répliqué en crachant du sang par terre. C'était rien du tout, ça.

Plus tard, lorsque nous étions dans la *S-Bahn* direction Alexanderplatz, Sergej m'a pris à part et m'a dit:

– Joker, dis donc, je sais pas trop, mais je crois que tout à l'heure, on a un peu abusé.

– Qu'est-ce qui se passe? T'es devenu une poule mouillée?

– Non, mais quand même... on leur a pissé sur la tête. On les a forcés à se mettre à genoux, tout nus... Je sais pas moi, qu'est-ce que tu veux que je te dise?

– Ils ont mérité qu'on les humilie, ai-je fait froidement.

– O.K., Joker, mais pas comme ça.

– Eh, je te rappelle qu'ils ont essayé de me jeter du train en marche. Ils ont mis ma tête dans le vide par la porte ouverte! Mon sang s'était figé dans mes veines. Je pourrais être mort. Réfléchis! Ils ont vraiment été trop loin.

Sergej a hoché la tête. Il devait me donner raison. Démolir quelqu'un était une chose, le jeter hors d'un train en marche, c'en était une autre.

– Espérons qu'ils ont retenu la leçon, a-t-il dit.

– Ça, y a pas de doute, ai-je déclaré. A partir de maintenant, ils vont nous laisser tranquilles.

Mais nous nous trompions. Quelques semaines plus tard, ils ont mis à exécution un plan de vengeance. Du moins, ils *croyaient* se venger. D'habitude, c'étaient *nous* qui étions à l'affût et qui les prenions par surprise. Mais cette fois-là, c'était le contraire. Nous rentrions d'une sortie à Zwickau[3]. C'était un voyage long et fatiguant et nous somnolions, complètement à plat. Quand le train est entré dans l'Ostbahnhof, je me suis étiré en jetant un vague regard par la vitre. Et c'est à cet instant que je les ai aperçus. 30 à 40 supporters de l'Union! Ils se tenaient plantés là, solidement campés sur leurs jambes, à l'autre bout du quai, et nous regardaient arriver, un méchant rictus sur le visage. L'un d'eux tenait une chaîne d'arrêt rouge et blanche.

– C'est pas possible! ai-je marmonné en donnant un coup de coude à Tokyo. Ceux de l'Union nous ont préparé un comité d'accueil!

– Quoi? a fait Tokyo en baillant. Ils en ont du courage. Combien ils sont?

....

3 Ville de Saxe, située au sud de Leipzig. (N.d.E.)

– Moins nombreux que nous, en tout cas, ai-je estimé. On va les avoir!

Les autres hurlaient et gesticulaient de l'autre côté du quai.

– Saloperies de «Be-Fe's!» On va vous démolir!

J'ai aperçu le gars à la tache de vin. Il m'avait déjà dans sa ligne de mire et ressemblait à un taureau prêt à charger.

Nous nous sommes regroupés sur le quai en leur criant des insultes en retour et ils se sont alors aperçu qu'ils étaient inférieurs en nombre. Le taux d'adrénaline a commencé à monter, des regards haineux ont été échangés et, peu à peu, nos cris sont devenus plus puissants, tandis que, de leur côté, ils se sont faits plus timides. Ils n'avaient certainement pas prévu de nous trouver aussi nombreux et ils commençaient à se dégonfler. Puis, un premier dans leur groupe a fait demi-tour et a détalé.

Règle n°1 de tout bon hooligan: ne jamais, jamais s'enfuir! Ce sont les autres qui s'enfuient, pas toi. Car s'il y en a un qui fuit, tous les autres suivent. Et c'est exactement ce qui s'est passé. Ceux de l'Union ont remarqué que ça sentait le roussi et ils ont filé vers la sortie. Nous, du BFC, nous avons couru de notre côté du quai dans la même direction pour les intercepter. A ce moment-là, j'ai vu celui qui tenait la chaîne partir dans la direction opposée et j'ai lancé à Tokyo:

– Il y en a un qui veut se débiner! On le suit!

Je connaissais l'Ostbahnhof comme ma poche, et avec Tokyo, nous nous sommes donc lancés à la poursuite du gars à la chaîne. Sachant très bien par quelle sortie secondaire il comptait s'enfuir, j'ai pris un raccourci pour lui couper la route. Mais il a été plus rapide et, en quittant la gare, nous l'avons vu disparaître dans une ruelle.

– Il est par là! ai-je crié.

– Il ne pourra pas nous échapper! a haleté Tokyo.

C'était au milieu de la nuit et, en RDA, la nuit, les rues étaient désertes. Personne n'avait rien à faire dehors à cette heure là, c'était aussi simple que cela. Nous avons couru un bon moment, pourchassant le supporter ennemi autour d'un pâté d'immeubles récents, jusqu'à ce qu'il en perde le souffle. Puis, nous avons fini par le rattraper et par le jeter par terre. Etendu sur le sol, il transpirait à grosses gouttes, hors d'haleine. Ses yeux étaient emplis d'une peur panique. Il a tenté de se relever, mais j'ai appuyé ma botte sur son torse et je lui ai arraché la chaîne des mains.

– Sale porc, ai-je grogné. Tu voulais nous frapper avec ça? Espèce de rat!

C'est alors qu'il s'est passé quelque chose de singulier: une sorte de folie sanguinaire m'a saisi. Une haine immense, infiniment profonde, une haine contre ceux de l'Union a pris possession de moi. En fait, elle n'était pas dirigée contre ceux de l'Union en tant qu'*individus*, c'était ma situation que je haïssais, cette vie lamentable qui était la mienne.

J'étais révolté. Je ne supportais plus la vie à l'Est et cette surveillance constante dont je faisais l'objet. Tout me donnait envie de vomir: cet Etat-prison, cette injustice, ce système qui me dictait ce que j'avais à faire et comment je devais penser. J'étais comme un volcan en éruption. L'éruption se préparait depuis longtemps, et là, alors que ce pauvre type était étendu par terre, à ma merci, une coulée de lave a jailli, celle de toute la haine qui était en moi.

Je me suis mis à le tabasser. Je lui ai envoyé des coups de botte au visage, encore et encore. Et Tokyo a fait de même. Bizarrement, nous n'émettions aucun son, nous nous contentions de le frapper en silence. Nous étions comme en transe. Il faisait sombre, et l'endroit était strictement désert. Les coups que nous lui portions résonnaient entre les murs des habitations. Puis, j'ai pris sa tête et je l'ai cognée à trois reprises contre le bord du trottoir.

– Quel salopard! ai-je dit avec un grincement de dents.

J'ai botté sa tête une dernière fois. Des lambeaux de chair et du sang sont restés collés à ma chaussure.

Le garçon était inerte lorsque nous nous sommes enfin détournés de lui pour décamper à toute vitesse. Marchant l'un à côté de l'autre, nous n'avons pas échangé une seule parole jusqu'à la gare, où nous avons pris la première rame pour rentrer chez nous. Ce n'est qu'après plusieurs arrêts que nous nous sommes regardés, et dans nos yeux se lisait cette question muette: «Est-ce qu'on l'aurait...»

Tokyo a été le premier à retrouver la parole.

– Qu'est-ce qu'on a fait, Joker? Qu'est-ce qui nous a pris?

Je n'ai rien répondu. J'étais incapable de mettre des mots sur mes sentiments.

– On a complètement disjoncté, a-t-il murmuré.

Puis il a osé prononcer la question inévitable.

– Tu crois qu'il est...

– J'en sais rien, ai-je soufflé.

Nous nous sommes tus durant tout le reste du trajet. Pour ma part, je me contentais de fixer mes bottes maculées de sang. Je me sentais misérable. Mais qu'est-ce qui nous avait pris? Nous n'avions simplement pas pu nous arrêter. Bien sûr, nous désirions que nos ennemis souffrent. Mais pas de cette manière. Je ne me reconnaissais plus. Que pouvais-je faire contre ce salopard qui se cachait en moi? Comment pouvais-je le maîtriser?

Cette même nuit, j'ai jeté les bottes tachées de sang dans une poubelle publique. Je craignais que, dès le lendemain, on ne recherche le meurtrier d'un jeune homme battu à mort. Car j'étais finalement persuadé de l'avoir tué. Mais comme je n'ai rien découvert dans les journaux ni ce jour-là ni les suivants, je me suis dit qu'il avait dû survivre. Malgré tout, après cet événement, j'étais une véritable loque, et cela a duré un bon moment. Sergej avait raison: j'avais changé, et pas dans le bon sens. Qu'est-ce qui avait bien pu m'arriver? Qui étais-je? Pour la première fois de ma vie, je me faisais peur à moi-même.

13. Skinheads

J'avais maintenant terminé mon apprentissage de couvreur et j'essayais de m'en sortir avec des petits boulots, d'abord comme serveur, puis ensuite comme laveur de vitres. Je passais mes week-ends à boire, à faire la fête et à jouer au football. J'étais apprécié de tous et j'en éprouvais de la satisfaction. Cela me donnait une grande assurance en moi-même. Régulièrement, j'étais arrêté pour violences. Nous avions toujours tous un pied en prison. Mais après chaque séjour à l'ombre, l'estime dont je jouissais auprès de ma bande augmentait. Et c'était quelque chose de très important pour moi. J'aimais être le centre d'intérêt et amuser la galerie. Pour ça, j'étais doué. Je me délectais des applaudissements de mes copains. Etre admiré était un sentiment très agréable.

Puis, un jour, j'ai été confronté à une situation qui m'a incité à prendre un instant le temps de réfléchir. Tout a commencé à l'occasion d'une sortie pour Rostock[1]. Ce matin-là, Moustique est arrivé à la gare dans une tenue d'un ridicule extrême. Jamais je n'oublierai la dégaine qu'il avait, avec ses bottes de combat, son pantalon de camouflage, son blouson d'aviateur et ses cheveux rasés. Nous étions tous pliés de rire.

– Hé, c'est quoi ces fringues?

– Ce ne sont pas juste des fringues. Ça, mes chers amis, c'est l'avenir!

1 Ville du nord de l'Allemagne, située sur les bords de la rivière Warnow et appartenant au Land de Mecklembourg-Poméranie-Occidentale. (N.d.E.)

– T'es tombé sur la tête, ou quoi?

– Jamais entendu parler des skinheads?

Le train s'est mis en marche. Moustique nous a expliqué en détail ce qu'étaient les skinheads et a conclu qu'être un skin, c'était ce qu'il y avait de plus génial. Quelque part, son nouveau style nous fascinait. Sa tenue passait drôlement bien et nous convenait à merveille. Son côté agressif et provocateur était parfait pour nous, puisque notre seul but était de nous faire remarquer. Auparavant, il fallait être punk pour sortir des rangs. Mais depuis que les punks étaient devenus crasseux et gauchistes, pour moi, ils étaient des moins que rien. Cela faisait longtemps que je cherchais un digne substitut à ma crinière multicolore, et cette mode skinhead tombait donc à point nommé.

C'est ainsi que nous avons décidé d'un commun accord de devenir des skinheads. Avant même d'avoir effectué une heure de trajet, nous avions chargé Moustique de faire un sort à notre chevelure à l'aide de son couteau à raser. Et c'est quarante hommes avec la boule à zéro qui sont descendus du train à Rostock, laissant derrière eux une montagne de cheveux sur le sol du compartiment.

Je suis donc devenu un skinhead. A ce moment-là, je ne me suis pas trop cassé la tête pour connaître l'idéologie qui se cachait derrière cette appellation. Je me suis simplement procuré les vêtements adaptés. Je me trouvais aussi cool, sinon plus, avec le crâne rasé que je l'étais auparavant avec mes crêtes colorées. Mais, fidèle à moi-même, je ne me suis évidemment pas contenté de la tenue vestimentaire, il fallait que je m'engage à fond.

En fréquentant les skinheads d'extrême droite, j'ai peu à peu adopté la vision du monde néonazie. Leur musique aussi m'enthousiasmait. Je connaissais tous les groupes, tous leurs titres et je collectionnais tous leurs CD, que je classais méticuleusement. Je ne manquais pas un concert des formations d'extrême droite. Au début, ces manifestations étaient autorisées, puis elles n'ont été que tolérées, pour être finalement interdites. Elles ont été alors organisées clandestinement, quelque part à la campagne, dans une ferme. Parfois, les musiciens ne pouvaient jouer qu'une demi-heure avant que la police n'intervienne et ne nous disperse. Mais ce temps suffisait pour lancer quelques «Heil Hitler». Je me suis vraiment investi à fond dans ces milieux radicaux de droite et je trouvais absolument fantastique d'en faire partie.

Les punks, ces «gauchistes dégoûtants», n'avaient plus rien à faire avec nous. Nous leur avions déclaré la guerre et nous menions contre eux des batailles de rue acharnées. Mais un jour, un événement m'a complètement déstabilisé. Il m'a tellement touché dans mon orgueil que j'en suis resté estomaqué. J'ai fait une rencontre qui m'a conduit à prendre une décision fatale, une décision dont j'allais avoir honte durant des années.

Nous nous trouvions dans un bistrot, non loin de l'Ostbahnhof. Les punks s'étaient regroupés avec l'intention de nous affronter. Ils ont démoli les vitres et nous nous sommes cachés derrière le comptoir. Finalement, nous avons réussi je ne sais trop comment à chasser ces «gauchistes». Nous les avons poursuivis jusqu'à la gare où nous les avons perdus de vue. Remontés à bloc, nous avons passé l'endroit au peigne fin, avec l'espoir de remettre la main sur eux. Ils se terraient certainement quelque part, attendant le moment de nous prendre à revers.

En parcourant ainsi le hall de la gare, j'ai soudain aperçu trois punks assis tranquillement par terre en train de boire une bière. Ce n'étaient que de simples et paisibles touristes qui ne faisaient de mal à personne et qui, bien sûr, n'avaient aucune idée de l'inimitié qui régnait en ces lieux entre skinheads et punks. Mais cela nous était complètement égal. Tous les punks étaient nos ennemis, peu importait d'où ils venaient et s'ils se trouvaient là par hasard. Déterminé, j'ai marché droit sur le petit groupe et, sans crier gare, j'ai asséné un coup de botte à l'un d'eux, en pleine face. Sa tête a cogné contre le mur carrelé et son nez s'est mis à saigner. Affolé, il a levé les yeux vers moi.

– Hé, mais qu'est-ce qui te prend?

– T'es un cochon de punk dégoûtant, ai-je dit pour lui expliquer les règles du jeu. Et ici, c'est notre territoire. Alors dégage ou tu vas dérouiller!

Le garçon a essuyé le sang sur son visage et m'a regardé, déconcerté.

– Joker?

J'ai sursauté. Comment ce parfait inconnu était-il au courant de mon surnom?

– Tu me connais?

Mes amis aussi me dévisageaient, étonnés.

– Dis donc, t'as déjà vu ce punk? ont-ils demandé.

J'étais perplexe.

– Allez, réponds! l'ai-je sommé. Tu me connais d'où?

– Mais oui, a-t-il fait, je suis de Weimar, près d'Erfurt! Ça fait longtemps, je sais, mais on était amis. Le match à l'extérieur, à Weimar, tu t'en souviens pas?

J'ai avalé ma salive. Maintenant, cela me revenait. J'avais 16 ans à l'époque, et le BFC avait joué à Weimar. Avec mes copains punks, on avait fait connaissance d'un groupe de punks de la région. Ils étaient tellement sympas qu'ils nous avaient invités à passer quelques jours chez eux. Et nous étions si heureux de voir que nous n'étions pas les seuls punks en RDA que nous avions prolongé notre séjour d'une journée. Voilà comment nous étions devenus amis. Oui, c'était ainsi que les choses s'étaient déroulées. Et après tant d'années, mon ancien ami punk se trouvait là, par terre devant moi, me fixant plein d'espoir. Mes copains skinhead me regardaient eux aussi dans l'expectative. Moi, je me trouvais entre les deux et je savais que je devais prendre une décision en une fraction de seconde.

A vrai dire, j'aurais vraiment eu envie de serrer ce gars dans mes bras. Mais c'était hors de question! Il avait été mon ami, mais il ne pouvait plus l'être! Désormais j'étais un skinhead et lui, il représentait l'incarnation de nos ennemis! Je n'étais plus punk, je les haïssais! Je me devais donc de le haïr lui aussi. Je ne pouvais pas me dégonfler devant ma bande de skins. Il m'était impossible de renier ma nouvelle identité.

Mais quelle était-elle, cette nouvelle identité? Et qu'en restait-il donc, le soir, lorsque j'enlevais les habits qui faisaient de moi un skin? Moi, Jan Günther, qui étais-je, au juste?

– Alors, Joker, il dit la vérité ou pas? Vous vous connaissez vraiment?

Evidemment je le connais, ai-je pensé. *Mais je ne dois pas le connaître! C'est impossible! Je suis skinhead, lui est punk! Et tous mes amis nous regardent!*

– Non, me suis-je entendu répondre. J'ai jamais vu ce type.

Lâche! a crié ma conscience. *T'es qu'un sale lâche!*

– Mais Joker! a-t-il objecté, la déception se lisant dans ses yeux clairs. Comment tu peux m'avoir oublié? T'étais un punk, exactement comme moi. Tu faisais partie des «Black Pirates». On a passé des moments formidables ensemble!

– Je ne te connais pas, ai-je grogné. Et maintenant, dégage d'ici!

– Joker?!

J'ai évité son regard, car je n'aurais pu le soutenir. Cela m'aurait brisé.

– Je t'ai dit de dégager! ai-je répété sèchement. Je ne t'ai jamais vu!

Honteux, je me suis détourné, laissant à mes copains le soin de les chasser tous. J'étais tombé bien bas. Pour maintenir mon statut, je n'hésitais pas à renier mes amis. J'aurais pu me cracher au visage pour ce que je venais de faire. Je me dégoûtais. Sur quelle voie m'étais-je engagé? Avais-je encore un cœur?

14. Voyage sans retour

Fuir à l'Ouest était le besoin qui supplantait tous les autres dans ma vie. *Je ne serai parfaitement heureux que quand je serai à l'Ouest,* pensais-je chaque fois que, assis dans le stade du BFC, j'avais vue sur l'autre côté du mur. *Ce n'est que là-bas que je pourrai enfin commencer à vivre.* D'ailleurs, partout, dans Berlin, on vous rappelait qu'à quelques mètres seulement se trouvait l'Allemagne de l'Ouest. Dès que je voyais le mur, je songeais avec nostalgie qu'un jour, peut-être, il me serait donné de fouler le sol de la liberté.

Nous avions tous ce désir. Nous ne pensions plus qu'à cela: partir de là! J'avais fait une demande de sortie du territoire, mais elle était restée sans réponse. Certains attendaient ainsi de pouvoir émigrer durant dix, voire quinze ans et, pendant ce temps-là, ils faisaient l'objet des pires représailles. Les chances d'obtenir cette autorisation étaient quasi nulles. C'était bien ce que j'expérimentais moi aussi. Inlassablement, je faisais le tour des différentes administrations, me renseignant sur le devenir de ma requête. Mais je récoltais toujours la même réponse:

– Allons, Monsieur Günther, les choses ne vont pas si vite. Donnez-nous le temps d'étudier votre dossier!

Etudier mon dossier! Et ils voulaient qu'on les croie! J'attendais depuis si longtemps que quelqu'un se décide enfin à *étudier mon dossier.* Mais rien n'avançait. J'avais déjà 25 ans, et tout ce que l'on me répondait toujours était: «Il faut que nous étudiions votre dossier.»

En réalité, ma demande avait probablement pris directement le chemin de la corbeille à papier. Voilà où j'en étais. Et je n'en pouvais plus. Il fallait que les choses bougent. S'ils ne faisaient aucun effort pour m'accorder cette autorisation de quitter le territoire, je devais leur donner un petit coup de main, et cela sans tarder. Car le feu couvait, en RDA.

On était en 1989. Les mouvements de protestation se faisaient de plus en plus pressants. Avant, personne n'osait dire quelque chose. Car quiconque ouvrait la bouche était aussitôt arrêté par les agents de l'Etat ou on le faisait taire d'une autre manière. Il n'y avait eu que les déjantés comme moi pour avoir le courage de se rebeller publiquement contre le système et en assumer les lourdes conséquences. Mais maintenant, le peuple se mobilisait de plus en plus.

La vie n'avait jamais été facile en RDA, cependant, désormais, les masses osaient enfin lutter contre ce carcan. La coupe était pleine. Les églises protestaient. Des groupes de contestataires se constituaient en secret, souvent à l'initiative d'une formation religieuse. Un mouvement populaire avait été créé dans le but de changer la société. Il y avait des manifestations. Bref, il était devenu impossible de museler la population. Trop, c'était trop! Beaucoup de mes amis avaient réussi à obtenir la permission de partir à l'Ouest, mais moi, j'étais toujours cloué sur place.

Je veux partir, ruminais-je chaque jour, *je ne veux pas rester là pour faire la fermeture!*

J'ai proposé à Tokyo de fuir avec moi, mais il n'était pas intéressé. Moustique et Ouragan, eux non plus, n'étaient pas enthousiastes à cette idée. C'est ainsi que je me suis finalement tourné vers Sergej. Quelques bouteilles de bière ont suffi à le convaincre et nous avons concocté ensemble un plan. Plus précisément, c'est *moi* qui ai élaboré le plan, Sergej, lui, s'est contenté de m'écouter. Contrairement à moi, il n'avait jamais fait de séjours en prison. Il en avait d'ailleurs une peur panique et je n'avais jamais compris pourquoi, jusqu'à ce fameux soir où nous avons décidé de passer à l'action.

– Ecoute-moi, Sergej, voilà comment on va s'y prendre, ai-je expliqué alors que nous étions assis dans un bar. On va faire semblant de partir en vacances. On achètera un billet d'avion, aller-retour bien sûr, pour ne pas éveiller les soupçons. Puis, en Hongrie, on passera la frontière en fraude pour rejoindre l'Autriche et on ira à l'ambassade allemande en attendant l'autorisation de filer à l'Ouest.

– Et tu crois vraiment que ça va marcher, Jan? On est certainement pas les premiers qui cherchent à réaliser leur rêve en transitant par un autre pays de l'Est...

– Ils nous auront pas, ai-je fait, confiant.

– Et s'ils nous attrapaient quand même?

– Eh ben, on finirait en prison, ai-je déclaré, fataliste.

Sergej est devenu livide. Il jouait nerveusement avec son dessous de verre, plongé dans de profondes réflexions.

– Ils nous mettraient vraiment en prison? a-t-il demandé.

– Oui, c'est possible. Disons que s'ils nous attrapent, les Hongrois nous livreront à la RDA, et ça nous coûtera un max. Mais c'est *moi* qui écoperai le plus parce que je suis récidiviste. Toi, tu seras vite libéré.

– Comment tu peux en être sûr?

J'ai observé Sergej avec attention.

– Dis-moi, qu'est-ce qui te panique autant quand tu entends le mot «prison»? Ça m'intrigue depuis un moment.

Sergej s'est contenté de secouer la tête en gardant le silence, ce qui a aiguisé ma curiosité d'autant plus.

– Allez, Sergej, ça restera entre nous. Tu peux me dire ce qui te tracasse?

Il s'est mordu les lèvres en fixant un point devant lui.

– Tu ne diras rien à personne, Joker, a-t-il finalement murmuré sans me regarder. Jure-le!

– Je te le jure, ai-je fait solennellement.

Il a levé la tête et j'ai remarqué dans ses yeux la tristesse que j'avais déjà perçue maintes fois.

– Mon père est mort en prison. Il s'est pendu avec un drap.

Je ne m'étais pas attendu à une telle révélation.

– Je suis désolé mec, ai-je bredouillé, gêné.

– Moi aussi, a soufflé Sergej.

Il fixait de nouveau son dessous de verre, sans véritablement le voir. J'ai avalé une grosse gorgée de bière et, pour briser le silence embarrassant qui s'installait, je suis revenu assez maladroitement sur notre préoccupation.

– La fuite représente un risque, il n'y a pas de doute, mais ça en vaut la peine. Ça fait assez longtemps que je patiente. J'ai toujours voulu rejoindre l'Ouest, depuis aussi loin que je m'en souvienne. Le moment est venu. Si tu ne veux pas me suivre, je comprendrai. Et dans ce cas, j'irai tout seul. Il est hors de question que je reste ici.

– Je ne reste pas non plus, a déclaré Sergej en reposant le dessous de verre de façon résolue sur la table.

Il a respiré un bon coup et a réaffirmé avec force:

– Jan, je viens avec toi. On y arrivera!

– Oui, on réussira! ai-je acquiescé.

– On n'ira pas en prison.

– Non, Sergej, on n'ira pas en prison.

– On ira jusqu'au bout.

– Oui, jusqu'au bout!

La décision étant prise, nous avons aussitôt commencé les préparatifs. Mais dès le début, un obstacle s'est présenté pour le voyage. Si quelqu'un comme moi – un ex-détenu politique – disait vouloir prendre des vacances en Hongrie, cela déclenchait des vérifications minutieuses. Mais j'ai réussi à passer au travers des mailles du filet et j'ai obtenu mon visa. Au bout de quelques semaines, nous étions à l'aéroport de Berlin-Schönefeld, destination Budapest, avec la certitude de ne jamais revenir. Le voyage sans retour avait commencé.

En survolant Berlin, j'ai aperçu, loin en dessous, la flèche de la tour de la télévision, qui n'était pas plus grosse qu'une épingle, et j'ai ressenti une pointe de nostalgie. Mon index contre la vitre, j'ai fait mine de la caresser, comme une mascotte. «Adieu, ai-je chuchoté, quand je te reverrai, ce sera depuis l'Ouest!»

Bien sûr, nous avions pris très peu de bagages. Nous devions avoir l'air de vrais vacanciers. Parvenus à Budapest, nous nous sommes d'abord mis à la recherche d'un hôtel. Nous avions prévu de jouer les touristes durant un ou deux jours avant d'en venir au but véritable de notre voyage: la fuite. Car après tout, nous avions bien le droit de nous détendre un peu! En parcourant la ville, nous étions émerveillés par tous les produits de l'Ouest qu'on pouvait y acheter: Coca-cola, Marlboro, chocolat... On se serait cru en pays de cocagne.

– Sergej, vise un peu tout ce qu'ils ont ici! Et c'est juste un petit avant-goût de ce qui nous attend à l'Ouest!

L'Ouest... J'étais complètement surexcité rien que d'y penser! Bientôt, nous allions le voir de nos yeux. Bientôt, notre vie détestable à l'Est ferait partie du passé. A nous la liberté! J'étais terriblement impatient de franchir la frontière. Enfin, je pourrais décider moi-même de ce que je voulais faire de ma vie. Enfin, je ne serais plus surveillé nuit et jour par des caméras cachées et des espions. Jamais je n'avais été si près du but. Je savais que cela allait marcher.

Puis, le troisième jour est enfin arrivé.

– Sergej, ai-je déclaré, on va faire comme on a décidé. Si tu veux encore changer d'avis, tu es libre. On a pris un aller-retour.

– Je ne reculerai pas, a-t-il fait, assuré.

– Je dis ça pour le cas où ce serait trop risqué pour toi. T'es pas obligé, si t'es pas sûr de toi.

– On n'ira pas en prison, a répondu Sergej, convaincu. On va réussir, Jan.

– T'as raison, on va y arriver.

N'empêche que j'étais quand même un peu nerveux. Nous sommes montés dans le train qui devait nous mener de Budapest à Schopfbronn, petite ville située à proximité de la frontière autrichienne.

– Une fois dans cette ville, ce sera un saut de puce, ai-je expliqué à Sergej. On traverse la forêt et, à un moment ou un autre, on arrive à la frontière. Ce sera certainement un grillage ou quelque chose comme ça. Et puis on sera en Autriche.

Oui, je m'étais imaginé que les choses se dérouleraient aussi simplement. J'étais assez naïf de croire que nous pourrions nous faufiler ainsi. Une sorte de promenade vers la liberté... Mais il en a été bien autrement. Déjà dans le train, nous sommes tombés dans les griffes des policiers hongrois. Nous aurions dû nous y attendre, nous n'étions évidemment pas les premiers à avoir eu cette idée géniale de passer par un pays voisin pour gagner la liberté. Les autorités hongroises avaient l'habitude des lascars comme nous et, de notre côté, nous étions tellement incohérents et contradictoires dans nos réponses que nous avons dû descendre dans une petite gare juste avant la frontière autrichienne pour être arrêtés aussitôt. Sergej a éprouvé une peur panique quand il a senti les menottes emprisonner ses poignets.

– Jan! s'est-il exclamé en me jetant un regard désespéré, qu'est-ce qu'on va devenir? Son visage avait pris une couleur verdâtre. On pourrait pas demander l'asile politique?

Un des policiers qui nous emmenaient a ricané.

– Vous auriez dû y songer avant de prendre ce train. Le droit d'asile ne concerne que les Roumains. Nous avons un traité d'amitié avec la RDA, nous extradons.

– Mon Dieu! a balbutié Sergej.

– Jamais! me suis-je exclamé. Jamais, je n'y retournerai pas! Nous réclamons le droit d'asile!

– Oui, oui, a fait le policier flegmatique, demandez donc l'asile.

Ce n'est que lorsque les menottes se sont refermées autour de *mes* poignets que j'ai pleinement saisi dans quel pétrin nous nous trouvions par ma faute. J'étais parti du principe que nous réussirions. Jamais je n'avais envisagé que quelque chose puisse aller de travers.

– S'il vous plaît, écoutez-moi, ai-je supplié. Il doit bien y avoir un moyen d'obtenir l'asile!

Le fonctionnaire m'a examiné d'un air rusé.

– Combien d'argent avez-vous sur vous?

J'aurais dû deviner qu'il était possible d'acheter ces policiers. Ils pourraient peut-être même nous procurer une carte de séjour si on leur graissait convenablement la patte. Il fallait prendre le risque. Il n'était pas question de retourner d'où nous venions. Jamais, jamais, nous ne remettrions les pieds là-bas.

– Nous en avons pas mal, même de l'argent de l'Ouest, me suis-je vanté.

– Combien? a-t-il fait en ouvrant mes menottes.

J'ai sorti mon portefeuille de la poche intérieure de ma veste et, sans réfléchir, je lui ai aligné une somme d'argent considérable. Je me suis dit qu'en voyant un tel montant, ils fermeraient certainement les yeux et nous relâcheraient. Mais ils ont pris les billets, les ont comptés, les ont partagés entre eux et ont déclaré:

– Ça ne suffit pas. Pour convaincre notre supérieur, il nous faudrait au moins le double.

– Le double? me suis-je écrié, indigné. Je parie que vous ne gagnez pas autant par mois!

– Et votre ami?

– Je n'ai pas beaucoup, a avoué Sergej. Il vous manque combien?

– Le double, a répété le policier. A moins, nous ne pouvons rien faire pour vous.

J'ai échangé avec mon ami un regard qui en disait long. En fait, j'avais le sentiment que cela n'avait pas vraiment de sens. Mais déjà Sergej attrapait fébrilement son porte-monnaie et, sans hésiter, donnait tout son argent aux policiers.

– Voilà tout ce que je possède. Je vous en supplie, parlez de nous à votre supérieur! Dites-lui que nous demandons l'asile politique!

Les fonctionnaires ne lui ont prêté qu'une oreille distraite. Ils ont compté l'argent et l'ont empoché tranquillement avec un sourire satisfait.

– Nous allons voir ce que nous pouvons faire, ont-ils dit vaguement.

Je me doutais de ce que cela voulait dire: ces chiens nous avaient roulés dans la farine. Comment ne m'en étais-je pas douté? C'était évident. Ils ne remueraient pas le petit doigt pour nous. La seule chose qui les avait intéressés, c'était de récupérer notre argent avant de nous transférer aux autorités compétentes. Ils se moquaient complètement de notre sort. Nous n'étions que deux individus parmi des centaines, voire des milliers qui tentaient de franchir la frontière. Et ces requins profitaient du désespoir et de la détresse des réfugiés pour gagner sur leur dos une quantité d'argent.

Nous avons atterri dans une prison à Schopfbronn. Sergej ne disait plus un mot, mais dans ses yeux, je lisais la panique qu'il éprouvait. Et moi, je ne trouvais rien à lui dire pour lui remonter le moral. Il faut dire que le mien était aussi au ras des pâquerettes. Puis, nous avons été séparés et placés dans deux cellules différentes. Nous n'avions plus aucun contact l'un avec l'autre. Maintenant, chacun ne pouvait plus compter que sur lui-même.

Je me suis retrouvé enfermé avec un Roumain. Comme il parlait un peu anglais, nous avons pu échanger quelques paroles.

– Dès que je sors d'ici, je partirai pour le Canada, m'a-t-il confié, enthousiaste. Ou peut-être en Australie. On verra. Mais je suis tenté par le Canada. J'aime tellement les forêts.

Son assurance m'énervait.

– Comment peux-tu être aussi persuadé que tu seras libéré? lui ai-je demandé.

– Quand j'aurai obtenu le droit d'asile, le monde entier sera à moi.

– Et pour quelle raison tu l'obtiendrais, ce droit d'asile?

– Parce que je suis roumain! a-t-il fait en riant.

– Je suis allemand, je vaux plus que toi! me suis-je exclamé.

– Eh bien non, a répliqué le Roumain. Ici, c'est *moi* qui vaux plus. Ils n'accordent pas d'asile aux Allemands de l'Est, seulement aux Roumains.

– Je ferai quand même la demande. J'écrirai une lettre au président hongrois en personne. Je lui écrirai une longue lettre pour qu'il me sorte d'ici.

– Je doute que ta lettre aille plus loin que la prochaine corbeille à papier, a fait le Roumain. Mais peut-être que tu auras de la chance. Je croise les doigts pour toi.

Quelques jours plus tard, sa demande d'asile a été effectivement acceptée et il m'a quitté en chantant et en s'extasiant sur les forêts du Canada. Moi, j'ai été transféré sans aucune explication dans une autre prison. Mes espoirs de liberté partaient définitivement en fumée.

15. Jeûne et pain noir

Je suis resté enfermé dans un sombre cachot pendant plusieurs jours. C'était l'horreur absolue. J'ai rapidement perdu toute notion du temps. Je me trouvais dans une obscurité complète; pas le moindre rai de lumière ne pénétrait dans ma geôle. De temps en temps, je percevais un trottinement fugitif... c'étaient des rats. Je n'avais aucun contact humain. Personne ne me parlait. Le seul lien que j'avais avec le monde extérieur était une trappe qui, à certains moments de la journée, s'ouvrait pour laisser passer une main. Celle-ci posait par terre une gamelle avec de l'eau ou de la soupe, accompagnée d'une fourchette piquée d'un morceau de lard. Le processus ne prenait que quelques secondes. A chaque fois, je me traînais vers la porte en braillant:

– Ecoutez-moi! Je demande l'asile politique. Je suis allemand.

Mais, avant même que je puisse terminer ma phrase, la trappe se refermait. Des heures plus tard, la main me jetait à nouveau une tranche de pain et un bout de lard.

– Hé! criais-je encore. Est-ce que vous m'entendez? Je suis allemand! Je demande l'asile! Il y a quelqu'un!?

Mais la trappe se refermait. Et il en était ainsi jour après jour. Je ne savais plus quoi faire. J'étais au bout du rouleau.

«Dieu!!! – C'était la troisième fois de toute ma vie que je m'adressais à lui – Dieu, aide-moi à sortir d'ici!!! Je t'en supplie, aide-moi!!!»

Mais, au fond, j'étais persuadé que Dieu ne m'entendait pas, puisqu'il n'existait pas. Il n'était qu'une invention humaine, rien de plus. En tout cas, il ne m'avait jamais aidé, moi. J'étais complètement désemparé. J'aspirais à m'endormir pour ne plus jamais me réveiller. Oui, j'avais envie d'en finir. Cela ne pouvait pas continuer. Tout était préférable à rester assis dans ce cachot noir.

Je me suis alors mis à me parler à moi-même. Je criais, je riais, je pleurais, je marchais, je tapais des pieds, je me cognais la tête contre le mur... je devenais fou. Et le pire: mon imagination m'avait abandonné. Dans une cellule ordinaire, il faisait au moins gris, ce qui était suffisant pour me permettre de peindre le monde de toutes les couleurs. Mais ici, ce n'était pas du gris, c'était un noir d'encre. Je n'avais rien à quoi me raccrocher. L'obscurité semblait grignoter ma raison.

Qui suis-je? pensais-je. *Comment est-ce que je m'appelle? Quel âge ai-je? Suis-je vivant? Suis-je mort?*

Puis, un jour, soudain, j'ai entendu la clé tourner dans la serrure. La porte s'est ouverte et la lumière est entrée dans mon cachot. J'étais resté si longtemps dans le noir que cette clarté subite était difficile à supporter. Je me suis caché le visage dans les mains et me suis recroquevillé dans le dernier coin sombre de la cellule, tel un animal en fuite. Ce n'est que de façon confuse que j'ai pu distinguer une silhouette dans l'embrasure de la porte.

«Avancez!» a-t-on commandé.

Me redressant péniblement, j'ai quitté l'ombre d'un pas hésitant. J'avais l'impression d'être un nouveau-né ou quelqu'un de complètement dérangé, une créature sauvage qui entre pour la première fois en contact avec la civilisation. Plié en deux, tout effarouché, j'ai suivi le gardien à travers les couloirs de la prison jusqu'à une autre cellule où on m'a à nouveau enfermé. Et là, j'ai senti que j'étais revenu sur la planète Terre, car j'ai retrouvé mon vieil ami Sergej.

– Sergej? ai-je fait, troublé. C'est bien toi, Sergej?

– Jan! s'est-il exclamé à voix basse. Son visage blafard s'est éclairé. Mon Dieu, qu'est-ce que je suis content de te voir, Jan! T'étais où? Qu'est-ce qui s'est passé?

Je lui ai tout raconté et nous nous sommes rendu compte qu'il avait vécu des choses semblables. Les gardiens n'avaient probablement pas prévu de nous réunir, mais nous étions plus qu'heureux de cette erreur. Au moins, nous n'étions plus tout seuls. Car c'était déjà bien assez dur de se retrouver en prison dans ce pays, avec, autour de nous, des gens qui ne parlaient que le hongrois, et d'être à la merci de personnes inconnues.

La section dans laquelle on nous avait enfermés était réservée aux Allemands de l'Est, aux Russes et aux Bulgares. Nous étions cantonnés un étage en dessous des autres étrangers qui, eux, allaient à peu près bien. Nous, pour ne pas changer, nous étions traités comme des moins que rien. Nous n'avions droit qu'à un bol d'air sur le toit tous les deux jours et à une seule douche par semaine. Il faisait un froid terrible dans ces sanitaires où le carrelage se détachait à bien des endroits. Et avec ces mauvaises conditions d'hygiène, beaucoup attrapaient toutes sortes de maladies.

Pour Sergej, chaque nouvelle journée était un supplice. Moi, je connaissais la vie en taule, mais pour lui, c'était ce qui pouvait lui arriver de pire. Je me suis rendu compte qu'il en perdait presque la raison. Il ne parvenait pas à s'y faire. Un jour, il m'a annoncé qu'il avait pris une décision.

– Jan, a-t-il dit, je ne peux pas attendre plus longtemps. Je pète un câble ici. Je dois obtenir l'asile. Ils doivent me l'accorder.

– Tu les as entendus. C'est pas possible, ai-je expliqué. Comment tu comptes faire?

– La grève de la faim, a-t-il fait. Je fais la grève de la faim!

– Dis pas n'importe quoi, Sergej. Ça leur est bien égal, ils te laisseront mourir.

– J'en ai rien à faire. J'en peux plus. Je fais la grève de la faim.

Et c'est ainsi que Sergej a entamé sa grève de la faim. Jamais je n'aurais pensé qu'il tiendrait parole. Moi, je n'aurais pas eu assez de courage pour faire une chose pareille. Pourtant, j'avais toujours cru être un gars archidur qui ne reculait devant rien. Mais ça, je ne m'en sentais pas capable. Sergej oui! Et peu à peu, j'ai commencé à me faire du souci. J'ai mobilisé toutes mes forces de persuasion pour lui faire avaler ne serait-ce qu'une bouchée. Rien à faire. Il refusait toute nourriture.

– Mange un petit quelque chose, l'ai-je supplié. S'il te plaît, mange!

– Plutôt mourir! Je ne peux plus faire marche arrière, Jan.

– Pense à ta sœur, en Suisse, lui ai-je fait remarquer. Tu voulais lui rendre visite, non? Tu m'as dit un jour que c'était ton rêve d'aller en Suisse. Si tu continues comme ça, tu vas manger les pissenlits par la racine avant de sortir de cette prison bulgare. Sois raisonnable Sergej!

Mais il ne voulait rien entendre. Il était têtu comme une mule. Jour après jour, il maigrissait. Il souffrait de crampes d'estomac et était de plus en plus faible. Et moi, je ne pouvais rien faire pour lui.

– Je refuse toute nourriture et je réclame une expatriation vers l'Ouest, répétait-il chaque jour, quand le gardien lui apportait son repas.

Il ne buvait que de l'eau, tout le reste, il le laissait. Un matin, il était dans un tel état de faiblesse que je ne savais plus quoi faire

– Sergej, mange! Tu vas mourir ici!

– Non, je ne mangerai pas, a-t-il fait dans un souffle.

Il était si mal en point que j'ai cru qu'il allait y passer d'un instant à l'autre. Il était d'une pâleur cadavérique et avait du mal à garder les yeux ouverts. Je me faisais de terribles reproches. *Je n'aurais pas dû l'entraîner dans cette galère. Tout est de ma faute. C'est moi qui l'ai persuadé de tenter la fuite. Je lui ai fait croire que la prison n'était pas si terrible et qu'il s'en sortirait bien. Et maintenant, il crève sous mes yeux! Que puis-je faire? Je ne peux pas le laisser mourir comme ça!*

Je me suis mis à tambouriner contre la porte pour appeler à l'aide. Finalement, deux gardiens sont apparus. Sans ménagement, ils ont attrapé Sergej sous les bras et par les jambes et l'ont emporté. C'est la dernière fois que je le voyais dans cette prison. De nouveau, j'étais seul… seul avec mes remords et mon incertitude quant au sort qui m'attendait. J'allais de plus en plus mal. Je perdais mes ongles. J'avais de gros cernes sous les yeux et je tremblais de tout mon corps. *Je ne tiendrai plus très longtemps*, pensais-je. *C'est la fin.*

Puis, est arrivé le jour où l'on est venu me chercher pour me rapatrier en RDA. On était en avril 1989. Cela faisait deux ou trois mois que je croupissais dans cette prison hongroise et j'étais dans un triste état. Il s'est avéré que je n'étais pas le seul citoyen de RDA à s'être fait attraper lors d'une tentative de fuite à l'Ouest. Nous étions cinquante détenus à être pris en charge à l'aéroport par cinquante officiers de la *Stasi*: un pour chacun. Et dans les IL 62[1], il n'y avait toujours que deux sièges l'un à côté de l'autre. Ainsi, côté fenêtre se trouvait un détenu et, près de lui, un officier, dont la seule tâche consistait à veiller à ce que son prisonnier regarde toujours droit devant lui.

– Vous vous contentez de regarder droit devant vous, m'a expliqué mon gardien d'une voix posée. Pas à droite, pas à gauche. Est-ce que vous m'avez bien compris? Devant vous! Et vous n'ouvrez pas la bouche. C'est la consigne. Si vous ne respectez pas la consigne, vous aurez de gros problèmes, vous pouvez me faire confiance.

1 L'Iliouchine Il-62 est un avion de ligne long courrier soviétique. (N.d.T.)

Il n'a rien dit de plus, mais je sentais une telle méchanceté émaner de lui que j'ai été saisi d'une peur qui me glaçait le sang. Ces gars étaient entraînés. Ils savaient exactement comment s'exprimer pour intimider les gens. Et il valait mieux suivre leurs instructions, ça, j'en savais quelque chose.

L'avion a décollé et, presque malgré moi, j'ai tourné légèrement la tête pour jeter un coup d'œil par le hublot. Aussitôt, l'officier est intervenu:

– Regardez droit devant vous!

J'ai obéi. Mais un hublot d'avion a quelque chose d'incroyablement fascinant et, quelques minutes plus tard, je me suis à nouveau surpris à jeter un coup d'œil furtif vers l'extérieur en veillant toutefois à ne pas tourner la tête. Mais l'agent de la *Stasi* l'a tout de même remarqué.

– Je vous ai dit de regarder droit devant vous! a-t-il répété en baissant d'un coup sec le store pour masquer le hublot. Devant vous, et pas un mot!

Je me suis donc soumis à mon destin et me suis contenté de fixer un point devant moi, en silence. *Quand atteindrai-je enfin mon but d'aller à l'Ouest?* ai-je songé. *Quand serai-je enfin libre?*

Arrivés à Berlin, nous avons été parqués comme des animaux dans un étrange camion qui s'est mis en route vers notre destination finale. Je connaissais par cœur toutes les prisons de Berlin et, en examinant le trajet, j'ai tenté de deviner laquelle d'entre elles nous accueillerait. *Peut-être celle de Rummelsburg,* me suis-je dit. *Rummelsburg, ce serait bien, c'est un endroit qui m'est familier.* Pour y aller, il fallait tourner à droite. Mais il n'en a pas été ainsi. Nous avons continué tout droit. Je m'étonnais de la longueur du trajet. *Alors ce sera la prison de la Heidestraße,* ai-je pensé. *Dans ce cas, on va bientôt tourner à gauche.* Mais nous n'avons pas tourné à gauche non plus. *Etrange. Où peuvent-ils bien nous emmener? Je croyais connaître chaque prison de Berlin…*

Erreur! Il existait à Berlin une prison que je ne connaissais pas. Elle était soigneusement tenue secrète par le gouvernement et ne figurait sur aucun plan de l'agglomération. Ceux-ci avaient été falsifiés pour éviter qu'un éventuel complice puisse aider un prisonnier à s'évader. Le gigantesque complexe pénitencier était hermétiquement fermé à l'extérieur et faisait lui-même partie d'une vaste zone secrète, interdite aux citoyens ordinaires. Personne n'était vraiment au courant de ce qui se cachait derrière ces murs imposants, et on savait encore moins qu'il s'agissait d'un pénitencier de la *Stasi*. Mais c'était bien là notre destination: Berlin-Hohenschönhausen, la prison de la *Stasi*.

Evidemment, à ce moment-là, je n'en avais aucune idée. Leur stratégie était de laisser les détenus dans l'ignorance quant au lieu de leur incarcération. C'était pour nous donner le sentiment que nous étions à la merci d'un Etat tout-puissant. Et c'était bien l'impression que j'avais, en arrivant dans ce lieu.

– Dites-moi, pourriez-vous me dire, s'il vous plaît, où je me trouve? ai-je demandé à l'officier de la *Stasi* qui m'accompagnait dans mon bloc.

– Non, vous ne le saurez pas, a-t-il répondu sèchement. Voici votre survêtement, a-t-il fait en me tendant mes vêtements de détenu.

J'ai été surpris par leur qualité. Et mon étonnement est allé croissant quand j'ai constaté que le sol de ma cellule individuelle était recouvert de linoléum. C'était complètement inhabituel. Un vrai luxe!

– Ah oui, ai-je ajouté, alors que l'homme de la *Stasi* s'apprêtait à partir. Vous pouvez me faire ce que vous voulez, mais je ne changerai pas d'avis. Je veux aller à l'Ouest.

– Oui, oui, a-t-il tempéré, mais calmez-vous pour l'instant.

A peine avait-il disparu que la trappe au centre de la porte s'est ouverte et que quelqu'un m'a demandé poliment:

– Bonjour, que désirez-vous pour le dîner, Monsieur Günther?

J'ai cru avoir mal entendu.

– Qu'est-ce que vous avez dit?

– Il s'agit de votre repas du soir, a répété patiemment l'homme, et j'ai vu qu'il avait un calepin et un stylo à la main. Vous préférez du pain blanc, du pain bis ou du pain noir?

Mais que se passe-t-il? ai-je pensé. *Je suis devenu général en chef, ou quoi?*

– Pain blanc, pain complet ou pain noir, Monsieur Günther?

Il me semblait qu'on me faisait une mauvaise blague.

– Un peu de tout, ai-je dit, curieux de voir sa réaction.

– Hmmh, a-t-il fait en griffonnant quelque chose sur son calepin. Deux tranches de chaque?

J'étais persuadé qu'il y avait un hic quelque part. Il ne pouvait en être autrement.

– Donnez-moi trois tranches de chaque, ai-je finalement répondu, fermement convaincu que là, j'allais quand même trop loin.

Mais l'homme a tout noté docilement sur son bloc-notes, sans broncher.

– Trois tranches, hmmh.

Puis est venue la cerise sur le gâteau.

– Avez-vous des allergies quelconques en ce qui concerne le fromage et les saucisses?

– Non, aucune! Vous pouvez y aller carrément! ai-je dit, la situation m'amusant de plus en plus.

– Vous préférez du thé ou du café avec votre dîner?

– Allons, les deux! ai-je fait.

J'avais l'impression d'être client dans un hôtel de luxe.

– Les deux. Hmmh. Bien.

La trappe s'est refermée. A peine deux minutes plus tard, elle s'est ouverte à nouveau.

– Bonjour. Service médical. Nous venons vous chercher dans dix minutes, c'est d'accord?

Fermeture de la trappe.

Mais où est-ce que j'ai atterri? C'est pas possible. Service en chambres, soins médicaux, courtoisie. C'est quoi cette taule? Au bout de dix minutes, on est venu me chercher pour m'emmener à l'infirmerie.

– Pouvez-vous me dire dans quel endroit je me trouve? ai-je demandé d'emblée au médecin.

– Vous le saurez bien assez tôt, m'a-t-il répondu. Mettez-vous torse nu, s'il vous plaît, Monsieur Günther.

Je me suis exécuté, puis il m'a fait asseoir sur une table d'examen et a écouté les battements de mon cœur à l'aide d'un stéthoscope.

– Il faut que je vous dise que je veux partir à l'Ouest, ai-je poursuivi.

– Hmmh, très bien, a fait le médecin sans s'occuper de mon propos. Toussez fortement, s'il vous plaît!

J'ai toussé tandis qu'il écoutait mes poumons.

– Je me fiche de ce que vous allez me faire. Je veux partir à l'Ouest!

– Mais bien sûr, a acquiescé le médecin. Alors on va faire la prise de sang, maintenant, Monsieur Günther.

Pas une fois, il n'a réagi à mes remarques et j'en ai conclu que cela faisait partie de leur méthode. Ils étaient gentils, prévenants, se souciaient de ma santé, me servaient du pain blanc, noir ou complet à volonté… mais quelque chose clochait. Et je ne parvenais pas à trouver ce que c'était.

De retour dans ma cellule, je me suis assis sur ma couchette et me suis cassé la tête à essayer de comprendre à quel endroit j'avais bien pu atterrir. *Et où est Sergej? Est-il encore en vie? Est-il là, lui aussi? Ou est-il resté en Hongrie? Qu'est-il devenu? Irai-je un jour à l'Ouest? Ou finirai-je ma vie trimballé de prison en prison? Combien de temps cela durera-t-il encore? Combien de temps?*

16. Etranges méthodes

Le lendemain, à 10 heures pile, on est venu me chercher pour mon premier interrogatoire. Les genoux flageolants, j'ai suivi le gardien à travers le corridor tellement astiqué qu'on aurait presque pu se voir dedans. Nous sommes arrivés dans l'aile réservée aux interrogatoires, équipée de nombreuses caméras de surveillance. Elles étaient partout. Et, sur le sol, des lignes jaunes étaient tracées à intervalles réguliers. A chacune d'elles, je devais marquer un arrêt, les mains dans le dos, le regard baissé, jusqu'à ce que le gardien me donne l'autorisation de continuer. Et toujours avec la même consigne: regarder droit devant soi; ni à droite ni à gauche, toujours droit devant!

Nous sommes montés à l'étage sans croiser personne. La prison semblait entièrement déserte. Ces couloirs vides, bordés de nombreuses portes, me paraissaient sinistres. J'avais presque l'impression d'être l'unique détenu de l'établissement, tant le silence y régnait. Le seul bruit perceptible était le grincement de nos chaussures sur le lino quadrillé. Mais où étaient les autres prisonniers? Combien étaient-ils? Pourquoi étaient-ils ici? Et, surtout, à quel jeu jouait-on avec moi?

Une étrange odeur flottait dans l'air. Toutes les prisons ont leur odeur. Toujours tenace, elle imprègne les vêtements et même le corps des détenus. Impossible de s'en débarrasser, même sous la douche. On sent *littéralement* le prisonnier. Mais dans cette prison, cela ne sentait pas comme dans les autres. L'odeur avait quelque chose d'angoissant et d'oppressant. Elle renforçait mon sentiment d'impuissance et me donnait davantage encore l'impression que j'étais à la merci de ces fonctionnaires.

Nous sommes enfin arrivés à la salle des interrogatoires. Je tremblais en imaginant ce qui pouvait m'attendre derrière cette porte. Je ne savais que trop bien ce que signifiait être livré au bon plaisir d'un officier de la *Stasi*. Je me revoyais à Dessau, le visage ensanglanté à force d'avoir été projeté encore et encore contre le tableau d'affichage par le sous-lieutenant Schmidt. J'ai repensé aussi à cet agent de la police judiciaire de la Kaiserstraße qui, à plusieurs reprises, avait vociféré contre moi et m'avait frappé. J'avais cru alors ma dernière heure venue. Toutes ces scènes étaient aussi vivantes dans ma mémoire que si elles avaient eu lieu quelques jours auparavant seulement. Oui, je connaissais bien la brutalité de la *Stasi* et je m'attendais au pire.

La pièce dans laquelle on m'a fait pénétrer était tout à fait à la norme *Stasi*: une fenêtre, deux tables, deux chaises et, sur le mur, couronnant le tout, le grand portrait de Honecker. Le fonctionnaire qui devait procéder à mon interrogatoire avait plutôt l'air inoffensif. J'avais devant moi un homme encore jeune, la trentaine environ. Il était grand, élancé et portait des lunettes. A le voir, on n'imaginait pas qu'il puisse se transformer soudainement en loup sanguinaire. Il m'a offert poliment une chaise et, une fois que j'étais assis, il m'a posé une question qui m'a fait tomber des nues.

– Que puis-je vous offrir, Monsieur Günther? Thé? Café? Nous avons aussi des cigarettes, si vous désirez fumer.

J'en suis resté bouche bée. Je m'étais attendu à tout, sauf à cela.

– Je... je prendrais bien un café, ai-je balbutié, tout à fait perplexe.

Un officier de la *Stasi* qui me proposait une chose pareille, c'était tout bonnement incroyable. Ça ne m'était encore jamais arrivé. L'homme s'est penché et m'a versé du café dans une tasse.

– Lait? Sucre?

– Noir, s'il vous plaît. Simplement noir.

– Une cigarette?

– Oui, je veux bien, merci.

J'étais donc assis là, avec ma tasse de café et, à la main, une cigarette que le jeune officier s'était empressé de m'allumer personnellement, et je me demandais où tout cela allait me mener. Le fonctionnaire a alors inséré une feuille de papier vierge dans sa machine à écrire, tout en m'observant par-dessus ses lunettes, comme s'il voulait analyser le moindre de mes mouvements.

– Si vous me racontiez un peu votre enfance, Monsieur Günther?

– Mon enfance? Que voulez-vous savoir de mon enfance?

– Tout ce dont vous pouvez vous souvenir. Sachez que tout ce que vous direz à partir de maintenant sera enregistré, et ce jusqu'à votre procès, Monsieur Günther.

– Si je vous raconte toute mon enfance, cela prendra pas mal de temps.

Il a souri et ajusté ses lunettes.

– Eh bien, Monsieur Günther, cela ne pose aucun problème. Nous avons *beaucoup* de temps.

Sans prêter plus d'attention à sa dernière remarque, je me suis mis à lui parler de mon enfance. Il m'a écouté attentivement, consignant tout sur sa feuille avec sa machine à écrire. De temps à autre, il me posait une question anodine. C'était vraiment barbant de raconter ainsi mes jeunes années durant trois longues heures, mais au moins, l'interrogatoire s'est déroulé sans aucun incident. Il n'y a eu ni cris, ni menaces, ni intimidations, ni coups. A la place, j'ai eu droit au café et aux cigarettes.

Quelles étranges méthodes, me suis-je dit, de retour dans ma cellule. *Ils sont tous cinglés ici ou quoi?*

Le lendemain, on est à nouveau venu me chercher. Même bureau, même fonctionnaire, même méthode. J'ai eu droit au café et aux cigarettes, et j'ai dû parler des heures durant de ma vie. Même chose le lendemain et le surlendemain. Et ainsi de suite, trois heures par jour... jour après jour, semaine après semaine. Je ne savais plus quoi raconter à ce fonctionnaire. Mais cela ne semblait pas le déranger le moins du monde. Il avait du temps, *beaucoup* de temps. Il revenait toujours sur les mêmes sujets, comme s'il perdait la mémoire toutes les nuits et devait reprendre à zéro tous les matins. Il commençait à me taper sur les nerfs. Un jour, alors qu'il répétait la même question pour la énième fois, j'en ai eu assez:

– Ne m'avez-vous pas déjà posé cette question la semaine dernière? ai-je demandé.

– C'est exact, a-t-il confirmé tranquillement. Pourtant, je vous demande de bien vouloir y répondre.

– Je risque alors de me contredire.

– C'est ce que nous essayons de découvrir.

– Vous savez quoi? Tout cela m'est complètement égal. Tout ce que je veux, c'est aller à l'Ouest, vous comprenez?

– Oui, oui, j'entends bien, a-t-il fait en m'observant pardessus ses lunettes, mais je vous prie néanmoins de répondre à ma question. C'est important pour votre procès.

– Et juste pour information, avez-vous une idée de quand il aura lieu, ce procès?

– Laissez-nous le soin de nous occuper de cela, Monsieur Günther. Contentez-vous de répondre à ma question.

Il commençait à me taper sérieusement sur le système.

– Non! ai-je répondu, agacé, en prenant soudain une décision. Non, je ne répondrai pas à votre question. J'y ai répondu cent fois, mille fois. On va échanger les rôles, maintenant. Parlons un peu de *vous*.

L'officier a toussoté et remonté nerveusement ses lunettes.

– Ici, nous ne parlons que de *vous*, Monsieur Günther, a-t-il fait d'une voix plus tranchante.

– Vous avez déjà écrit tout un roman sur mon cas avec votre stupide machine à écrire, ai-je insisté en me penchant un peu plus en avant et en posant énergiquement ma tasse de café sur le bureau. Parlons un peu de *votre* vie et de *votre* famille, maintenant!

Je l'ai transpercé du même regard psychologiquement étudié qu'il avait maintenu sur moi durant tout ce temps. Cela faisait un bon moment que je l'observais et je m'étais fait une assez bonne idée de sa personnalité.

– Vous êtes marié et vous avez deux enfants, ai-je hasardé.

– Il n'est pas question de moi ici, m'a rabroué l'officier.

Mais je n'ai prêté aucune attention à son propos.

– Laissez-moi faire un peu votre boulot, ai-je poursuivi sur ma lancée. Donc vous êtes marié, vous avez deux enfants et vous habitez dans le coin. Un trois pièces. Et figurez-vous que je sais exactement à quoi votre appartement ressemble: vous avez dans votre salon un grand élément mural, typique de la RDA, puis un abat-jour, un de ces longs abat-jour moches. C'est ça?

– Nous continuons à parler de vous.

– Non, désormais, c'est *vous* le sujet de notre conversation.

Puis, laissant libre cours à mon imagination, je lui ai raconté toute l'histoire de sa vie, comme si j'étais un voyant. J'étais d'ailleurs persuadé que cela correspondait en bonne partie à la réalité. Je le voyais dans ses yeux. Et j'avais le sentiment que cela le rendait nerveux, à l'intérieur, même si son visage ne laissait rien transparaître. Il m'a écouté pendant un moment, puis il m'a dit:

– Monsieur Günther, j'ai une petite question. Avez-vous l'impression que nous ne nous entendons pas?

– Oui, ai-je fait effrontément, c'est bien l'impression que j'ai!

– Ce n'est pas ce qui me semblait, au début, a-t-il simplement constaté.

Cela a été mon dernier entretien avec lui. Le lendemain, on m'avait attribué un nouvel inquisiteur. C'était un homme d'un certain âge, les cheveux poivre et sel, avec une moustache et le visage rigide comme taillé dans la pierre.

– Nous allons commencer par faire connaissance! a-t-il lancé froidement.

A sa façon de parler, j'ai compris qu'il était loin d'être un débutant, contrairement à son jeune collègue.

– Qui êtes-vous?

– Mon nom n'a aucune importance, a-t-il martelé sans bouger un cil. La seule chose qui importe, c'est ce que vous me direz. Tout sera enregistré jusqu'à votre procès. Vous serez condamné pour avoir tenté de quitter la RDA en passant par un pays voisin.

– Attendez, me suis-je exclamé, il me semblait que je n'étais pas encore condamné!

– Vous êtes un récidiviste. Vous n'allez pas sortir d'ici de si tôt. Je n'ai qu'une chose à vous dire: si vous m'aidez, je vous aiderai à mon tour. Vous verrez, nous allons bien nous entendre. Et maintenant, je vous demande de me raconter votre enfance, Monsieur Günther.

J'ai eu envie de lui sauter à la gorge pour l'étrangler. Ça ne pouvait pas être vrai!

– Mais j'ai déjà tout raconté à votre prédécesseur! Au moins cent fois!

– Eh bien, il ne vous reste plus qu'à recommencer encore une fois.

C'en était vraiment trop!

L'homme a pris tranquillement une feuille de papier vierge qu'il a placée dans sa machine à écrire, et il s'est mis à taper. C'était à devenir fou. On nous offrait du café et des cigarettes, on ne se livrait à aucune violence physique à notre encontre, mais cette amabilité calculée, ces interrogatoires quotidiens interminables, ces questions mille fois répétées étaient finalement pires que la violence physique.

– Que voulez-vous que je vous avoue? me suis-je emporté, en colère. Que je suis un tueur en série? C'est ça que vous voulez entendre? Vous voulez que je vous dise que je suis un assassin? Je veux aller à l'Ouest, vous comprenez? Je veux tout simplement partir à l'Ouest!

C'était du pur harcèlement psychologique! Rester assis devant un même homme trois longues heures, jour après jour, semaine après semaine, personne ne peut supporter cela, à la longue. J'avais cru au début qu'ils m'avaient fourré dans la prison la plus inoffensive de Berlin, mais je m'étais trompé. Ces agents de la *Stasi* avaient suivi une formation psychologique. Ils étaient imbattables, dans ce domaine. Ils savaient exactement comment procéder pour faire pression sur quelqu'un sans utiliser la moindre force physique. On prétendait d'ailleurs que les services secrets de la RDA venaient en deuxième position, juste derrière ceux des Israéliens. Je n'avais plus aucun doute à ce sujet. Bien sûr, j'avais le choix entre du pain blanc, du pain bis ou du pain noir, j'étais nourri, logé, blanchi et je bénéficiais de visites médicales, mais l'air était tellement saturé de fiel, de méchanceté et de sournoiserie que je ne savais combien de temps j'allais pouvoir tenir le coup.

Ils me poussaient à la folie avec leurs tortures morales. J'étais tenu dans un isolement complet, sans aucun contact avec les autres détenus. J'avais la nausée lorsque je m'imaginais rester captif de ce cercle vicieux jusqu'à la fin de ma vie. Semaine après semaine, j'oscillais entre fol espoir et désespoir total. Parfois, je me persuadais qu'ils seraient obligés de me libérer, qu'ils n'avaient aucun intérêt à me garder, puis, l'instant d'après, je me voyais mourir en ce lieu sans que personne ne sache ce que j'étais devenu.

Mais, malgré toutes ces épreuves, je m'efforçais de rester accroché à l'espoir improbable de pouvoir être expulsé vers l'Ouest comme réfugié politique. Si, un jour, cette funeste audience dont on me menaçait continuellement avait réellement lieu, je me lèverais et je clamerais dans la salle du tribunal: «Rendez-moi justice!» J'ouvrirais les fenêtres en grand et je crierais au monde entier l'injustice dont nous étions l'objet dans ce pays. Peu m'importait ce qu'ils feraient de moi ensuite, la vérité sur les conditions inhumaines qui régnaient ici serait enfin connue.

Jamais je n'aurais pu imaginer, même dans mes rêves les plus fous, que tout cela était déjà en train de se produire, que je n'aurais plus besoin de forcer portes ou fenêtres. Le peuple de la RDA s'en était déjà chargé. Les gens étaient mécontents. Ils voulaient enfin connaître la liberté d'opinion. Ils avaient commencé à s'exprimer et à se défendre. Ça sentait le roussi à Berlin. La population manifestait, et non pas seulement dans la capitale, mais aussi à Leipzig et dans de nombreuses autres villes. Les gens descendaient dans la rue. Ça bouillonnait dehors. Mais moi, dans mon isolement, je n'en savais rien.

Pourtant, j'ai tout de même fini par être au courant. C'était le jour où j'ai été voir le dentiste de l'établissement. Ayant mal aux dents, j'avais demandé à être admis pour une consultation. Mais cet homme en blouse blanche s'est révélé être une véritable ordure. J'étais assis sur le fauteuil d'examen, souffrant horriblement, et il m'a déclaré nonchalamment tout en trafiquant dans ma bouche:

– Il y a un abcès sous une dent. Il faut l'arracher. Je pourrais la sauver, mais je n'en ferai rien, puisque vous voulez partir à l'Ouest. Là-bas, vous aurez tout loisir de vous payer des nouvelles dents. Il a eu un sourire méchant. Je ne vous ferai pas d'anesthésie non plus, ce serait pur gâchis pour quelqu'un de votre espèce. Evidemment, à cause de l'inflammation, vous aurez un peu mal.

La douleur que j'ai ressentie quand il a commencé à arracher la dent infectée n'était comparable à aucune douleur que j'avais pu endurer jusque-là. En outre, je me suis rendu compte que cela lui procurait un vrai plaisir de me torturer.

– Va donc à l'Ouest, ricanait-il en tirant sur ma dent. Là, tu pourras te payer tes belles dents. Manquerait plus que nous nous escrimions ici pour embellir ton sourire!

La fenêtre de son cabinet était entrouverte et, soudain, j'ai entendu un cri venant de la cour: «Il y a des manifestants à l'extérieur!»

J'étais à l'agonie et je souffrais le martyr, mais cette phrase s'est imprimée dans mon esprit, ne quittant plus mes pensées. *Il y a des manifestants à l'extérieur,* me répétais-je. *Qu'est-ce que cela peut bien vouloir dire?*

Je n'ai pas eu le loisir de réfléchir davantage à cette question. Car avec une dernière secousse, qui m'a laissé presque inconscient, le dentiste a extrait de ma bouche la dent malade. Puis, après m'avoir fait encore quelques remarques méprisantes, il m'a renvoyé dans ma cellule. Là, à moitié assommé, je tâtais avec précaution ma joue enflée quand j'ai entendu à nouveau une voix qui provenait de la cour: «Il va y avoir une amnistie!» *Une amnistie?* Ai-je pensé. *Une amnistie pour qui? Pour nous? Mais qu'est-ce qui se passe dehors?*

Par la suite, j'ai surpris encore d'autres remarques et cela m'a convaincu qu'il se tramait quelque chose d'exceptionnel. Lors de mon interrogatoire suivant, je me suis attaqué au vieil officier de la *Stasi*:

– Au fait, je tenais encore à vous préciser une chose: mon nom est répertorié à l'Ouest.

C'était du bluff, bien sûr. Mais j'avais entendu parler d'un Bureau fédéral d'admission qui répertoriait les noms de prisonniers politiques et les communiquait à Amnesty International. L'Ouest avait déjà racheté la liberté de nombreux artistes est-allemands incarcérés pour des raisons politiques. Et je me disais que j'augmenterais mes chances d'être expulsé si je laissais croire à ces fonctionnaires de la *Stasi* que j'avais des contacts de ce côté-là.

– Ah, vraiment? Et où votre nom est-il enregistré? Auriez-vous rencontré quelqu'un en Hongrie?

– Oui, en Hongrie, ai-je menti. J'ai fait la connaissance de quelqu'un en Hongrie. Et ce quelqu'un a fait passer mon nom à l'Ouest. Ils savent que je suis ici. C'est juste une question de temps pour qu'ils rachètent ma liberté.

– Croyez-vous? a bougonné l'homme.

Pour la première fois, il m'a semblé percevoir un soupçon de doute effleurer son visage de marbre. Il s'est empressé de prendre des notes avec sa machine à écrire.

– Et quel est le nom de ce mystérieux inconnu que vous avez rencontré? Où avez-vous fait sa connaissance, exactement?

– Vous ne pensez pas que je vais vous le dire, ai-je répondu avec le sourire supérieur d'un joueur de poker qui gagne. Vous devriez commencer à faire attention à ce que vous faites de nous. Vous ne pouvez plus être si sûr de vous, avec ce qui se passe dehors. Ça commence à chauffer pas mal!

– Qu'est-ce qui vous fait dire cela?

– Je crois que ça se voit à votre tête, ai-je insinué avec un air triomphant tout en sirotant mon café bruyamment. Vous n'êtes plus aussi sûr de vous qu'avant.

– Ah, auriez-vous étudié la psychologie, par hasard?

– Non, mais j'ai eu l'occasion d'étudier l'humanité dans la rue. Je connais les gens. Et vous, vous n'êtes plus aussi... détendu. Qu'est-ce qui se passe dehors?

Evidemment, le fonctionnaire se serait coupé la langue plutôt que de répondre à ma question. Mais je sentais qu'il était ébranlé. J'étais persuadé que quelque chose de vrai ment important se préparait.

Le jour suivant, personne n'est venu me chercher pour un interrogatoire. Ni le surlendemain. *Bizarre*, me suis-je dit. Quand le gardien est passé à l'heure habituelle pour m'apporter mon souper, j'ai tenté de lui tirer les vers du nez.

– Excusez-moi, l'ai-je interpellé, on dirait que la routine est un peu bouleversée aujourd'hui. Je commence à me languir de mon officier. Que se passe-t-il?

– Il nous est interdit d'en parler, a répondu le gardien en déposant mon plateau.

Il y a quelque chose qui cloche, me suis-je dit. *C'est vraiment louche, tout ça!*

Quelques jours plus tard, on m'a transféré vers une destination inconnue. Comme d'habitude, personne ne m'a informé de l'endroit où on m'emmenait ni de la raison de ce changement. J'ai atterri dans une autre prison, où, une fois de plus, je me suis à nouveau retrouvé dans une cellule individuelle, sans contact avec les autres détenus. *Est-ce que mon procès va avoir lieu?* me suis-je demandé. *Déjà? Est-ce que l'instruction de mon dossier est terminée? Il serait temps, après les centaines d'interrogatoires qu'ils m'ont fait subir! Mais où suis-je? Et que signifie tout cela?*

Au fond de moi, je sentais que mon transfert n'avait rien à voir avec le procès. Il y avait autre chose. Tout était si étrange, si mystérieux. Je suis resté la journée entière assis dans ma cellule à me creuser la tête pour deviner ce qu'ils allaient faire de moi. Puis, le lendemain, on m'a apporté un paquet de vêtements, et j'ai cru rêver! Ce n'étaient pas des vêtements quelconques, c'étaient *mes* vêtements à moi!

– Changez-vous! Voilà vos frusques. Et voilà votre argent hongrois, ainsi qu'un paquet de cigarettes. Vous allez être libéré aujourd'hui.

– Non! me suis-je exclamé, complètement abasourdi. Moi? Libéré?!

Je m'étais attendu à tout, sauf à cela.

– Mais où est-ce qu'on est, ici? A l'Ouest?

– Vous êtes à la prison de Lichtenberg[1], m'a informé le gardien, ce qui m'indiquait que j'étais toujours à l'Est.

Mince, ai-je pensé. *J'aurais bien voulu être libéré à l'Ouest. Mais bon, à l'Est, c'est bien aussi. Comme ça, je pourrai tout de suite préparer ma prochaine tentative d'évasion!*

Le portail s'est ouvert et on m'a laissé sortir tranquillement du bâtiment. Je ne parvenais pas à y croire: j'étais libre! C'était un sentiment indescriptible. L'instant d'avant, j'étais en prison et, la seconde d'après, j'étais libre. Même si j'étais encore à l'Est, je n'étais plus livré à la torture psychologique de la *Stasi*. Enfin! J'ai pris une grande bouffée d'air, puis, comme un somnambule, je me suis avancé dans les rues de Berlin.

Je suis libre! n'arrêtais-je pas de me répéter, encore sous le choc de cette libération inespérée. *C'est complètement fou! Ils m'ont tout simplement remis en liberté! Pourquoi? Je n'en sais rien. Mais je suis libre!!*

Evidemment, j'aurais bien voulu connaître la raison de cette libération précipitée. Il y avait forcément quelque chose qui ne tournait pas rond. Mais quoi? Il fallait vraiment que je découvre ce qui se tramait.

1 Prison située dans un quartier de Berlin-Est à l'époque. (N.d.E.)

17. Départ pour l'Ouest

En flânant dans les rues, je n'ai pas tardé à m'apercevoir que Berlin avait changé. Les gens étaient à cran. L'ambiance était explosive. Toute la ville était en proie à une vive agitation.

Je me suis rendu sur l'Alexanderplatz, où j'ai retrouvé mes copains qui, comme toujours, étaient rassemblés dans «la grotte», notre bar attitré. Ils étaient à la fois très étonnés et réjouis de me revoir. Je leur ai raconté dans le détail mes mésaventures et ils m'ont appris qu'il y avait eu une amnistie pour les prisonniers politiques. Plusieurs avaient été libérés précipitamment. Visiblement, la *Stasi* avait été mise au pied du mur par l'ampleur des protestations. *Quel revirement incroyable*, ai-je songé. *Le système est en train de s'effriter. Qui aurait cru que cela arriverait un jour?*

– T'as entendu les nouvelles? m'a interpellé Tokyo, survolté. Ça chauffe! Tu comprends? Plein d'Allemands de l'Est sont déjà partis pour la Hongrie. Là-bas, ils ont ouvert les frontières et des milliers sont passés en Autriche. Ils sont tous en liberté, maintenant. Ici, ça s'embrase, Joker! Ça brûle! Sergej aussi a été libéré.

– Sergej est en vie?! me suis-je exclamé, ravi, en me redressant brusquement.

– Oui, il vient de sortir de prison.

– Quand? Où? voulais-je savoir.

– Hier, à la prison de Lichtenberg.

– Sergej?! Ici à Berlin?!

Cette annonce était renversante. J'étais fou de joie, tellement j'étais heureux. Il faut que je le voie! Il faut absolument que je le retrouve!

Nous nous sommes rencontrés le soir même, et je suis tombé dans ses bras. Je ne voulais plus le lâcher. J'étais vraiment content de le revoir. Il était vivant, il n'avait pas succombé à sa grève de la faim en Hongrie! J'avais été malade d'inquiétude de ne pas savoir ce qu'il était advenu de lui.

– Hé, mec, je croyais que t'étais mort!

– Comme tu vois, ils m'ont requinqué, a dit Sergej.

Puis il m'a résumé ce qu'il avait vécu au cours des mois précédents. Et il s'est avéré que nous avions passé tout ce temps dans les mêmes prisons.

– C'est complètement dingue, ai-je fait en secouant la tête. Je te croyais mort en Hongrie et, en fait, il n'y avait que quelques murs entre nous. Et maintenant, nous voilà assis autour de la même table, toi et moi, comme dans le bon vieux temps. C'est pas incroyable?

– Si, c'est incroyable, a acquiescé Sergej. C'est comme un miracle. Cette amnistie nous a sauvé la vie.

– Tout est en train de s'accélérer, ai-je constaté. T'as entendu qu'ils ont ouvert les frontières en Hongrie? Des centaines de personnes ont trouvé la liberté, exactement à l'endroit où on a tenté notre chance. On devrait y retourner!

Alors que je prononçais ces paroles, Sergej a eu un brusque mouvement de recul et, soudain, son visage, toujours émacié, a pâli et s'est figé.

– T'es cinglé? Pour rien au monde je ne retournerai là-bas! Plus jamais j'irai en prison!

– On a juste choisi le mauvais moment, ai-je tenté de le convaincre, mais tout a changé, maintenant. Ils ne contrôlent plus rien. Cette fois, ça peut marcher, Sergej.

– Je tiens à la vie, Jan, a répondu mon ami en secouant la tête. Si tu veux absolument en finir, libre à toi. Mais c'est sans moi. Je reste ici!

Il n'y avait aucun moyen de le faire changer d'avis. Bien sûr, je comprenais ses appréhensions. Mais pour ma part, je savais que je ne pouvais pas rester là. Je devais partir à l'Ouest. Et il ne fallait plus tarder, car les événements avaient l'air de se bousculer. Jour après jour, la radio, la télévision et les journaux en parlaient. Cette fois, les choses étaient en route. Des milliers de citoyens de RDA se réfugiaient dans l'ambassade allemande à Prague, avec l'espoir de pouvoir ainsi parvenir en RFA. Le gouvernement était en pourparlers. Le monde retenait son souffle. Et puis, le soir du 30 septembre, alors que j'étais attablé dans un bar quelconque à suivre avec attention les dernières nouvelles, l'écran a montré en direct l'ambassade de Prague devant laquelle 4000 réfugiés s'étaient déjà rassemblés. Ensuite, on a pu voir le ministre des Affaires étrangères de RFA sortir sur le balcon et faire une déclaration qui resterait gravée dans toutes les mémoires:

«Nous sommes venus vous annoncer que, à partir de cette nuit, vous êtes légalement autorisés à...» Le reste de la phrase s'est noyé dans les vivats de la foule. Figés, tous les clients du bistrot avaient les yeux rivés sur le poste de télévision. On pouvait voir la multitude en liesse devant l'ambassade. L'enthousiasme du peuple était au-delà de tout ce que l'on pouvait imaginer. Tous les réfugiés qui se trouvaient dans les ambassades de Prague et de Varsovie étaient autorisés à émigrer en RFA sur-le-champ! C'était le ministre fédéral des Affaires étrangères en personne qui venait de l'annoncer. C'était du jamais vu! De la folie!

Jamais je n'avais entendu une nouvelle aussi spectaculaire de toute ma vie. *On peut sortir!* ai-je pensé. Mon cœur battait la chamade. *On peut quitter la RDA!* S'il fallait saisir l'occasion pour fuir, c'était bien maintenant. Mais je ne pouvais plus compter sur Sergej. J'ai contacté plusieurs autres copains, mais aucun n'était prêt à se lancer dans cette aventure et à courir le risque. Le prix à payer en cas d'échec leur semblait trop élevé. Mais je ne voulais pas y aller seul. A qui pouvais-je encore demander?

Chaque jour qui passait, je devenais plus impatient. Fin octobre, je n'y tenais plus. Je *devais* trouver quelqu'un. Alors un nom m'est venu à l'esprit, un nom oublié depuis un bon bout de temps: celui de Dirk.

Il y avait eu peu de changements dans la vie de Dirk, depuis notre dernière rencontre. Il avait effectué un apprentissage de mécanicien et habitait toujours chez ses parents. A mon arrivée, sa mère était en train de préparer quelques tartines, tandis que mon ami était affalé devant le téléviseur en compagnie de son père, en train de suivre les derniers événements politiques.

La famille m'a accueilli avec plaisir et nous avons échangé quelques nouvelles. Puis, je me suis assis à côté de mon vieux copain Dirk sur le canapé et, avec son père, nous avons regardé la télévision, pendant que sa mère continuait à s'affairer dans la cuisine. J'ai laissé entendre que j'envisageais une nouvelle tentative de fuite vers l'Ouest.

– C'est très bien, a fait le père de Dirk, fais-le Jan. Vas-y! C'est la seule meilleure chose à faire. Pars d'ici!

– J'en connais beaucoup qui ont réussi, ai-je déclaré. Je suis sûr que cette fois-ci sera la bonne.

– Ma copine aussi a réussi, a laissé tomber Dirk en avalant une bonne bouchée de sa tartine.

– T'as une copine? me suis-je étonné. Tu m'en as jamais parlé...

– Quand est-ce que tu voulais que je t'en parle? T'es toujours en taule.

– C'est qui? Je la connais? ai-je demandé, curieux.

– Non, tu la connais pas. Elle s'appelle Katja.

– Hé, mec, ai-je fait enthousiaste, ça serait l'occasion d'aller la voir à l'Ouest! Viens avec moi, Dirk! On tente l'aventure tous les deux, toi et moi.

– Euh… j'sais pas trop, a murmuré Dirk.

– Vous avez ma bénédiction, est intervenu le père de Dirk, les yeux brillants. C'est vrai que tu as déjà fait pas mal de prison, Jan, mais je suis tout à fait de ton avis: c'est maintenant que tu dois saisir ta chance, mon garçon. Décampe! Essaye encore une fois! Je sais, ce ne sera pas facile. Mais c'est ta chance. Et emmène mon fils avec toi!

Dirk, qui était en train de boire, a avalé de travers.

– Mais Papa, je ne veux pas partir d'ici… a-t-il dit en regardant son père, stupéfait.

Ce dernier n'y a pas prêté attention. Enthousiasmé, il ne pouvait détourner le regard du poste, où les nouvelles se bousculaient.

– Regardez-moi ça! Ils ne savent plus où donner de la tête! s'est-il écrié. Passez la frontière en fraude, tous les deux, avant qu'il ne soit trop tard! Partez par la Tchécoslovaquie! Et à Prague, allez à l'ambassade de RFA, rejoindre les milliers de nos concitoyens qui s'y trouvent déjà. Regardez! Mais regardez ça! Ils escaladent les grilles pour entrer dans la cour! Regardez-moi ça!

De nouvelles images défilaient constamment. L'ambassade de Prague explosait littéralement sous l'assaut de cette foule d'Allemands de l'Est qui y avaient trouvé refuge comme dans un bateau de sauvetage. Je n'avais jamais rien vu de semblable. La RDA avait complètement déraillé. Nous vivions des instants historiques, c'était certain.

– Allez Dirk, on se casse, ai-je dit en saisissant mon ami par le bras. Ton père a raison. Il faut qu'on aille à Prague. Il faut absolument qu'on parte!

Dirk se frottait le menton.

– Euh… en fait, j'aurais préféré…

– Pense à ta copine, l'ai-je interrompu. Pense à Katja! Tu pourrais la voir!

– Katja, a murmuré Dirk, et j'ai vu que ma botte secrète avait réussi à le faire réfléchir. Oui, ce serait sympa de la revoir…

Plongé dans d'intenses réflexions, il a fini par secouer la tête:

– Non, je ne peux pas. Si jamais ils nous attrapent… C'est trop dangereux.

Le père de Dirk s'est avancé sur son siège.

– Ecoute-moi bien, a-t-il dit en posant sa main sur l'épaule de son fils et en le regardant droit dans les yeux, je ne referai pas deux fois la même erreur. Tu te souviens de ce qui s'est passé, quand ils ont construit le mur, en 1961. Tu sais très bien que ma sœur se trouvait alors à l'Ouest, et moi à l'Est. Je te l'ai souvent raconté. Elle habite Francfort-sur-le-Main, maintenant, et mène une vie agréable. Et moi? Je perds toujours mon temps ici, regrettant tous les jours d'être resté du mauvais côté à ce moment-là. Vingt-huit ans de ma vie que j'ai perdus à cause de ce maudit mur! Vingt-huit ans! Je ne veux pas que tu vives la même chose, mon fils. Il faut que tu sortes d'ici, tu comprends? Il faut que tu quittes cet Etat de mensonge! Partez tous les deux! Filez!

Dirk a avalé sa salive avec peine.

– Si tu le dis, Papa, a-t-il dit.

Une détermination farouche se lisait dans le regard de son père. Ses yeux se posaient alternativement sur son fils, puis sur moi.

– N'attendez pas un instant de plus, les garçons, a-t-il répété. Profitez du chaos. Fuyez! Puis, il a lancé à sa femme dans la cuisine: Prépare encore quelques sandwiches, Helga! Fais vite!

– Mais Papa, a objecté Dirk, ça va beaucoup trop vite pour moi, on ne peut pas au moins attendre jusqu'à demain?

– Non, mon garçon. La chance qu'une pareille occasion se représente est d'une pour mille. Qui sait jusqu'à quand l'ambassade de Prague accueillera encore des réfugiés. Il faut partir maintenant. Tout de suite! Prépare tes affaires, fils, et prends juste le nécessaire!

– Mais Papa…

– Helga! Les sandwichs! a-t-il crié tout en s'agitant nerveusement sur son fauteuil.

Nous sentions tous que c'était un moment crucial. Nous avions l'impression que le monde pouvait exploser d'un instant à l'autre. Mon cœur cognait dans ma poitrine. Je me suis mis à me ronger les ongles.

– Tu as besoin de quelque chose, Jan? m'a demandé le père de Dirk. Tu veux qu'on fasse un saut chez toi pour faire tes bagages?

J'ai fait non de la tête.

– Pas besoin de bagages. Tout ce qu'il me faut, je l'ai sur moi, ai-je affirmé.

– Tu as de l'argent?

– Pas beaucoup.

Le père de Dirk s'est extirpé de son fauteuil et a ouvert une commode. Il a farfouillé dans un tiroir, puis il est revenu et m'a glissé quelques billets dans la main.

– Je ne peux pas accepter ça, ai-je fait, gêné.

Je savais que la famille de Dirk ne roulait pas sur l'or. Mais il a insisté pour que je prenne cet argent.

– Et fais bien attention à mon fils, Jan.

– Je vous le promets. Vous n'avez pas de soucis à vous faire.

Dirk a réapparu avec un sac de sport plein à craquer.

– Je suis prêt, a-t-il annoncé.

Le ton de sa voix n'était pas très convaincu, mais au moins, il voulait bien venir avec moi.

– Je suis fier de toi, mon fils, a dit son père en bombant le torse.

– Bon, en fait, je le fais juste pour Katja, a précisé Dirk pour tempérer. Ça fait longtemps que je lui ai promis de venir la voir.

– Dirk, ai-je déclaré solennellement, maintenant, on passe aux choses sérieuses. On part tous les deux. On part à l'Ouest, toi et moi!

– Oui, on part à l'Ouest, a-t-il répété, la voix un peu raffermie.

Sa mère est sortie de la cuisine et nous a tendu plusieurs casse-croûte et des boissons, comme provisions pour la route.

– Soyez prudents, a-t-elle recommandé en nous serrant dans ses bras tous les deux.

Elle avait les larmes aux yeux, mais s'est efforcée de se montrer courageuse. Le père de Dirk a lui aussi essuyé furtivement une larme en nous disant au revoir.

– Vous allez réussir, a-t-il fait en nous gratifiant d'un regard déterminé, convaincu qu'il en serait ainsi.

Mais ses yeux clairs exprimaient aussi une profonde nostalgie, une nostalgie qu'il avait dû réprimer durant tant d'années et qui, désormais, ne pouvait plus être contenue.

– Partez, maintenant, et appelez-nous quand vous serez de l'autre côté! a-t-il dit finalement.

Nous avons quitté l'appartement, tous deux dans une grande agitation intérieure. Dirk est allé chercher sa *Trabi*[1] dans la cour de l'immeuble et nous avons démarré. Notre fuite commençait.

1 Diminutif de *Trabant*: seule marque de voiture vendue en Allemagne de l'Est avant la chute du mur. (N.d.T.)

18. Le parfum de la liberté

Nous avons roulé jusqu'aux monts de Zittau[1], à la frontière de la Tchéquie. Là, nous avons laissé la voiture et filé à travers les champs jusque dans la forêt. J'étais bien conscient que c'était ma dernière chance de rejoindre l'Ouest. Je n'avais en effet pas d'autre possibilité que de passer la frontière en fraude, puisque la *Stasi* avait remplacé mon passeport par un PM12, un passeport spécial qui me ferait refouler à n'importe quel poste-frontière. Ils voulaient être certains que je ne ferais plus de bêtises et que je resterais sagement à l'Est.

Si je rencontre un garde-frontière, ai-je pensé, *je lui donne un grand coup sur le crâne. Ça m'est complètement égal. Cette fois, personne ne m'empêchera de quitter cet horrible pays! Cette fois, je réussirai!*

Je courais devant, vif comme un écureuil, et Dirk me suivait en soufflant comme un phoque. Il faisait noir et nous butions souvent contre une racine ou une pierre. Mais nous avions préféré ne pas utiliser de lampe de poche afin de ne pas attirer l'attention d'éventuels douaniers. Petit à petit, nos yeux se sont habitués à l'obscurité et notre progression est devenue plus aisée. Nous ne parlions pas beaucoup. De temps à autre, nous nous accordions une petite pause pour reprendre notre respiration. Nous buvions une gorgée d'eau de nos gourdes, puis, courbés, nous continuions en nous fau-

....

1 *Zittauer Gebirge*. Chaîne de montagnes située dans le triangle Allemagne-Pologne-Tchéquie. (N.d.T.)

filant de buisson en buisson, toujours dans l'espoir d'échapper à la vigilance des gardes-frontière.

Nous avons fini par atteindre un grillage que nous avons escaladé.

– Tu crois qu'on vient de passer la frontière? a demandé Dirk complètement hors d'haleine. On est en Tchécoslovaquie?

– J'en suis pas sûr, Dirk, ai-je répondu. On va simplement continuer jusqu'à une route, pour voir si les voitures ont des plaques tchécoslovaques. Allez, viens!

Nous avons repris notre course, toujours en nous dissimulant derrière des arbres et des rochers. Puis, après avoir dégringolé une pente raide, nous sommes subitement tombés sur une route. Au bout d'une longue attente, cachés derrière une grosse souche, nous avons entendu au loin un bruit de moteur. Quand la voiture est passée devant nous, nous avons vu que c'était une Škoda et j'ai pu apercevoir à l'arrière une plaque tchécoslovaque. Fou de joie, je me suis mis à secouer Dirk comme un prunier.

– Dirk, on a réussi! me suis-je écrié. On y est! On est en Tchécoslovaquie! Ça a marché!

– Bon, alors maintenant, je peux manger tranquillement ma tartine, a déclaré Dirk, soulagé.

– Oui, mais dépêche-toi! On a encore un long chemin à faire. Il faut qu'on arrive à Prague.

– Tant que j'aurai pas mangé ma tartine, je ne ferai pas un pas de plus, s'est obstiné Dirk.

Il a déballé sa tranche de pain beurré et, pendant qu'il l'avalait avec délectation, j'ai compté notre argent.

L'aube commençait à poindre derrière les montagnes. Nous avions passé toute la nuit à marcher, et notre corps aspirait au sommeil, mais le moment n'était pas encore venu. Ce ne serait qu'en sécurité à l'ambassade que nous pourrions nous accorder enfin un peu de repos. Pas avant. Ainsi, nous nous sommes traînés le long de la route à la recherche d'une bonne âme d'accord de nous emmener à Prague. Après avoir abordé plusieurs personnes, nous avons fini par trouver un jeune Tchécoslovaque qui était prêt à nous aider.

«Je peux même vous conduire jusqu'à l'ambassade. Vous me donnez combien pour ça?»

J'ai hésité, pensant aux policiers hongrois qui nous avaient dépouillés sans rien faire pour nous. Et si ce Tchécoslovaque nous roulait dans la farine, lui aussi? Finalement, nous lui avons remis une grosse somme d'argent et je me suis installé juste derrière lui pour le surveiller de près. Et contrairement à nos craintes, il nous a conduits directement à l'ambassade allemande à Prague, exactement comme il nous l'avait promis.

«Je vous souhaite bonne chance, a-t-il fait. Vous allez réussir. J'aime bien les gens d'Allemagne!»

Nous étions tellement reconnaissants que nous lui avons donné encore plus d'argent. Il s'est réjoui comme un gamin et est reparti en klaxonnant.

– Bon, Dirk, ai-je déclaré, nous y voilà. L'ambassade est juste là, en face.

C'était une journée grise et froide, et il pleuvait à torrents. Nous nous tenions à un coin de rue et observions à une distance respectable ce qui se passait de l'autre côté. Tout autour du bâtiment, de nombreux policiers tchèques et des officiers de la *Stasi* tentaient d'empêcher que d'autres personnes n'escaladent les hautes grilles munies de pointes acérées. A l'intérieur, dans la cour de l'ambassade, les milliers de personnes étaient serrées les unes contre les autres, comme des sardines dans une boîte. Et constamment, il en arrivait d'autres qui tentaient de les rejoindre en passant par-dessus la clôture. Les policiers leur assénait des coups de matraque et les tiraient en arrière pour les faire redescendre, mais certains parvenaient malgré tout à se hisser du côté allemand, aidés par les personnes qui s'y trouvaient déjà et qui sommaient les forces de l'ordre de laisser ces pauvres gens en paix. Une femme désespérée a même réussi à passer l'obstacle avec un landau.

Impatient, je piétinais en observant ces scènes dramatiques. Nous étions trempés et nos vêtements nous collaient à la peau. Mais cela n'avait pas d'importance.

– Il faut qu'on arrive à rentrer, Dirk, ai-je dit à mon ami. Après, on est sauvés. Il faut simplement qu'on arrive à pénétrer dans l'ambassade. Après, on deviendra automatiquement des citoyens de RFA. Plus que quelques mètres, Dirk, quelques mètres et c'est la liberté!

Je ne savais plus si je tremblais de froid ou d'excitation. Toujours est-il que j'ai lancé une prière vers le ciel, tout en guettant le moment propice où nous pourrions courir vers notre but.

«Dieu, ai-je prié, si tu existes, permets que ça marche. Je veux absolument aller à l'Ouest, je veux rejoindre cette terre de liberté. Nous avons réussi à franchir la frontière, nous avons réussi à venir jusqu'ici. Il faut que nous y arrivions. Aide-moi, s'il te plaît!»

Puis, j'ai échangé un regard avec Dirk et nous avons bondi vers la grille. J'ai vu un policier s'avancer sur ma droite.

– Dirk! ai-je crié, vas-y le premier! Je m'occupe de lui!

Dirk a hoché la tête et commencé l'escalade. Mon ami n'avait jamais été un grand sportif et j'étais étonné de l'aisance avec laquelle il se hissait jusqu'en haut des barreaux. Pendant ce temps, j'ai affronté le policier tchécoslovaque qui s'approchait de moi, la matraque levée.

– Ne me touche pas! ai-je grondé. Laisse-moi tranquille!

– Oui, laisse-le tranquille! hurlait la foule à l'intérieur. C'est un Allemand!

– Je suis allemand! Ne me touche pas! Je suis un Allemand de l'Ouest!

– Ce n'est pas vrai!

– Oh si c'est vrai!

J'ai serré les poings et jeté un regard tellement furieux à cet homme qu'il a hésité. Plus personne ne se mettrait désormais en travers de mon chemin! Je me l'étais juré au moment de quitter l'appartement de Dirk. Je n'avais pas souffert des années sous le joug de ce système de brutes pour qu'un policier tchécoslovaque me barre la route alors que j'étais à un mètre du but. Il ne pouvait pas se méprendre sur ma détermination.

– Je suis un Allemand de l'Ouest! ai-je répété en hurlant.

Puis, je me suis agrippé aux barreaux et j'ai commencé à grimper. Je m'attendais à recevoir un coup de matraque ou à être retenu par la jambe, mais rien de tel ne s'est produit. Bientôt, j'ai senti les pointes dans mon ventre, et alors que j'étais perché sur la clôture, j'ai vu un homme et une femme s'élancer à leur tour vers l'ambassade. Ensuite, un autre groupe est arrivé depuis un coin de rue, puis, venant de partout, une foule entière s'est précipitée pour escalader la grille. La situation échappait au contrôle des forces de l'ordre. Ils étaient impuissants face à un tel déferlement d'Allemands de l'Est et plus personne ne s'occupait de moi. Je me suis donc laissé tomber sur le sol boueux en m'écriant d'une voix forte, si forte que toute la ville de Prague a dû l'entendre:

«LIBERTÉ!!!»

Nous avions réussi! Nous avions vraiment réussi! Dirk, qui se tenait près de moi, m'a aidé à me relever, un grand sourire aux lèvres. Nous étions trempés, transis, couverts de boue, n'avions pas grand-chose d'autre que les vêtements que nous portions, mais nous étions libres!

De toute ma vie, je ne pourrais oublier cet instant. Liberté! Quel mot! Quelle sensation! Quel moment incroyable! J'étais si heureux, si reconnaissant. J'aurais pu embrasser le monde entier. Enfin, j'étais libre! Peu m'importait le temps qu'il me faudrait attendre à l'ambassade. Même si je devais rester sur ce petit bout de terre ma vie entière, c'était tout de même la liberté. J'étais en territoire ouest-allemand. Personne ne pourrait plus me reprendre. Dès l'instant où j'avais touché ce sol, ma destinée avait changé et j'étais devenu un citoyen de RFA. Quelle journée triomphale!

Les fonctionnaires qui travaillaient à l'ambassade étant totalement débordés, l'aide de l'Agence Fédérale de Secours Technique[2], de la Croix-Rouge et des églises a été sollicitée. Des tentes ont été montées pour éviter à des centaines de personnes de dormir à la belle étoile. Mais tout était désespérément bondé, et c'est ainsi que Dirk et moi avons dû passer deux nuits dehors, sous la pluie. Mais cela ne me dérangeait pas. De toute façon, je n'aurais pu dormir, j'étais bien trop excité. Je tremblais de froid, mes vêtements étaient couverts de boue, mais j'étais l'homme le plus heureux du monde.

Le troisième jour, sous protection policière, on nous a conduits en bus à la gare. Là nous attendaient plusieurs trains spéciaux en direction de Francfort. On nous a répartis dans ces trains et nous sommes partis pour l'Allemagne de l'Ouest. J'étais extrêmement impatient de franchir la frontière. Le nez collé à la fenêtre, je regardais défiler le paysage. J'avais l'impression de me trouver dans un conte des mille et une nuits.

– Dirk, regarde, voilà la frontière! C'est pas encore tout à fait la liberté, mais presque... On y est presque!

Le train est entré dans une toute petite gare située entre la Tchécoslovaquie et la Bavière, et le haut-parleur a annoncé: «Soyez les bienvenus, frères et sœurs de RDA! Désormais, vous êtes des citoyens d'Allemagne fédérale. Vous vous trouvez maintenant en territoire ouest-allemand.»

Tout le monde hurlait et poussait des cris d'allégresse. Les gens riaient et faisaient de grands gestes depuis les fenêtres du train. Pleurant de joie et de bonheur, j'ai pris Dirk dans mes bras et je me suis mis à danser avec lui dans le compartiment.

2 *Technisches Hilfswerk*. Organisation de République fédérale d'Allemagne qui a pour mission d'accorder une assistance technique dans les domaines de la protection civile et de l'aide humanitaire sur ordre du gouvernement. (N.d.E.)

– Nous sommes libres! Nous sommes libres! Peu importe où nous nous trouvons exactement, nous sommes libres!

Le train a poursuivi sa route sur cette terre de liberté. Je ne pouvais rassasier mes regards. J'observais les maisons, les voitures, les collines, le ciel et... la liberté.

Liberté! Liberté, aussi loin que nos yeux pouvaient voir.

Nous sommes arrivés à Francfort-sur-le-Main. De là, d'autres convois partaient et emmenaient les gens où ils voulaient aller. Tout se passait tranquillement et de façon très décontractée.

– Qui veut aller à Berlin? a demandé un employé de la gare.

– Moi! Moi je veux aller à Berlin, ai-je fait savoir. Mon ami et moi aimerions nous rendre à Berlin-Ouest. Tu veux aller à Berlin-Ouest, Dirk, c'est bien ça?

– Oui, j'aimerais rendre visite à ma petite amie, a confirmé Dirk.

– Il vous faut passer par Schöppingen, près de Münster. Là, on vous aidera pour la suite. Le train spécial part voie 5.

– Voie 5, d'accord. Je vous remercie!

Je me suis élancé en entraînant Dirk par le bras. Allez viens, Dirk, il faut qu'on aille à la voie 5.

A Schöppingen, nous avons été pris en charge et conduits dans un centre d'accueil. Toutes les personnes nous ont traités avec bienveillance et j'étais si reconnaissant et heureux que je ne cessais de les remercier pour le mal qu'elles se donnaient pour moi. D'autres réfugiés ne prenaient pas cette peine et considéraient que tout cela allait de soi. Je ne comprenais vraiment pas leur attitude. J'étais même outré par le comportement parfois si déplacé de mes compatriotes de l'Est.

Nous avons eu droit à une prime de bienvenue. Moi, en tant qu'ancien détenu politique, j'ai reçu (tenez-vous bien) 1000 marks en billets qu'on a comptés dans ma main. Je n'en croyais pas mes yeux.

– 1000 marks?! ai-je répété quand le fonctionnaire a énoncé le montant.

– Oui, c'est la somme allouée aux anciens prisonniers politiques. Vous avez bien droit à 1000 marks.

Vous imaginez ma joie, même si, finalement, cet argent ne m'a pas beaucoup profité. Typiquement, j'ai invité toutes sortes de gens, organisé quelques soirées et, en un clin d'œil, les 1000 marks se sont envolés. Et tandis que je fêtais mon évasion, les manifestations se poursuivaient de plus belle à l'Est. Nous suivions avec une grande attention l'évolution des événements sur des écrans géants.

C'est le 4 novembre qu'a eu lieu une des plus grandes manifestations de l'histoire allemande d'après-guerre. Un demi-million de personnes s'étaient rassemblées sur l'Alex, ma chère Alex, pour manifester contre le gouvernement et réclamer la liberté d'expression. J'avais des sentiments mitigés en voyant ces images à la télévision. A vrai dire, j'étais maintenant citoyen de l'Ouest, et l'Est ne m'intéressait plus. Je ne voulais plus rien avoir à faire avec ce pays. Dorénavant, ma vie était en RFA. Et même si cela pouvait paraître étrange, je n'avais aucune envie que les choses aillent mieux en RDA.

C'était un curieux sentiment, un sentiment que j'avais du mal à identifier. Peu de temps auparavant, je me tenais pourtant encore sur l'Alex, me demandant plein d'anxiété si j'allais enfin parvenir à fuir l'Allemagne de l'Est. Et maintenant que j'avais réussi, le sort de mes anciens compatriotes ne me touchait plus du tout. J'étais libre, c'était la seule chose qui m'importait. Les autres n'avaient qu'à se débrouiller.

La dureté de mon propre cœur m'angoissait de plus en plus...

19. Nuit historique

Après avoir appelé les parents de Dirk, comme nous l'avions promis, nous avons vécu des journées riches en aventures, et peut-être même un peu trop riches aux yeux de mon ami...

Le 6 novembre, deux jours après les manifestations sur l'Alexanderplatz, nous avons pris l'avion pour Berlin. Les autorités étaient pourtant prêtes à m'aider pour que j'obtienne un travail et un appartement dans la région de Schöppingen, mais tout, en moi, aspirait à retourner à Berlin.

– Je suis berlinois, ai-je dit, et je dois retourner à Berlin.

– Pourquoi ne restez-vous pas ici? m'a demandé le fonctionnaire du centre d'accueil. Vous avez un diplôme de couvreur. Vous êtes sûr de trouver du travail. Tout s'arrangerait pour le mieux.

– Non, il faut que j'aille à Berlin.

– Vous aurez plus de difficultés pour trouver un appartement à Berlin-Ouest, a objecté l'homme.

Mais cela m'était égal.

– Il faut que j'aille à Berlin, ai-je insisté. Là-bas, j'ai tous mes amis, tous mes copains du foot. Il faut que j'aille à Berlin, c'est tout.

Et ainsi, Dirk et moi sommes partis pour Berlin, ignorant ce qui nous y attendait le jour même. Alors que l'avion tournait à l'approche de Berlin-Ouest, je ne tenais plus en place et ne cessais de bousculer Dirk.

– Dirk, regarde! Là, en bas, c'est Berlin-Ouest! On est à l'Ouest! On a réussi! On est en train de survoler la terre de la liberté!

Nous avons été accueillis dans un camp de réfugiés qui avait été installé sur le terrain du parc des expositions. Il était situé au pied de la tour de la radio. Elle était plus petite que la tour de la télévision à l'Est, mais c'était tout de même quelque chose! Des centaines de réfugiés de RDA étaient massés dans ce camp. Nous logions dans des halls immenses dont les box étaient séparés par de minces cloisons. Tout était improvisé et assez sommaire, mais cela ne me dérangeait aucunement. J'étais à Berlin-Ouest! Enfin, je pourrais entreprendre tout ce que je rêvais de faire depuis mon enfance.

– Dirk, je vais aller sur le Ku'damm!

Le Kurfürstendamm, appelé familièrement *Ku'damm*, est une avenue longue de 3,5 kilomètres, à la fois artère commerçante et lieu de promenade et de divertissement. Depuis toujours, j'avais rêvé d'arpenter cet endroit mythique de Berlin-Ouest. Bien sûr, j'ai entraîné Dirk à ma suite. Et ainsi, nous avons flâné sur le Ku'damm. Je me sentais comme un petit gosse qui découvre le monde. Tout était excitant et je m'arrêtais tous les deux mètres parce que j'avais découvert quelque chose de fascinant.

– Dirk! regarde, là! C'est écrit «Hamburger»! Viens, on va manger un hamburger!

– Si tu veux, a fait Dirk en haussant les épaules.

J'ai acheté deux hamburgers, complètement surexcité à l'idée de savoir enfin quel goût avait ce sandwich légendaire. Car à l'Est, on n'en trouvait pas.

– Dirk, on va manger un hamburger pour la première fois de notre vie, aujourd'hui, 6 novembre 1989, à 18h14, sur le Ku'damm à Berlin-Ouest, ai-je déclaré solennellement. C'est un instant historique, Dirk. Tu te rends compte?

Evidemment, je ne pouvais pas manger ce hamburger tout simplement. Avec moi, tout devait toujours se passer de façon théâtrale, et si quelqu'un de la télévision avait été présent à ce moment-là, il m'aurait certainement engagé pour un prochain spot publicitaire vantant les hamburgers.

– C'est de la folie, Dirk! me suis-je exclamé, entrecoupant ma dégustation de centaines de «Ah» et de «Oh». C'est l'Amérique, Dirk, je peux manger des milliers de hamburgers si j'en ai envie. C'est ça la liberté! Tu réalises?

– Euh... oui, a marmonné Dirk qui avait avalé le sien depuis longtemps sans mise en scène particulière. En fait, je voulais seulement rendre visite à ma copine...

J'étais affreusement déçu.

– T'es pas heureux, Dirk? Allez, sois un peu enthousiaste! Tu piges vraiment pas ce qui se passe? Je peux entrer dans le magasin, là-bas, et m'acheter un œuf surprise en chocolat, si je veux! Un œuf surprise, tu comprends?!

– Bon... a murmuré Dirk, déconcerté.

– NOUS SOMMES LIBRES! ai-je hurlé, et je me suis mis à sautiller devant le fast-food comme un malade mental. L'air qu'on respire, c'est l'air de la liberté, Dirk. La vraie liberté! T'es obligé d'être super content!

– Oui, oui, c'est sûr, a fait Dirk laconiquement en jetant sa serviette en papier dans une poubelle.

J'ai abandonné. Dirk était définitivement hermétique aux transports sentimentaux. J'aurais pu tomber raide mort devant lui et il aurait probablement dit, tout simplement: «Oh mince!» ou «Ça alors!». Il était comme ça, Dirk. Mais moi, on ne pouvait plus m'arrêter. Je débordais de joie de vivre et de curiosité. Je désirais rattraper tout ce que j'avais raté en étant enfermé à l'Est. Tout! Et la prochaine chose qu'il me fallait, c'était une bière de l'Ouest.

– Viens Dirk, on va s'offrir une bière et on va faire un peu la fête, ai-je fait en le tirant par la manche pour nous éloigner rapidement, car les gens commençaient à me regarder comme un extraterrestre.

Non loin de la gare de Bahnhof Zoo[1], nous sommes entrés dans un bistrot pour boire une bière.

– Dis, on va faire comme si on n'était pas des gars de l'Est, ai-je soufflé à mon ami en lui donnant un coup de coude, tandis que nous franchissions le seuil du bar.

Dirk m'a regardé, interloqué.

– Mais pourquoi? On peut bien dire qu'on vient de l'Est, non?

– Bien sûr, mais ce sera marrant d'observer comment ils parlent et comment ils se comportent, ici, à l'Ouest.

– Euh, j'sais pas… a grommelé Dirk. Tout ce que je veux, c'est aller voir ma copine.

Nous nous sommes installés à une table et avons commandé une bière de l'Ouest. Elle était délicieuse. Je me sentais formidablement bien, assis dans ce bistrot à observer les gens et à boire une bière ouest-allemande en compagnie de Dirk. Nous avons bu une bouteille après l'autre, heureux de nous trouver de ce côté-ci de la ville, et, peu à peu, nous nous sommes enivrés.

Un jour, il va quand même falloir chercher un boulot, me suis-je dit. *Mais il n'y aura pas de problème. Et pour l'instant, on profite pleinement de la liberté. On est à l'Ouest. Ici, on est en sécurité.*

C'est à ce moment-là que cela s'est produit. La porte s'est ouverte brusquement et deux hommes de type arabe sont entrés, pistolet au poing. Puis, avant que quiconque ne puisse réagir, Dirk s'est retrouvé avec un révolver contre la tempe. Il fallait que ça tombe sur lui!

– Sortez le fric! ont hurlé les agresseurs.

– Il n'y a pas d'argent ici! a répliqué la femme derrière le comptoir avant de s'éclipser par une porte du fond qu'elle a fermée à clé derrière elle.

…………………

1 Importante gare de Berlin qui porte ce nom à cause du parc zoologique situé à proximité. (N.d.E.)

– Alors, ça vient, ce fric? s'est impatienté l'un des malfaiteurs en faisant le tour des tables pour délester les clients de leur argent.

Dirk était assis, pétrifié, incapable d'émettre le moindre son. En une fraction de seconde, j'ai vu défiler devant moi toute ma vie, et tout ce que je suis parvenu à penser était: *Je suis enfin à Berlin-Ouest et c'est pour me faire assassiner! Le premier jour! Je suis à peine arrivé et je suis déjà mort! Si ce gars appuie sur la gâchette, tout est fini! Toute cette peine pour rien!*

A l'école, déjà, on nous racontait des histoires horribles sur ce qui se passait à l'Ouest. On vous dévalisait et, parfois, il fallait même vendre un rein pour survivre, nous disait-on. Je n'avais jamais accordé foi à tout cela, mais maintenant que j'étais confronté à mon premier hold-up, dès mon arrivée à Berlin-Ouest, je commençais à me sentir tout drôle.

Dirk était blanc comme neige et ne bougeait pas d'un pouce, tandis que l'un des hommes le menaçait toujours de son arme et que l'autre ramassait l'argent. Quand celui-ci est arrivé à ma hauteur, je lui ai aussitôt affirmé que je n'avais rien. Sur ce, ils ont rangé leurs révolvers et ont pris la poudre d'escampette. Le tout n'avait pas duré plus d'une minute, mais la peur paralysait encore mon ami. Il était toujours assis, immobile. Et même si sa tête était tournée vers moi, il semblait ne pas me voir.

– Dirk, tu vas bien? me suis-je enquis.

– On est vivants, a-t-il fini par murmurer.

– Oui, on est en vie, ai-je acquiescé. C'est génial, non? Et ces types n'ont même pas eu mon argent.

– On se moque complètement de ton argent!

Il m'a regardé comme s'il venait juste de se réveiller d'un cauchemar.

– On est vivants, Jan. Je me voyais déjà mort.

– T'es pas mort, Dirk, l'ai-je tranquillisé en lui tapotant gentiment l'épaule. On est vivants! C'est trop fort, ce qu'on est en train de vivre! Tu ne trouves pas?

– J'en suis pas sûr, a-t-il fait en prenant une profonde respiration. Ça fait un peu trop d'aventures pour moi. Je voulais juste retrouver ma petite amie.

Pauvre Dirk. Ce n'était pas ainsi qu'il s'était imaginé être accueilli à l'Ouest. On ne pose pas une arme sur la tempe d'un paisible citoyen comme lui. Vraiment, ça ne se fait pas!

Le lendemain, il a pris un train pour rejoindre sa copine et je suis resté seul au camp de réfugiés.

Alors est arrivé le 9 novembre 1989, jour historique, jour de la chute du mur. J'étais à Berlin-Ouest depuis trois jours et je venais de commencer à faire le tour des administrations pour régulariser ma situation. Après mes démarches, de retour au centre d'accueil, je m'étais assis quelque part pour boire une bière tranquillement. Je suis resté des heures, en cette fin de journée, à contempler l'étiquette de la bouteille de bière, simplement heureux d'être en RFA.

Puis, peu avant 19 heures, j'étais assis en compagnie de nombreux autres réfugiés dans le grand hall où nous étions hébergés et je sirotais ma bière en suivant les informations sur le grand écran qui avait été installé exprès pour nous. A ce moment-là, on a pu assister en direct à une conférence de presse de Schabowski, membre du Politburo du comité central du SED[2]. Un journaliste italien lui a posé une question concernant le décret de libre circulation. Après avoir répondu longuement et en tournant autour du pot, il a ajouté:

– La libre circulation... je ne peux que répéter la déclaration du Ministère... la frontière est ouverte.

2 *Sozialistische Einheitspartei Deutschlands* (Parti socialiste unifié d'Allemagne). Principal parti politique de RDA qui fonctionnait sur le modèle soviétique. (N.d.E.)

Le journaliste est resté un instant interdit.

– Permettez-moi d'insister. Vous affirmez que la frontière est ouverte. Vous voulez dire que toutes les frontières de l'Est menant à l'Ouest sont ouvertes? Cela signifie-t-il que chaque citoyen de RDA a désormais la possibilité de sortir du territoire?

Schabowski a feuilleté ses documents.

– D'après ce que je lis là... oui, les frontières sont ouvertes.

– Et à quel moment cette nouvelle réglementation entrera-t-elle en vigueur? a encore demandé le journaliste.

Schabowski s'est replongé dans ses papiers.

– Euh, pour autant que je sache... immédiatement... sans délai.

– Vous ai-je bien compris? Les frontières sont ouvertes? Là? Maintenant?

– Oui, les frontières sont ouvertes.

Un silence de mort régnait dans le hall où je me trouvais. Il était exactement 18h57. Nous nous sommes regardés les uns les autres, tous aussi stupéfaits que le correspondant italien à la télévision. *Quoi, les frontières sont ouvertes?* ai-je pensé. *Ça veut dire qu'ils vont tous passer de l'autre côté, maintenant?* Il nous a fallu quelques secondes pour réellement comprendre ce que Schabowski venait de déclarer: «Les frontières sont ouvertes.»

Les pensées ont commencé à tourbillonner dans ma tête: Toute ma vie durant, je n'avais poursuivi qu'un seul but: parvenir à l'Ouest. Et maintenant que j'avais enfin réussi à l'atteindre, et cela depuis moins d'une semaine, ils ouvraient les frontières! Tout simplement, comme ça!

Voyons, me suis-je dit, *est-ce que ça veut dire que le premier Ossi*[3] *venu peut passer tranquillement la frontière? Sans*

3 Diminutif courant pour les Allemands de l'Est. (N.d.E.)

risquer la prison? Sans subir toutes les épreuves que j'ai dû endurer? C'est n'importe quoi!

Des discussions passionnées ont éclaté de toutes parts. La plupart des réfugiés étaient fous de joie, à cette nouvelle. Mais moi, j'avais à nouveau des sentiments plus que mitigés. Je me sentais floué. J'avais l'impression d'être un athlète dont la médaille bien méritée avait été remise à un spectateur totalement inconnu. *Moi*, j'avais mérité d'être ici. *Moi*, j'avais connu la prison qui m'avait presque rendu fou. *Moi*, j'avais failli perdre un ami dans une grève de la faim. *Moi*, j'avais éprouvé toute la cruauté de l'Etat parce que je voulais partir à l'Ouest. Et voilà que maintenant, tous les autres, qui avaient toujours sagement obéi aux autorités, obtenaient la permission de sortir *sans avoir à en payer le prix*? Cela ne pouvait être vrai!

«Il faut qu'on aille à la Porte de Brandebourg! s'est écrié quelqu'un. Il se passe certainement des choses, là-bas!»

Comme en transe, j'ai suivi un groupe et nous avons pris le prochain bus vers cette destination. Principal emblème de la ville de Berlin, la Porte de Brandebourg fait 26 mètres de haut, 65,5 mètres de large et 11 mètres de profondeur et a été érigée sur le modèle des fameux propylées de l'Acropole d'Athènes. Elle comprend cinq passages encadrés de douze imposantes colonnes en grès. Le tout est couronné d'une sculpture en cuivre de cinq mètres de haut, qui représente la déesse de la Victoire entrant dans la ville sur un char tiré par quatre chevaux. Avec la construction du mur, le 13 août 1961, la porte s'est retrouvée au milieu du no man's land et il est devenu impossible de l'emprunter dans un sens ou dans un autre. «La question allemande restera ouverte aussi longtemps que la Porte de Brandebourg sera fermée», avait déclaré un jour, fort à propos, le président de la République fédérale Allemande, Richard von Weizsäcker. Et le 12 juin 1987, le président américain Ronald Reagan avait dit, lors d'une visite à Berlin: «Mr. Gorbatchev, open this gate! Mr. Gorbachev, tear down this wall!»[4]

Dans cette nuit du 9 au 10 novembre 1989, des milliers (j'avais même l'impression qu'il s'agissait de dizaines de milliers) de curieux avaient eu la même idée que nous et affluaient vers cette Porte de Brandebourg, symbole de la guerre froide. Tous sentaient que quelque chose d'exceptionnel allait se produire, quelque chose qui allait changer le cours de l'Histoire. C'était une nuit que plus personne n'allait jamais oublier. Et moi, je me trouvais là, au beau milieu de cette cohue. La foule était tellement dense que les voitures ne parvenaient plus à circuler. Je me suis faufilé à travers le flot de badauds jusqu'au mur, jusqu'à ce mur haut et imposant. Derrière, il y avait la Porte de Brandebourg et, derrière la porte, côté est, il y avait encore un mur.

– Il faut qu'on monte sur le mur, ai-je décidé subitement.

– Tu peux pas faire ça, a objecté quelqu'un à côté de moi, ils vont te tirer dessus!

– Ils n'oseront pas, ai-je dit. Je suis citoyen d'Allemagne de l'Ouest. Tu vois mes papiers? C'est marqué: «Citoyen ouest-allemand»! Personne ne me tirera dessus.

A quelques mètres de là, des punks courageux avaient eu la même idée folle que moi. Ils escaladaient le mur. Mais ils en ont été aussitôt délogés à l'aide d'une lance à eau.

– Cool! ai-je fait. Ils ne se risquent pas à tirer. Ils font dans l'arrosage. Comme c'est mignon. Allez, je monte!

Il s'est avéré assez difficile de franchir les trois mètres qui me séparaient du sommet. Mais on m'a fait la courte échelle et j'y suis finalement parvenu. Une fois au sommet, je m'attendais à recevoir un jet d'eau, mais rien n'est venu. Peu à peu, de plus en plus de personnes ont osé escalader l'édifice. Le mur qui, à cet endroit, faisait environ deux mètres de

4 «M. Gorbatchev, ouvrez cette porte! M. Gorbachev, démolissez ce mur!»

large, n'a pas tardé à être plein à craquer. Tous les regards étaient tournés vers le côté est où, là aussi, il y avait foule.

«Nous voulons passer! hurlaient les Berlinois de l'Est en chœur. Le mur doit tomber! Le mur doit tomber!»

C'est de la folie, ai-je pensé, tout à fait conscient que j'assistais à la réalisation d'un événement historique. Mais au fond de moi, j'étais troublé. *Est-ce que je me réjouis de ce qui se passe en ce moment? Qui suis-je vraiment? Un Wessi*[5]*? Un Ossi? Suis-je content pour ces gens, là-bas? Ils vont venir me prendre mon boulot! Ils sont des millions et ils vont tous venir à l'Ouest. Et eux aussi, ils pourront voir les hamburgers et les œufs surprises, et tout ce que je vois ici! Et ils vont tous rester! Mais moi, je l'ai mérité! Pas EUX*!

Soudain, j'ai vu le barrage policier éclater et le flot humain franchir la Porte de Brandebourg dans ma direction. Tous leur criaient d'une seule voix: «Hourrah! Venez! Venez tous! Hourrah! Hourrah!»

Ils sont arrivés au deuxième mur, côté ouest, et ceux qui se trouvaient perchés au sommet leur ont tendu la main et les ont tirés vers le haut. Il me semblait voir un film à gros budget, projeté au ralenti et sans le son. Car je voyais ce qui se passait autour de moi, j'entendais les cris de joie, les applaudissements et les hurlements, mais je percevais tout comme à travers un épais brouillard. J'étais comme étranger à la scène.

Un homme dans la quarantaine, coiffé d'une casquette de travailleur est-allemand, a tendu ses mains, comme des centaines de personnes autour de lui. Alors, au milieu de l'explosion de joie, des cris d'allégresse et des allumettes de Bengale qui illuminaient la nuit de leurs étincelles, j'ai machinalement saisi sa main et commencé à le tirer vers le haut. Lorsqu'il était

....

5 Diminutif courant pour les Allemands de l'Ouest, en opposition au terme *Ossi*. (N.d.E.)

presque arrivé au but, j'ai croisé son regard et, soudain, j'ai repensé à mes années de prison et aux innombrables officiers de la *Stasi* qui avaient fait de ma vie un enfer.

Et s'il était un informateur de la Stasi, celui-là? Qu'est-ce que j'en sais? Cette pensée m'a traversé l'esprit comme un éclair et, sans prévenir, je l'ai lâché et il est retombé par terre sur le derrière. Comme en état de choc, je me suis détourné et j'ai sauté du mur. Je ne parvenais pas à concevoir ce qui était en train de se passer. *Qui suis-je maintenant?* ai-je songé une fois de plus, troublé. *Ils ne vont quand même pas tous venir de notre côté, ces petits bourgeois qui accrochaient toujours bravement le drapeau de la RDA à leur fenêtre le 1er mai! Il n'y a plus de justice dans ce monde!*

La foule qui m'entourait poussait des cris de joie et faisait la fête. Des Turcs, des Arabes, des Allemands, toutes les nations se réjouissaient ensemble. Les citoyens de la RDA étaient accueillis avec force larmes et embrassades.

«Vous êtes libres!» leur criait-on. Tout le monde était heureux, il n'y avait que moi à être complètement anéanti. Tous, des deux côtés, couraient en direction du mur pour fêter, pour se prendre dans les bras et pour s'embrasser. Il n'y avait que moi à partir dans la direction opposée, à fuir la foule, l'agitation et la liesse que je ne supportais plus.

Tous les bars servaient de la bière gratuitement. Les rues se transformaient en une kermesse géante. Jamais je n'avais assisté à une fête populaire de cette envergure. La ville était noire de monde. Mais moi, Jan Günther, j'étais au plus bas. Mon âme était semblable à un ballon qui vient d'éclater et dont les morceaux étaient éparpillés sur le sol.

J'errais sans but à travers les rues. Mes pensées n'étaient qu'un méli-mélo de doutes, de questions, de colère et d'apitoiement sur moi-même. A un coin de rue épargné par la cohue, dans le quartier de Kreuzberg, je suis tombé sur un clochard. Il avait une longue barbe et portait un imper et des mitaines. Il était complètement défoncé et avait le regard sombre.

– Hé, toi, l'ai-je abordé.

– Quoi? a-t-il fait en me regardant avec ses yeux injectés de sang.

Il tenait à peine sur ses jambes, tant il était ivre.

– Qu'est-ce que tu bois? me suis-je enquis en désignant la canette qu'il tenait à la main.

– Oh, c'est qu'une bière. Attends, j'en ai une pour toi si tu veux.

Généreusement, il me l'a tendue et je suis resté là pour boire avec lui. Les rumeurs de la fête de bienvenue en l'honneur des citoyens de RDA nous parvenaient de loin. Nous, nous étions plantés là, notre bière à la main, plutôt misérables.

– Tu veux m'accompagner? a fait le clochard, rompant soudain le silence mélancolique.

– Tu habites par ici?

– Oui, dans la cave, a-t-il répondu en désignant le bâtiment devant lequel nous nous trouvions.

Il s'agissait d'une école abandonnée avec, au coin, un escalier qui descendait vers un ancien logement de concierge. L'appartement était vide et décrépi. Le sol était couvert de vieux tapis et l'ameublement se limitait à un canapé, un matelas et une petite table. Ça sentait plutôt mauvais et il faisait un froid glacial. Il faisait de toute façon très froid, cette nuit-là. Sans réfléchir, j'ai suivi ce type dans son antre. J'étais beaucoup trop déprimé pour songer à avoir peur.

– C'est là que t'habites?

– Oui, c'est là que j'habite.

Pendant un moment, nous avons siroté notre bière en silence.

– T'as remarqué qu'ils font tous la fête? ai-je demandé.

Il a hoché la tête.

– C'est dingue, le mur. Vraiment génial! Tu veux un joint?

– C'est quoi, un joint?

– C'est fumer du shit. T'en veux?

Je ne comprenais rien du tout.

– Je viens juste d'arriver à l'Ouest, ai-je fait en haussant les épaules. J'ai aucune idée de ce que c'est.

– Tu connais pas l'herbe? a-t-il ricané. Faut absolument que t'essayes.

– Tu dois avoir raison, ai-je acquiescé pendant qu'il me roulait un joint.

Je ne savais vraiment pas de quoi il voulait parler. A l'Est, les drogues étaient inconnues. Il n'y avait pas de junkies, seulement des alcooliques. Moi-même, j'avais toujours bu, sans jamais être en contact avec une quelconque drogue. Et c'est ainsi que la nuit où est tombé le mur, j'ai fumé mon premier joint.

J'aurais pourtant mieux fait de m'abstenir. Car l'effet était violent. J'étais déjà vraiment mal en point, et le haschisch a multiplié par mille mes sensations. J'ai été soudain plongé dans un horrible cauchemar. L'appartement s'est mis à rétrécir, menaçant de m'engloutir, et la figure du clochard s'est transformée en un masque grimaçant. J'étais saisi de panique.

«Allez-vous en!» hurlais-je aux murs, au plafond et au sol qui semblaient se rapprocher de plus en plus de moi. Il fallait que je sorte de là. D'une manière ou d'une autre, j'ai réussi à gravir l'escalier étroit. A nouveau dans la rue, je voyais en me retournant la face hideuse du clochard qui me poursuivait. Je le distinguais parfaitement, même si, en réalité, il n'était pas là. Et quand je voulais me sauver, je restais cloué sur place, et l'horrible personnage paraissait s'approcher de plus en plus en vociférant.

«Il faut que ça parte! criais-je. Il faut que ça parte!»

Je ne sais combien de temps j'ai ainsi erré dans les rues, me croyant poursuivi par l'homme barbu. Mais minuit était largement passé lorsque j'ai commencé à revenir à moi. Epuisé, totalement vidé, j'ai pris le chemin du retour.

Une fois rentré au centre d'accueil, je n'en ai pas cru mes yeux: il était complètement surpeuplé. C'était un chaos indescriptible. A chaque instant, de nouveaux *Ossis* affluaient et il fallait trouver un moyen de les héberger. J'avais l'impression d'être au beau milieu d'un gigantesque exode. Comment tout cela allait-il se terminer? *Mais où ai-je atterri?* ai-je songé en me frayant un chemin jusqu'à mon matelas à travers la foule compacte. *Que vais-je devenir?*

20. Kathrin

La vie a continué tant bien que mal. Partout, les frontières ont été ouvertes et le mur a disparu à une vitesse ahurissante. Nous avons été transférés dans le quartier de Spandau, dans un autre centre d'accueil, où je disposais même d'une petite chambre pour moi tout seul. Ainsi, ma situation s'est à peu près normalisée. De nombreux *Ossis* sont retournés à l'Est. Une fois qu'ils avaient vu à quoi ressemblait l'Ouest, une fois que leur curiosité était assouvie, ils sont rentrés chez eux. Mais beaucoup d'autres sont aussi restés et, durant les jours qui ont suivi la chute du mur, ils se sont comportés comme une nuée de sauterelles, se gavant goulûment de tout ce qui leur tombait sous la main. Partout où l'on proposait quelque chose de gratuit, ils en profitaient au maximum. Je les voyais quémander un bol de soupe, comme s'ils mourraient de faim à l'Est et comme si, là-bas, la soupe n'existait pas.

J'avais honte de mon propre peuple. On venait même des Etats-Unis pour leur apporter des cadeaux, et eux, les *Ossis* se jetaient dessus comme des vautours. Ils n'en avaient jamais assez, étaient insatiables.

Berlin-Ouest était archibondée. Les réfugiés affluaient de toute l'Allemagne de l'Est. Partout, on entendait l'accent saxon que j'exécrais tant. La «petite» cité de Berlin-Ouest se retrouvait soudain avec une population de 8 à 9 millions d'habitants où tout le monde estimait avoir droit à tout. Chaque *Ossi* recevait 100 marks, et je trouvais cela d'une injustice criante. Mais le pire, c'est que les prisons avaient été ouvertes et que de véritables gangsters en étaient sortis. De sombres personnages, des meurtriers et des grands criminels se promenaient librement à l'Ouest. La police était débordée. Plus personne ne savait à quoi s'en tenir ni qui était responsable de quoi.

J'ai vécu un an au centre de Spandau et c'est pendant cette période que j'ai fait la connaissance de Kathrin. Elle avait une bonne année de plus que moi. C'était une jeune femme attirante, sûre d'elle, aux longs cheveux noirs et aux yeux sombres et bienveillants. Nous nous sommes liés d'amitié, et comme je voyageais souvent pour me familiariser avec l'Ouest, je lui ai demandé un jour si elle voulait bien laver mon linge.

– Dis, il faut que je me rende d'urgence à Munich, lui ai-je dit avec la mine grave d'un homme d'affaires débordé, et je vais louper le jour de lessive qui m'est attribué. Alors je voulais savoir si tu serais d'accord de t'en charger à ma place.

– Et qu'est-ce que ça me rapportera? a demandé Kathrin sur un ton tout aussi «professionnel».

– Je te propose une invitation à dîner.

– Proposition acceptée, a-t-elle répondu avec un sourire charmant.

Et c'est ainsi qu'un rendez-vous a été fixé. Et ce soir-là, le 22 avril 1990, ça a été le coup de foudre. Moi, je n'ai pas arrêté de raconter des histoires, et elle n'a pas dit grand-chose, se contentant de me laisser parler. Je l'ai trouvée sublime! Nous n'avons pas tardé à former un couple, et je me suis rapidement installé dans sa chambre.

Après de longues recherches, j'ai obtenu un emploi de couvreur. Je touchais une bonne paie, mais j'en faisais le moins possible: je me faisais mettre en arrêt maladie ou je ne me présentais tout simplement pas au travail. Je passais mon temps à boire, et les week-ends, j'étais occupé par mes activités de skinhead ou avec mes amis du BFC. Dès le début, j'avais mis les points sur les «i» avec Kathrin: «Les week-ends appartiennent au BFC.» Car après tout, c'était pour mon club bien-aimé que j'étais revenu à Berlin, et je n'avais aucune intention de faire un compromis qui pourrait «léser» le BFC, même pour ma copine. Il fallait qu'elle s'en accommode, qu'elle le veuille ou non.

En ce qui concerne le foot, depuis la chute du mur, les choses étaient désormais vraiment intéressantes, car l'anarchie régnait. La RDA était presque devenue un Etat de non-droit et nous, les hooligans, nous pouvions nous défouler sans risquer de représailles.

La police se doutait que la RDA n'en avait plus pour longtemps et que bien des choses allaient changer. Les forces de l'ordre ne savaient plus de quelle autorité elles disposaient ni jusqu'où elles pouvaient aller dans leur action répressive à notre égard. Désillusionnées et mal équipées, elles se trouvaient face à une horde de fous, avides de vengeance pour ce qu'ils avaient subi sous le régime est-allemand. De partout, d'anciens prisonniers qui avaient fui à l'étranger revenaient au BFC. Peu importait qu'ils aient maintenant femme et enfants, ils revenaient, même les casseurs qu'on croyait morts. Tous étaient remplis d'une haine démesurée et prêts à faire payer la police et l'Etat. Moi, j'étais parmi eux, au premier rang, avec tous mes anciens copains, débordant de rancune envers les autorités, envers les supporters adverses et, aussi, envers moi-même. Désormais, la réputation des hooligans du BFC se répandait à travers toute la RFA.

Il y a eu par exemple la bataille de rue d'Iéna, en novembre 1989, dès le deuxième match à l'extérieur après la chute du mur. C'était de la folie! Jamais je n'oublierai ce qui s'est passé ce jour-là.

Nous avions rendez-vous sur l'Alexanderplatz. L'un de nous avait réservé deux bus. Dans le mien voyageait l'élite, dont je faisais partie, et je ne connaissais absolument pas les gars qui se trouvaient dans l'autre. C'étaient tous des nouveaux, des «blancs-becs» que nous ne prenions pas au sérieux.

Déjà à l'aller, nous avons bien bu et fait un peu de casse dans les aires de repos. Mais lorsque nous sommes arrivés à Iéna, les choses «sérieuses» ont vraiment commencé. Le bus des nouveaux était arrivé dix minutes avant nous et, quand nous sommes descendus du nôtre, la ville était déjà en feu. Ils avaient barré les rues avec des bennes à ordures pour empêcher le passage des bus de policiers, et ils brisaient des vitrines, pillaient des magasins et dévalisaient des pompes à essence. *Mais qu'est qui se passe ici? C'est fou!* ai-je pensé. *C'est qui, ces gars? Comment ça, des «blancs-becs»? Ce sont des casseurs expérimentés, complètement organisés!*

Les policiers n'avaient aucune chance, sans casques ni véhicules blindés. Ils ont forcé les barrages de bennes à ordures avec leurs vieux fourgons est-allemands, mais dès qu'ils sont sortis, nos gars se sont jetés sur eux avec des hurlements de sauvages et les ont chassés. C'était incroyable! Les pauvres policiers appelaient au secours et couraient pour sauver leur vie. Je n'avais jamais vu une chose pareille. Ces nouveaux supporters étaient vraiment d'une autre trempe, car nous n'étions pas ainsi, nous, à nos débuts!

En fait, ce jour-là, il n'y a eu que de la casse et de la bagarre, tant avec les forces de l'ordre que dans le stade. Le match a d'ailleurs été immédiatement interrompu. Les gens avaient vraiment peur de nous. Nous étions au nombre de 500 et nous avons saccagé toute la ville. La population et les policiers étaient terrorisés et craignaient pour leur vie. Et cela nous excitait d'autant plus. Nous étions dans une rage folle et on ne pouvait plus nous arrêter.

A cette époque, on commençait à observer une véritable percée de l'idéologie néonazie. Tous, nous étions d'extrême droite. Nous portions un *bombers*, ce fameux blouson d'aviateur, et des *rangers*, nous avions le crâne rasé et nous hurlions: «L'Allemagne aux Allemands! Les étrangers dehors!» Pour «fêter» la date anniversaire d'Adolf Hitler, nous avons même formé sur l'Alexanderplatz une croix gammée humaine, visible depuis la tour de la télévision. Sont alors survenues les premières confrontations avec les gauchistes, et les rixes se sont prolongées jusque tard dans la nuit.

Cela n'avait plus rien à voir avec le football. Mais nous hurlions tous. Ce n'était d'ailleurs pas vraiment par conviction politique. Au contraire, si nous avions vécu du temps du IIIe Reich, nous aurions certainement été contre Hitler. Nous n'aurions pas suivi l'opinion générale. Nous aurions été autre chose, peut-être des communistes ou d'autres cinglés. Ce qui nous intéressait, c'était de provoquer. En cela, nous excellions.

Semaine après semaine, nous faisions les gros titres des journaux. Du temps où le mur existait encore, on ne pouvait pas lire grand-chose sur nous en RDA. Même après les pires actes de vandalisme, on trouvait tout au plus quelques lignes anodines au sujet de «comportements quelque peu 'antisportifs' d'une partie du public». Mais maintenant, ça «bardait» vraiment. Et plus ça «bardait», plus des supporters avides de violence se joignaient à nous. Tout à coup, c'était à la mode de se réclamer du BFC. Il était désormais facile de rassembler une foule de 2000 casseurs prêts à tout! On n'avait jamais vu ça! Rien ne pouvait plus arrêter le mythe du BFC.

Et bien sûr, moi, Jan, j'étais toujours au cœur de l'action. J'exultais quand, dans les rues, la tension montait. J'aimais arpenter les zones piétonnières des centres-villes avec notre groupe de hooligans, au rythme de chants provocants, à la recherche de nos adversaires, sur lesquels nous finissions par nous jeter avec des cris de guerre lorsque nous les avions trouvés. J'aimais ce calme avant la tempête, cette trouille qui vous prend aux tripes quand vous vous demandez: *Est-ce que je vais me faire tabasser? Est-ce que je vais me retrouver à l'hôpital?* J'aimais cette frousse qui me saisissait, alors que j'aurais voulu prendre mes jambes à mon cou. Ces frissons, quel sentiment indescriptible ils me procuraient. Et quand la meute m'arrivait dessus, quand je devais me faire violence pour rester me battre au corps à corps, même si, souvent, j'étais tellement mort de peur que je faisais presque dans mon pantalon, c'était magnifique!

Tel était l'univers dans lequel je me sentais bien. Là, je pouvais évacuer toute ma frustration. Alors que d'autres refoulaient leur colère, faisaient de la dépression ou terrorisaient leur famille, pour moi, la soupape, c'était le week-end, durant lequel je pouvais oublier mon quotidien dépourvu de sens dans une gigantesque explosion de violence. Du lundi au vendredi, j'étais un couvreur lambda, plutôt paresseux, mais le samedi et le dimanche, je redevenais le hooligan et néonazi agressif qui transgressait toutes les lois. Je ne respectais plus rien ni personne le week-end et, en réalité, pas la semaine non plus.

21. Horst

Il y avait toutefois une personne que je respectais. C'était un gars avec qui je travaillais. Il m'impressionnait, car il était différent de tous les gens que j'avais rencontrés jusqu'alors. Il était mon exact opposé, mais c'était justement cela qui m'attirait, même si je ne comprenais absolument pas comment on pouvait être ainsi. Il s'appelait Horst, avait des traits doux, presque féminins, des cheveux un peu longs, une barbe, les yeux marron et une expression extrêmement aimable sur le visage. Je l'avais surnommé «Jésus», car c'était à peu près ainsi que je m'imaginais Jésus, sauf, peut-être, les yeux, que je voyais plutôt bleus. Mais mis à part ce détail, son apparence me semblait coïncider parfaitement. Il aurait pu jouer dans un film sur Jésus, c'était certain.

En outre, il amenait toujours sa Bible au travail. Rien qu'à le voir, cela me rappelait l'école du dimanche que j'avais fréquentée bien des années auparavant, lorsque j'avais 6 ans. Je refusais de me l'avouer, mais je trouvais ce Horst vraiment touchant. Il ne parlait pas beaucoup, il se contentait d'être là, tout simplement. Mais sa présence, son humilité, son comportement irréprochable, tout cela m'impressionnait vraiment. Souvent, je l'observais en douce et je me disais: *Le pauvre type. Il ne vit pas du tout dans notre monde. La réalité est dure, elle nous oblige à nous battre. Il ne pige pas ça?*

Pendant la pause de midi, je le bombardais de questions, comme le jour où je lui ai demandé:

– Dis-moi, Horst, tu lis la Bible toute la journée, même pendant la pause, mais qu'est-ce que ça t'apporte? Tu ne la connais pas encore par cœur, depuis le temps?

– Tu sais, Jan, j'y découvre toujours quelque chose de nouveau.

– Comment peux-tu découvrir quelque chose de nouveau dans un livre que tu connais déjà? Un bouquin, ça se lit une fois, deux fois tout au plus.

– Oui, mais la Bible, c'est la Parole de Dieu.

– Hmmh, ai-je fait, dubitatif.

– Elle est la Parole de Dieu, et aussi mon consolateur et mon aide, a-t-il complété.

Il est cinglé, me suis-je dit. *Il est complètement malade.* Malgré tout, sa gentillesse et sa bienveillance ne me laissaient pas indifférent. Elles me touchaient même vraiment.

Les ouvriers de notre entreprise de toiture étaient tous un peu bizarres. Beaucoup étaient alcooliques et, sans cesse, il y avait des bagarres, des jalousies et du harcèlement moral. Un jour, ils ont osé diffamer Horst en prétendant qu'il avait volé une perceuse. Celui qui l'accusait s'appelait Marek. Cet homme faisait partie des alcooliques et je le détestais. Tous les soirs, Kathrin devait supporter mes invectives et mes plaintes à son égard. Dans mes rêves, je l'avais déjà trucidé des centaines de fois tellement je le haïssais. Et c'est précisément ce Marek qui se permettait de mettre sur le dos de Horst un larcin qu'il avait peut-être lui-même commis. J'étais hors de moi. Personne n'avait le droit de calomnier Horst, personne, et surtout pas Marek.

Quand Horst a appris de quoi on l'accusait, il a simplement déclaré:

– Ça alors, ça me rend vraiment triste qu'on affirme une chose pareille à mon sujet.

Jan est donc «entré en scène». Jan, dans le rôle du redresseur de torts! J'ai pris Horst à part et je lui ai déclaré, le torse bombé:

– Horst, viens voir, il faut que je te parle.

J'étais indigné et furieux au sujet de ce qui était en train de se passer. Et de mon point de vue, il prenait tout cela beaucoup trop tranquillement.

– Oui, Jan, qu'est-ce que tu veux? a-t-il demandé.

– Horst, ai-je fait nerveusement en me balançant d'une jambe sur l'autre, Marek dit du mal de toi. Eh ben tu sais quoi? Je vais le tabasser.

– Non, je te demande de ne pas faire ça, m'a-t-il arrêté.

– Horst, écoute, ta Bible ne peut pas t'aider dans cette situation. Ton Dieu non plus. Il faut que *moi* j'intervienne et que je lui en colle une. Et je le ferai pas plus tard que ce soir, après le travail, sur le terrain derrière.

– Jan, je n'aimerais pas que tu fasses une chose pareille, m'a-t-il prié pour la seconde fois.

Puis il a ajouté quelque chose d'étrange:

– J'ai déjà un défenseur.

– Quoi? ai-je fait.

– Oui, j'ai un défenseur, a-t-il dit, il s'appelle Jésus.

Je l'ai regardé, passablement ahuri.

– Eh, dis, qu'est-ce que tu me racontes? Jésus ne peut pas t'aider. Il n'est pas là!

– Si, Jan, il est là.

En entendant ces paroles, j'ai soudain su qu'il disait la vérité, que ce Jésus était effectivement présent. Et la peur a commencé à s'emparer de moi. *S'il est vraiment là*, me suis-je dit, *si ce Jésus est vraiment là en ce moment, alors... alors... oui, alors quoi?*

J'ai avalé ma salive, puis je me suis empressé de changer de sujet, refusant d'aller jusqu'au bout de ma pensée. J'ai toujours été doué pour écarter rapidement les situations désagréables et passer à autre chose afin que rien ne vienne ébranler le «mur» que j'avais édifié pour me protéger. En tant que hooligan et néonazi, je ne pouvais pas me permettre de perdre la face. Toujours rester cool, telle était ma devise, toujours faire des blagues vaseuses et amuser les gens pour que, surtout, personne ne m'approche de trop près. Habilement, j'en suis donc revenu au thème initial de notre discussion.

– Mais il faut qu'on s'assure que le patron est convaincu de ton innocence, ai-je insisté. Il faut qu'il sache que ce n'est pas toi qui as volé la perceuse.

– Non, je ne tiens pas à ce qu'il le sache.

– Quoi?! me suis-je écrié, complètement interloqué et désespéré. Ils disent du mal de toi, tu piges? Tu comprends, Horst? Ressaisis-toi!

– C'est moi qui devrais m'énerver, pas toi, a-t-il répliqué tranquillement.

– Oui, mais là, c'est une question de justice, ai-je répondu. De justice, tu comprends ça, Horst? J'ai envie de le tuer!

J'étais épouvanté par moi-même, épouvanté par cette phrase que je venais de laisser échapper. J'étais en train de me laisser emporter par la colère dans une voie qui pouvait s'avérer bien dangereuse, et je m'en rendais compte.

Horst, lui, restait calme.

– Jan, tu sais ce que j'aimerais?

– Quoi?

– J'aimerais t'inviter à boire un café.

J'étais sidéré.

– Euh oui... si tu veux... si tu veux, après le travail, ai-je répondu troublé.

– Bien, a dit Horst en souriant. Alors je t'invite à boire un café après le travail.

Je ne savais plus quoi dire. Horst était accusé d'un vol et, au lieu de s'énerver, il m'invitait à boire un café. Comble de l'histoire, l'affaire s'est réglée toute seule l'après-midi même, et la perceuse a réapparu mystérieusement. Mais là n'était pas la question. Ce qui importait, c'était le comportement de

Horst: il était resté si confiant, et c'était si inattendu, si différent de ce qu'on aurait pu attendre dans pareille situation. Cela avait vraiment ébranlé mon cœur.

Après le travail, nous nous sommes assis dans un petit bistrot et nous avons discuté de choses et d'autres. J'ai raconté à Horst mes expériences en RDA et il m'a écouté attentivement. Il était si sympathique, si aimable envers moi que j'en étais complètement chamboulé. Je n'étais pas habitué à ce que quelqu'un s'intéresse réellement à ma vie. Mais je ne lui ai pas avoué combien j'étais impressionné par sa façon d'être. Je n'ai pas non plus reconnu que ses paroles me touchaient toujours en plein cœur. Je ne lui ai rien dit de tout cela.

– Dis donc, Jan, c'est passionnant ce que tu as vécu à l'Est, a-t-il fait après avoir entendu le récit de mes amères expériences dans les prisons est-allemandes. Et crois-moi: Dieu était toujours présent. Il a toujours été là.

– Non! ai-je répondu sèchement. Non, Horst, il n'était *pas* là, sinon il m'aurait aidé.

– Je ne vois pas les choses comme ça, a-t-il dit simplement.

Et, honnêtement, j'étais heureux qu'il ne cherche pas à me convaincre. Mais cela ne m'a pas empêché de continuer à l'admirer. Sans cesse, les autres disaient du mal de lui, et lui, il restait simplement assis là, supportant leurs moqueries avec patience en feuilletant sa Bible. Son comportement m'échappait. Comment pouvait-on réagir ainsi?

Un jour, pendant la pause de midi, nous jouions à «Chicago», un jeu de dés avec quelques pfennigs en jeu. Horst nous a observés pendant un moment, puis il a déclaré:

– Je joue avec vous, aujourd'hui.

– Comment? Toi? se sont écriés les autres. Tu ne peux pas, ton Dieu t'interdit de jouer aux jeux de hasard, non?

– D'abord, il ne m'interdit rien, a-t-il répliqué en s'asseyant parmi nous.

Ah bon, Dieu n'interdit rien, me suis-je dit. *C'est intéressant.*

Nous avons continué à jeter les dés. A chaque fois que c'était son tour, Horst obtenait les plus grands scores. Il a même gagné toutes les parties! Il était impossible d'avoir autant de chance à un jeu! Je n'en revenais pas et je m'étonnais que les autres ne semblent s'apercevoir de rien.

– Ça doit avoir quelque chose à faire avec sa ligne directe vers le ciel, a seulement dit quelqu'un. Mais bon, ça doit arriver. On continue.

Mais ils ne se sont pas posé d'autres questions. Il n'y avait que moi à être complètement fasciné.

C'est fou, ai-je pensé. *Il y a quelque chose de pas normal. Son Dieu doit être drôlement fort.*

La pause s'est terminée et tous s'apprêtaient à reprendre le travail, quand Horst les a interpellés.

– Attendez, il faut d'abord que je rende à chacun sa part. On partage équitablement.

Les autres ont ricané et ont empoché l'argent, contents de le recevoir en retour.

– Hé, merci, mec!

Puis, quand Horst s'est tourné vers moi, j'ai refusé.

– Non Horst. Tu as gagné, je ne peux certainement pas accepter ton argent.

– Je t'en prie, Jan, prends-le, je ne dois pas le garder.

Il me l'a mis presque de force dans la main et j'ai fini par le prendre, mais sans rien y comprendre.

– C'était incroyable, ta démonstration, ai-je remarqué. Les autres n'ont rien pigé à ce qui s'est passé. Mais c'est ton Dieu qui a fait ça, non?

– Hmmh, c'est ce que je crois aussi, a fait Horst.

Oui, c'était vraiment extraordinaire, cette partie de dés avec Horst. De toute façon, ce Horst était lui-même extraordinaire. Il ne parlait jamais beaucoup, mais quand il ouvrait la bouche, c'était toujours pour dire quelque chose de vrai. Toujours.

Quelques semaines plus tard, nous étions chargés de réparer ensemble un vieux toit. Il tombait des trombes d'eau et nous nous étions réfugiés sous un auvent pour laisser passer le pire de l'averse. Et là, Horst m'a annoncé qu'il allait quitter l'entreprise.

– Jan, il faut que je te dise quelque chose: je vais partir en Israël.

– Qu'est-ce que tu vas faire en Israël? C'est parce que Jésus vient de là-bas ou quoi?

– C'est vrai que Jésus vient de ce pays, mais je trouve tout simplement que c'est un beau pays.

Israël? C'est complètement fou. Qui aurait l'idée d'aller en Israël? ai-je pensé. Pour moi, les Juifs représentaient l'ennemi. Je n'en connaissais aucun personnellement, je ne savais absolument pas comment ils étaient, mais, influencé par le néonazisme, je concevais automatiquement une haine profonde envers eux. Il n'y avait pour cela aucune explication logique. C'était simplement ainsi.

– Mais ce sont les Juifs qui assassinent les Palestiniens, là-bas, ai-je objecté, comme si j'avais tout compris.

– Jan, tu n'abordes pas le sujet sous le bon angle.

C'est à ce moment-là seulement que j'ai remarqué la petite chaîne dorée au cou de Horst. Je n'y avais jamais prêté attention.

– Hé, mais dis donc, tu portes une étoile juive!

– Oui, c'est l'étoile de David. Jésus aussi était juif.

– QUOI?! me suis-je écrié, complètement horrifié.

– Oui, Jésus était juif, tu ne le savais pas?

Non, je n'étais pas au courant. Et ce fait me choquait profondément. Jésus, un Juif? *Mais c'est la fin de tout*, ai-je pensé. *Si Jésus était juif, je ne peux plus croire du tout.*

– Jan, tu te trompes, a insisté Horst en voyant quelle aversion j'éprouvais envers les Juifs. Crois-moi, tu ne vois pas les choses de la bonne façon.

Cela m'a fait réfléchir. Car, encore une fois, quand Horst disait quelque chose – ce qui ne se produisait pas souvent dans une journée – c'était toujours fondé. S'il m'assurait que, en ce qui concernait les Juifs, je ne voyais pas les choses de la bonne façon, il devait avoir ses raisons. Et il fallait peut-être que je modère mes déclarations, car à vrai dire, je n'étais vraiment pas un expert en la matière. Qu'est-ce que je savais, concrètement, au sujet des Juifs? Rien. Mon opinion reposait essentiellement sur une quantité de préjugés qui circulaient dans les milieux néonazis. Soudain, je me suis donc rendu compte qu'il valait mieux que je ferme mon clapet.

– Je voulais juste te dire au revoir, a poursuivi Horst. C'est pour la semaine prochaine.

– Tu pars déjà la semaine prochaine? ai-je dit, ne pouvant cacher ma déception.

– Oui, a-t-il répondu, ça se précipite un peu. Le Seigneur m'appelle.

Je suis tombé des nues en entendant ces paroles.

– Quoi?! Dieu t'a appelé personnellement?

– Oui, a-t-il confirmé, comme si c'était la chose la plus naturelle au monde.

– Horst, mais... mais c'est incroyable! Je ne savais pas quoi dire. Et... et c'est pour ça que tu pars en Israël?

– Je vais d'abord passer un certain temps là-bas et, ensuite, je reprendrai des études. Je veux devenir pasteur.

J'allais de surprise en surprise.

– Tu veux devenir pasteur? Tu veux dire une vraie grenouille de bénitier?

– J'aimerais devenir prédicateur. C'est pour ça que je vais reprendre des études. Et je ne pense pas qu'on se reverra.

Il s'est arrêté pour fouiller dans son sac.

– Mais j'ai un cadeau pour toi.

– T'as un cadeau pour moi?

Il a brandi un livre assez épais qu'il m'a remis cérémonieusement.

– Voilà, a-t-il fait. C'est une Bible. Et je t'ai écrit quelque chose dedans.

– Merci! me suis-je exclamé ahuri en l'ouvrant.

A cet instant, une carte postale est apparue. Elle représentait un magnifique coucher de soleil avec l'inscription suivante:

C'est moi qui suis la résurrection et la vie.
Celui qui croit en moi vivra, même s'il meurt.
Jean 11.25

Derrière, Horst avait écrit: «Je serais ravi que tu puisses faire des expériences avec LUI.»

Le mot «LUI» était écrit en majuscules et j'ai supposé qu'il désignait Dieu. J'étais très touché par ce cadeau.

– Hé, mais Horst, tu peux pas partir comme ça, on vient juste de faire connaissance!

– T'inquiète pas, m'a-t-il rassuré. On se reverra peut-être quand même un jour, quelque part. Qui sait...

– Oui, qui sait, ai-je acquiescé en devenant soudain mélancolique. Bon courage à toi, pour ton séjour là-bas.

– Bon courage à toi aussi, Jan, a-t-il répondu.

Je savais qu'il le pensait vraiment.

Peu après, la pluie a cessé, et nous sommes remontés sur le toit pour terminer notre travail. Mais je n'avais plus du tout le cœur à l'ouvrage. J'avais déjà rencontré bien des gens sympas qui, à un moment ou à un autre, avaient disparu de ma vie pour laisser la place à d'autres. Cependant, jamais je ne retrouverais quelqu'un comme Horst, j'en étais convaincu. Quelqu'un comme lui ne se remplaçait pas comme ça. Jamais je n'avais croisé le chemin d'un gars aussi impressionnant. Il me manquerait, ce Horst, Dieu m'en était témoin.

22. Etat de guerre

Dans le milieu du football régnait dorénavant un état de guerre. Le 3 novembre 1990, la situation a atteint son paroxysme. Nous nous étions déplacés à 1000, en train et en voiture, pour une rencontre contre le BSG Chemie Leipzig. 1000 hooligans avides de violence! En partant, notre intention était clairement d'entamer les hostilités. Nous voulions la guerre! Et ce qui s'est passé en cette journée de novembre n'avait effectivement plus rien à voir avec de simples bagarres autour d'un match de foot.

Tout a commencé à 50 mètres de l'entrée du stade, au premier grand barrage de police. Pour des raisons de sécurité, les forces de l'ordre refusaient de nous laisser accéder au terrain. Mais évidemment, nous n'allions pas accepter cela. Il s'en est suivi un premier affrontement, et les policiers ont fini par nous repousser à grand renfort de gaz lacrymogène et de coups de matraques. Ils étaient visiblement très nerveux et on pouvait littéralement sentir la peur terrible qui les tenait au ventre. Ils savaient très bien que nous étions des fous furieux et qu'il était moins risqué de provoquer un taureau sauvage que de nous affronter. Sans autre forme de procès, nous avons assailli et incendié un de leurs fourgons. Nous les avons bombardés avec des bouteilles et des pierres, et une partie d'entre eux s'est sauvée sans demander son reste. D'autres nous ont repoussés, toujours à l'aide de grenades lacrymogènes et à coups de matraques, jusque vers les voies ferrées, près de la gare.

Aussitôt sortis du nuage de gaz, nous nous sommes regroupés en vue d'une nouvelle attaque, mais ils se sont mis à nous tirer dessus avec des balles en caoutchouc et des grenades. Je me suis jeté sur les rails pour me mettre à l'abri. Le groupe s'est dispersé dans toutes les directions, chacun trébuchant sur la voie.

«Ils tirent avec de vraies balles! Ils tirent sur nous! a crié quelqu'un en agitant les bras.»

Personne n'aurait pu imaginer que les forces de l'ordre emploieraient véritablement l'«artillerie lourde». C'est pourtant ce qui s'est produit. Soudain, j'ai vu un garçon s'écrouler à quelques mètres de moi.

«Arrêtez! a hurlé un gars en s'agenouillant à côté de lui. Mais arrêtez donc, quelqu'un a été touché!»

Le blessé n'avait même pas 18 ans. Je l'ai vu chercher désespérément un peu d'air. Son ventre était couvert de sang. Il a ouvert brièvement les yeux, mais aucun son n'est sorti de sa bouche. Puis, il a cessé de respirer. Je ne parvenais pas à croire ce qui se déroulait sous mes yeux. *C'est pas possible,* ai-je pensé. *Ça peut pas être vrai. Ils l'ont abattu! Mais qu'est-ce qui se passe ici?* Un attroupement s'est formé autour du jeune qui gisait par terre. On a tenté de le réanimer, mais en vain. Il était mort.

Cette tragédie m'a donné à réfléchir pendant quelque temps. Malgré tout, pas un instant je n'ai songé à tout quitter. Il m'aurait fallu un autre but, et je n'en avais pas. Le football était toute ma vie. C'était dans ce milieu que je me réalisais. Bien sûr, c'était un milieu plus que dangereux, mais c'était précisément ce qui rendait les choses excitantes.

Je ne pensais pas qu'un jour, peut-être, l'un de nous – ou moi-même – pourrait y laisser sa peau. Car qui pense à la mort? Bien sûr, j'étais conscient des risques, mais je m'empressais toujours de chasser rapidement les pensées inquiétantes... jusqu'à ce jour de juin 1991 à Magdebourg[1]. Qui aurait cru que les choses pourraient aller aussi loin...

Pour ce match, nous étions une trentaine de hooligans, partis le matin avec la ferme intention de retrouver nos adversaires de Magdebourg et de leur mettre une raclée. Nous avons parcouru les rues de la ville sans en rencontrer un seul. En attendant de voir venir, nous nous sommes installés à la terrasse d'un restaurant et nous avons bu un jus de fruit. Enfin, à part moi, Jan, à qui il fallait évidemment de la bière. C'était d'ailleurs ma réputation, chez les hooligans: «Jan va encore se soûler», disaient-ils quand j'avais avalé deux chopes. Mais j'étais obligé de boire, c'était évident! Car si je restais à jeun, la vie était trop minable. Bref, nous étions assis là à regarder autour de nous et à nous demander où pouvaient bien se terrer les autres. Nous étions en effet habitués à ce que les hooligans déambulent dans les rues en hurlant. Mais ce jour-là, les choses se sont passées différemment.

Tout à coup, ils ont surgi au coin de la rue. Ces 150 supporters de Magdebourg s'étaient approchés sans bruit, tels des félins guettant leur proie. Et ils se trouvaient subitement là, avançant vers nous, un méchant sourire aux lèvres. Jamais nous ne nous étions retrouvés dans une telle posture. Immédiatement, les plus gros casseurs parmi nous ont pris la fuite, mais moi, je n'ai pas réussi à me lever assez vite. Tokyo me l'avait toujours dit: «L'alcool ralentit considérablement ton temps de réaction.» Et ce jour-là, j'en ai fait la douloureuse expérience.

Avant que je ne puisse me préparer, j'avais déjà reçu un coup de poing dans la figure, puis un deuxième crochet à la mâchoire m'a jeté par terre. Aussitôt, ils ont été au moins six à s'acharner sur moi. Ils me sautaient dessus et me donnaient des coups de pied sans discontinuer. Tous mes copains

[1] Ville d'Allemagne de l'Est, capitale du Land de Saxe-Anhalt. (N.d.E.)

avaient pris le large, tous m'avaient abandonné. Tous, sauf un: Tokyo. S'il n'avait pas été là, je ne sais pas ce qui se serait passé. Il m'a littéralement sauvé la vie.

– Lève-toi, Joker! Il faut qu'on parte d'ici! m'a-t-il supplié avec insistance.

Mais je n'y parvenais pas. Ils étaient trop nombreux. De toutes parts, ils m'arrivaient dessus. A un moment donné, j'ai senti un craquement dans mon dos, suivi d'une douleur atroce qui m'a presque fait perdre connaissance. J'ai alors vaguement aperçu Tokyo se camper sur ses jambes devant mes tortionnaires et hurler:

– Allez, venez! Je vous affronte un par un!

Tokyo est quelqu'un qui en impose. Les gars qui m'avaient tabassé se sont détournés de moi pour lui faire face. Ils l'encerclaient comme des hyènes, mais aucun n'osait y aller le premier. Pas après pas, il s'est approché près de moi, sans jamais perdre le contact visuel avec nos adversaires.

– Joker, je t'en supplie, lève-toi!

Mais il m'était impossible de bouger. J'étais comme paralysé. *Mince, je suis devenu paraplégique!* Cette horrible pensée a traversé mon cerveau comme un éclair alors que je tentais vainement de me relever. Mais le moindre mouvement me provoquait des douleurs insupportables. J'avais l'impression que mes côtes me rentraient dans les poumons et je ne sentais plus mes jambes. Je suis resté couché là, impuissant, jusqu'à ce que Tokyo me saisisse par le bras et me relève. Mais je ne pouvais presque plus marcher, tant je souffrais. Il m'a donc traîné simplement derrière lui. Cela ne fait pas l'ombre d'un doute: s'il n'était pas venu à mon secours, ils auraient achevé de me briser la colonne vertébrale.

Nous avons retrouvé notre groupe et nous nous sommes rendus au stade. Malgré ces atroces souffrances, j'ai tenu à assister à la totalité du match. Je tentais de me persuader que je n'avais qu'une élongation ou quelque chose de ce genre. A la fin de la rencontre, Tokyo, Sergej et moi sommes retournés au parking de la zone industrielle, où nous avions laissé notre voiture. Les autres s'étaient garés ailleurs.

Nous ne nous sommes pas rendu compte, alors que nous traversions la ville, que nous étions suivis. En réalité, plusieurs hooligans de Magdebourg faisant partie de l'élite nous avaient pris pour cible. Malgré mes terribles douleurs, je m'efforçais de tenir le rythme de mes amis. Brusquement, j'ai aperçu dans la pénombre quelqu'un qui se faufilait d'arbre en arbre. Puis j'en ai vu un autre, et encore un autre. Manifestement, ils nous espionnaient. Et manifestement, ils nous préparaient un sale coup.

J'allais avertir mes copains, lorsqu'un coup de klaxon a retenti de l'autre côté de la rue et que quatre types sont descendus d'une Opel Kadett. Ils étaient tous bien bronzés, mâchaient du chewing-gum et portaient des vêtements dernier cri.

– A vous, maintenant! nous ont-ils lancé en tapant des mains en rythme.

Ils sont bien trop sûrs d'eux, me suis-je dit. *On en viendra facilement à bout.* Mais déjà, une deuxième voiture a débouché pour nous barrer le chemin. Quatre autres gars en sont sortis, cette fois armés de briques. Eux aussi se sont mis à applaudir. Puis est arrivée une troisième voiture avec trois gaillards armés de battes de base-ball. On se serait cru dans un film d'horreur. Ils nous faisaient tous face, avec leurs battes et leurs briques, et nous, nous étions là avec nos canettes de Coca à la main. Il fallait rapidement prendre une décision: soit nous nous engagions dans le combat, soit nous prenions le large.

Tokyo était d'avis qu'il fallait se battre. N'avions-nous pas la réputation d'être les hooligans les plus dingues, capables d'affronter des adversaires dix fois plus nombreux? Nous étions les meilleurs! Nous étions des durs et ne connaissions pas la peur. Jamais, en aucun cas, nous ne prenions la fuite devant l'ennemi!

– Allez! s'est-il exclamé en tapant son poing dans la paume de sa main. Ils vont être servis! Trouvons-nous des munitions!

Mais même en faisant appel à toute ma fierté, j'avais trop mal aux côtes et je savais que je ne pourrais pas tenir le coup.

– Je ne peux pas, ai-je murmuré. Mon dos est bousillé. Moi, je dis qu'il faut qu'on se taille.

– Joker a raison, a approuvé Sergej aussitôt. On décampe!

Avant que Tokyo puisse répliquer, Sergej a jeté sa canette et s'est mis à courir. Et si l'un d'entre nous courait, nous courions tous. C'était notre règle. C'est donc ce que nous avons fait. Nous avons pris la fuite. Mais nos ennemis sont tranquillement remontés dans leurs voitures et ils se sont lancés à notre poursuite.

– On vous aura! ont-ils hurlé par les fenêtres ouvertes.

Ils nous ont traqués à travers toute la ville, dans les rues et les ruelles sombres, puis sur le terrain d'une entreprise, près de l'Elbe... En sautant une clôture, j'ai déchiré mon pantalon. C'était un énorme jeu de chats et de souris qui nous a presque rendus fous. A maintes reprises, ils auraient pu nous démolir, mais cela les amusait de nous pourchasser ainsi. Ils connaissaient évidemment bien la ville et ne cessaient de nous couper la route. A chaque coin de rue, nous en retrouvions un, nonchalamment adossé contre un mur, une bière dans la main, qui nous criait:

– On vous aura!

C'était l'horreur pure. Toujours, quand nous pensions les avoir semés, ils réapparaissaient, tapant dans leurs mains en rythme. *C'est pas possible!* me disais-je. Cette chasse à l'homme à travers Magdebourg a duré des heures. Je n'étais plus capable de tenir debout, tant je souffrais.

– Je ne peux plus avancer, ai-je fait en gémissant. Je me couche par terre, ici même.

– Joker, il faut continuer!

– Non, c'est pas possible! ai-je dit dans un souffle. Mes côtes! J'en peux plus!

– Si, tu peux! a crié Tokyo. Tu ne restes pas là, t'entends?

J'ai donc continué à clopiner, et ce en dépit de mes souffrances insoutenables. C'était la terreur qui me faisait avancer. Je savais que c'en serait fini pour moi si je me faisais prendre.

Nous sommes enfin arrivés devant un café glacier où nous nous sommes engouffrés, complètement hors d'haleine, en refermant aussitôt la porte derrière nous. Sans autre forme de procès, nous avons cassé quelques tabourets pour en récupérer les pieds comme armes improvisées, au cas où nos poursuivants surgiraient. Derrière son comptoir, le patron était complètement pris au dépourvu.

– Hé, qu'est qui se passe? Je… j'appelle la police, a-t-il annoncé en écarquillant les yeux.

Et il les a ouverts plus grand encore lorsque nous avons déclaré:

– Oui, appelez-la, nous avons urgemment besoin d'aide!

Le pauvre homme ne savait plus comment réagir. Nous nous sommes accroupis derrière les petites tables rondes et, armés de nos pieds de tabourets, nous avons constaté avec soulagement que nos adversaires passaient en courant devant nous sans nous remarquer. Nous l'avions échappé belle! *Maintenant, vite, on rentre à Berlin!* ai-je pensé.

– Sergej, a fait Tokyo, va voir si la voie est libre.

Sergej a acquiescé et s'est dirigé vers la porte, un pied de tabouret à la main. Dehors, tout semblait calme. Il a longé la devanture jusqu'au coin de la rue, et là, ils lui sont tombés dessus. Avant qu'il ne puisse se servir de son arme, ils l'ont mis par terre. En réalité, ils avaient attendu depuis tout ce temps que nous commencions à nous sentir en sécurité et que nous nous jetions directement dans leurs bras.

Ils étaient au moins six à s'acharner sur Sergej, à le tabasser à coups de pied et de battes de base-ball. Le tout a duré à peine une minute. Sergej a hurlé comme si on l'égorgeait, mais ni Tokyo ni moi ne sommes accourus pour le secourir. Nous sommes restés en observation derrière la fenêtre, à entendre les cris de notre ami, au lieu d'intervenir. Nous étions lâches, vraiment trop lâches.

Au bout d'un certain temps, Sergej s'est tu et ses agresseurs ont décampé. Notre ami est resté étendu par terre, couvert de sang et complètement immobile. Face à ce spectacle, j'ai senti que quelque chose de terrible venait de se produire. Tokyo lui aussi craignait le pire.

– Sergej! a-t-il chuchoté en se précipitant dehors.

– Mais c'est... c'est pas possible... a balbutié le patron du café, lui aussi, conscient de la gravité de la situation.

J'ai tenté péniblement de me remettre debout, ce qui a ravivé mes douleurs. Plié en deux, j'ai boité à la suite de Tokyo. Quand je l'ai enfin rejoint au coin de la rue où gisait Sergej, un frisson m'a parcouru le corps. Il avait la tête tournée sur le côté, les yeux fixes et la bouche entrouverte. Tokyo a attrapé son bras inerte pour essayer de prendre son pouls.

Nos regards se sont croisés et, sans l'exprimer par des mots, nous avons compris qu'il avait rendu l'âme. Ils l'avaient battu à mort. Et nous, nous n'avions rien fait pour les en empêcher.

J'ai été pris de vertiges. La douleur dans mon dos était indescriptible, mais ce n'était rien à côté de celle due à ma lâcheté, à la honte que j'éprouvais de ne pas avoir porté secours à mon ami, honte qui commençait à me dévorer. J'ai perçu les mêmes émotions dans les yeux de Tokyo. Nous étions conscients que le sang de Sergej collait sur nos mains. Jamais je n'avais ressenti un sentiment de culpabilité aussi profond. J'avais une vie humaine sur la conscience. Je ne l'avais pas tuée moi-même, mais j'avais permis qu'on le fasse. Je me sentais terriblement misérable.

Tokyo a reculé d'un pas et s'est mis soudain à vomir. Moi aussi, j'avais la nausée. J'avais dans la bouche un goût de bile. Le patron du café nous a rejoints et lorsqu'il a vu le corps de notre ami, il a presque suffoqué.

– Mon Dieu, a-t-il murmuré, puis il s'est précipité dans son commerce pour avertir la police et appeler une ambulance.

Mais pour Sergej, tout secours est arrivé trop tard. Les brancardiers n'ont pu que constater son décès. Cela a été affreux quand ils l'ont emporté. Je me suis alors souvenu de tout ce que nous avions vécus ensemble: nos batailles de hooligans, notre fuite vers l'Ouest, notre séjour en prison. Je me suis rappelé la joie que j'avais éprouvée en découvrant qu'il n'avait pas succombé à sa grève de la faim en Hongrie.

Et maintenant, il était mort, après avoir été battu comme un chien. Il ne méritait pas de mourir ainsi. Non, il ne le méritait pas. Une boule s'est formée dans ma gorge, mais je me suis efforcé de ne pas pleurer. Je me suis détourné, tentant de retenir mes émotions.

Je n'avais pas la larme facile, mais la vue du corps inanimé de Sergej a déclenché en moi plus de réactions que je ne voulais bien l'admettre devant les autres et devant moi-même. Sergej avait vraiment été un de mes meilleurs amis et il m'était difficile de me faire à l'idée qu'il nous avait quittés.

La police nous a interrogés nous et le patron du café. Puis, quand les secouristes ont vu mon état, ils ont proposé de me transporter à l'hôpital.

– Je ne veux pas être hospitalisé, ai-je dit, malgré les souffrances insupportables que j'endurais.

– Pourtant, vous devriez vraiment vous y rendre, ont-ils insisté, car vous semblez sérieusement blessé.

– Oh, ça va aller, ai-je fait, les dents serrées.

Finalement, ils ont réussi à me persuader d'aller passer une radio, et il s'est avéré que j'avais quatre côtes cassées et une vertèbre fêlée. Voilà pourquoi j'avais tant de peine à me tenir debout. C'est ainsi que je me suis retrouvé avec un arrêt de travail pour neuf semaines. Kathrin, la pauvre, a dû tout faire pour moi. Elle me poussait sur un fauteuil à travers l'appartement. Je ne pouvais même pas aller aux toilettes, et il lui a fallu couper en deux une grande bouteille en plastique pour que je puisse y faire mes besoins.

Mais tout cela n'était rien, en comparaison de la douleur insoutenable que me causait la perte de Sergej. Parfois, je rêvais de lui et me réveillais trempé de sueur, parce que, dans mon cauchemar, je l'avais vu me regarder de ses grands yeux tristes et me supplier: «Viens à mon secours, Joker! Aide-moi!»

Le souvenir de ces événements me rendait presque fou. Je ne m'en sortais plus. J'étais anéanti en pensant qu'avec Tokyo, nous aurions pu empêcher sa mort. N'était-ce pas là notre devise: Un pour tous, tous pour un? Comment avions-nous pu être aussi lâches et le laisser tomber? Jamais, je ne pourrais me le pardonner.

Ces sentiments de culpabilité ont rongé mon âme jusqu'à ce que je commence à les noyer dans l'alcool. Je ne voyais pas d'autre issue. Car la vie continuait et, d'une manière ou d'une autre, il fallait que je parvienne à maintenir la tête hors de l'eau. J'étais Joker, le gars qui amusait la galerie, et je voulais préserver cette image, même si, à l'intérieur de moi-même, les ténèbres régnaient. Il fallait que le spectacle continue...

23. Le cocktail

On aurait pu croire que le décès de Sergej m'inciterait à arrêter les dégâts et à quitter le milieu. Mais il n'en a pas été ainsi, ni pour moi ni pour Tokyo. Nous étions tous deux bien trop profondément engagés pour tout abandonner. Nous étions des hooligans et nous le resterions jusqu'à la fin. Et même si, intérieurement, j'étais une ruine, je n'en laissais rien paraître et continuais comme avant.

Mais bientôt, un nouvel événement s'est produit qui, une fois de plus, m'a rappelé quel être misérable j'étais. C'était en 1992, lors d'une fête de hooligans. Depuis l'ouverture des frontières, il était facile d'accéder à toutes sortes de drogues en ex-RDA. Cependant, en dehors de ma première expérience la nuit où le mur était tombé, je n'y avais plus été confronté jusque-là. Je ne m'étais même pas rendu compte que de nombreux hooligans que je fréquentais étaient drogués. Je m'étonnais seulement de leur énergie inépuisable: ils pouvaient se dépenser le jour et faire la fête des nuits entières sans être arrêtés par la fatigue. Je ne savais pas que cela venait de la cocaïne, du Speed[1], du LSD ou de toutes ces autres substances fortes. Ce qui est drôle, c'est que beaucoup me croyaient accro à la cocaïne parce que j'étais toujours d'humeur gaie. Je ne craignais pas les micros, et lors des fêtes ou des matchs de foot, c'était moi qui créais l'ambiance.

1 Amphétamine. (N.d.E.)

«Hé, Joker, qu'est-ce que tu prends comme truc? me demandaient souvent mes copains sans que je comprenne ce qu'ils voulaient dire par là. Ça peut pas être naturel, t'es toujours plein d'énergie, c'est sûr que tu prends quelque chose.»

Pourtant, à part la grande quantité d'alcool que j'ingurgitais, je ne prenais rien. Toutefois, au cours de ce rassemblement, mes amis m'ont concocté un drôle de cocktail. Je n'ai aucune idée de ce qu'ils ont bien pu mettre dans mon verre, mais ce devait être du sérieux, car tout d'un coup, je suis parti dans un trip épouvantable dont je ne parvenais plus à revenir. C'était exactement comme le jour où je m'étais cru poursuivi par le fameux clochard, mais en bien, bien pire. Un véritable délire de persécution.

C'était vraiment angoissant. Je voyais des gens avec des têtes disproportionnées et des visages monstrueux. Je suis parti en courant, voulant rentrer chez moi, mais je ne suis pas arrivé à la maison. Je ne parvenais plus à faire la différence entre mon imagination et la réalité, entre ce qui était vrai et ce qui ne l'était pas. Je me suis assis sur un banc à la station Bahnhof Zoo et j'ai attendu le métro. Quand, enfin, la rame est arrivée, elle s'est transformée sous mes yeux en un monstre prêt à me dévorer. Pris d'une peur panique, je me suis enfui et j'ai erré sans but dans les rues.

Ce trip horrible semblait sans fin. J'ai marché ainsi durant deux jours, me croyant poursuivi par la *Stasi*. Chaque voiture qui passait me mettait dans un état de grande nervosité, car je croyais qu'elle cachait un mouchard chargé de m'espionner. Et à chaque fois que je croisais quelqu'un, j'étais persuadé que cette personne n'était pas là par hasard, mais dans le but de me nuire.

Tout était dirigé contre moi: les voitures, les gens, les signaux routiers, les titres des journaux. Tout était savamment orchestré pour m'attraper. La ville entière s'était transformée en un gigantesque champ d'espionnage et tous n'attendaient qu'un ordre d'en haut pour m'arrêter.

Je ne sais comment je suis finalement parvenu à rentrer chez moi. Toujours est-il que j'ai fermé la porte à clé derrière moi et que je me suis mis à passer l'appartement au peigne fin, à la recherche de micros.

– Où étais-tu, Jan? m'a interrogé Kathrin. Je me suis fait du souci.

– Chuut! ai-je fait nerveusement en regardant tout autour de moi, dans une grande agitation. Ils nous épient!

– Qui nous épie?

– La *Stasi*, ai-je chuchoté en la tirant par le bras pour l'éloigner de la fenêtre. Ils nous observent!

– Oh, Jan, a-t-elle dit en secouant la tête, ça y est, il faut que tu recommences à délirer? Dis-moi plutôt où tu étais passé pendant tout ce temps. Pourquoi tu ne m'as pas appelée? Je me suis renseignée auprès de tous tes copains, personne n'a rien pu me dire. Qu'est-ce qui se passe?

– Fais moins de bruit! ai-je soufflé, les yeux écarquillés. Je crois qu'ils se sont cachés dans l'arbre. Ils peuvent nous voir, Kathrin.

Ma copine a haussé les épaules en soupirant. Elle savait que j'étais un «drôle de zigoto» et supposait probablement que j'avais une fois de plus un peu trop forcé sur la bouteille.

– Bon, je vais déjà préparer quelque chose à manger, a-t-elle décidé en disparaissant dans la cuisine.

De mon côté, je suis allé au salon et j'ai pris les briques de charbon qui étaient dans la poêle pour les empiler au milieu de la pièce.

«Je vais faire un mur ici, ai-je marmonné en élevant ma montagne de charbon, très concentré. La *Stasi* nous observe. Il ne faut pas qu'ils me trouvent. Il ne faut pas qu'ils sachent que je suis là. Peut-être qu'ils sont déjà au courant. Peut-être qu'ils me guettent déjà. Mais ils ne m'auront pas. Non, ils ne m'auront pas!»

Quand Kathrin a réapparu et a vu ce que j'étais en train de faire, elle a réalisé que quelque chose ne tournait vraiment pas rond. Malgré tout, elle espérait que quelques heures de dégrisement suffiraient pour me rendre toute ma tête. Seulement, il n'en a pas été ainsi. Je ne dormais plus. Je tournais dans l'appartement comme un tigre en cage. J'examinais Kathrin pour voir si la *Stasi* ne l'avait pas obligée à dissimuler un micro dans ses vêtements pour m'espionner. Je sursautais à chaque coup de téléphone et à chaque bruit inhabituel venant du dehors. Bref, je lui faisais presque perdre la raison.

Le troisième jour, n'y tenant plus, elle a appelé Tokyo. Sa voix devait être vraiment désespérée, car une heure plus tard, il était devant notre porte. Et quand il m'a vu, il a compris son inquiétude.

– Je ne sais plus quoi faire, a-t-elle expliqué. Il ne dit que des choses bizarres, voit des espèces de créatures et s'imagine que la *Stasi* est à ses trousses.

Moi, j'étais assis dans le canapé, et je me rongeais les ongles en regardant autour de moi, l'air complètement égaré.

– Qu'est-ce qui t'arrive, Joker? m'a demandé Tokyo.

Je me suis tourné vers lui et l'ai dévisagé d'un air sceptique.

– Pourquoi tu me poses cette question? ai-je répondu. Quelle heure il est? Je voudrais savoir quelle heure il est.

– Il est 4 heures passées, m'a informé Tokyo en s'asseyant sur une chaise en face de moi.

– Pourquoi vous êtes contre moi?

– Joker, on n'est pas contre toi. Pourquoi tu t'imagines ça?

– Ils vous payent combien? Allez, combien?

– Joker, je crois qu'il te faut l'aide d'un médecin.

– Oh non! Je sais ce que vous mijotez. Vous en êtes, vous aussi. Vous voulez me livrer!

– Qu'est-ce que tu racontes? On veut t'aider, Joker. Tu ne me fais pas confiance?

– Je suis citoyen de l'Ouest, ai-je affirmé en agitant nerveusement les jambes. Ils ne peuvent rien contre moi.

– Personne ne t'accuse de rien, a dit Tokyo. On va juste t'emmener chez le médecin. Tu as besoin d'un calmant.

– Mais je prends ma carte d'identité, ai-je fait en jetant des regards hagards autour de la pièce. Je suis citoyen de l'Ouest. C'est écrit sur mes papiers. Ils pourront vérifier s'ils veulent. Je n'ai rien à cacher.

– Oui, Joker, prends tes papiers. On va à l'hôpital pour qu'ils te donnent quelque chose pour te calmer, d'accord?

Ainsi, Kathrin et Tokyo m'ont conduit à l'hôpital le plus proche. On m'a aussitôt envoyé dans un autre établissement, mais le personnel ne savait pas non plus quoi faire pour moi. Nous avons donc dû parcourir la moitié de la ville pour atterrir enfin au Tempelhof, une clinique psychiatrique. Là, je me suis retrouvé face à un médecin chauve, nommé Dr Nagel.

– Pourquoi vous vous appelez Nagel? ai-je demandé en déchiffrant le badge accroché à sa blouse blanche. C'est bizarre, très bizarre!

Le Dr Nagel m'observait d'un regard professionnel.

– Quel jour sommes-nous aujourd'hui? m'a-t-il demandé.

– Ça n'a aucune importance, ai-je répondu. C'est sans intérêt.

– Vous avez pris de la drogue?

– Non. Pourquoi me posez-vous cette question? Qu'est-ce que vous me voulez? Et qui êtes-vous, en fait?

– Je vais d'abord vous faire une injection, Monsieur Günther.

Sa piqûre ne m'a pas fait le moindre effet. Dieu seul sait quel mélange les hooligans m'avaient fait avaler. C'est seulement à la deuxième injection que la substance a commencé à agir. Ils m'ont alors installé sur une chaise roulante. Ma tête a glissé sur le côté et, peu à peu, tout est devenu flou autour de moi.

– Vous avez enfin réussi à m'avoir! a été la dernière chose que j'ai bredouillée.

Puis je me suis endormi. Quand je suis revenu à moi, tout était clair dans ma tête. Je savais qui j'étais, comment je m'appelais et tous les délires avaient disparu. Je me sentais frais et dispos. Je n'avais aucune idée de l'endroit où je me trouvais, mais je savais que je devais appeler mon employeur pour le prévenir de mon absence. J'allais me lever pour partir à la recherche d'un téléphone, quand je me suis rendu compte que j'étais attaché au lit. Quelqu'un m'avait sanglé avec plusieurs courroies en cuir. *Ça, c'est trop fort,* ai-je pensé, lorsque, soudain, un visage est apparu au-dessus du mien. Il appartenait à un homme maigre comme un clou, habillé d'un drap.

– Bonjour, je m'appelle Zeller.

– Et alors?

– J'ai tout prévu pour l'évasion. Je viens d'Autriche. On a rendez-vous près du cheval à bascule.

– Quoi?

– Rendez-vous au cheval à bascule.

– Ah oui, c'est gentil de ta part. En attendant, pourrais-tu appeler un médecin, s'il te plaît? Je suis attaché.

– Non! s'est-il écrié en sautillant nerveusement sur ses deux pieds. Il ne faut pas qu'ils soient au courant! Il ne faut pas leur dire! J'ai déjà aspergé les murs de cacao et j'ai aussi une cuillère.

– Ohé, s'il vous plaît! ai-je appelé, tandis que l'Autrichien continuait à sauter à travers la chambre et à parler de son cheval à bascule. Est-ce que quelqu'un pourrait venir? Ohé!

Peu après, un infirmier est entré.

– Monsieur Zeller! Que faites-vous ici? Vous n'avez rien à faire dans cette chambre!

– Je n'ai rien fait, s'est-il défendu. Je n'ai rien fait du tout.

Une fois Zeller parti, je suis resté seul avec l'infirmier.

– Excusez-moi, ai-je fait. Est-ce que vous pourriez me détacher, s'il vous plaît?

Sa tête ronde est apparue au-dessus de la mienne.

– Non, je ne peux pas.

– Pourquoi vous ne pouvez pas me détacher? Comme vous le voyez, je suis quelqu'un de tout à fait normal.

– Oui, je vous crois. Bien sûr que vous êtes normal. Nous sommes tous normaux.

– S'il vous plaît, enlevez-moi ces courroies!

– Non, il me faut d'abord l'accord d'un médecin. Vous savez, vous avez dormi longtemps. Presque deux jours.

– Oui, et maintenant je suis en pleine forme.

Le médecin est arrivé une demi-heure plus tard et m'a libéré de mes liens.

– Comment allez-vous, Monsieur Günther?

– Impec, ai-je fait plein d'énergie en me frottant les poignets. Je peux partir, maintenant.

– Non, c'est impossible pour l'instant, a expliqué le médecin sobrement. Nous ne pouvons pas vous laisser sortir aussi facilement. Vous avez parlé de mettre fin à vos jours. C'est pour cette raison que vous allez rester ici pour le moment. A moins que votre femme ou l'un de vos parents prenne la responsabilité d'une sortie anticipée.

J'étais dans de beaux draps! Je n'avais plus de contacts avec ma mère, je ne connaissais pas mon père et je n'étais pas marié avec Kathrin. Elle ne pouvait donc pas m'aider non plus.

– Je suis désolé, ai-je dit, je n'ai personne à vous proposer.

– Alors nous aussi, nous sommes désolés, mais nous devons vous garder. Ne vous inquiétez pas, tout finira par s'arranger.

C'est facile à dire pour lui, ai-je pensé. *Ce soir, il rentrera chez lui, pendant que moi, je resterai ici avec ces fous qui aspergent les murs de cacao et racontent des tas de bêtises.*

– J'aimerais bien appeler mon patron et ma femme.

– Mais vous n'êtes pas marié.

– C'est quand même ma femme.

Ce type commençait à m'énerver. Ma vie privée ne le regardait pas.

– Vous avez le numéro de téléphone?

– Oui, mais je ne souhaite pas que vous écoutiez la conversation.

– Il y a tant de choses que vous ne souhaitez pas, a dit le médecin sur un ton qu'on aurait employé pour parler à un enfant. Mais vous savez, Monsieur Günther, vous vous trouvez ici dans la section fermée d'un hôpital psychiatrique. Et pour commencer, il y a des règles à observer, on est bien d'accord? Maintenant, vous allez prendre ce médicament. Il m'a tendu un petit gobelet contenant un liquide.

– Je ne boirai pas ça.

– Bon, les choses sont simples, m'a-t-il expliqué imperturbable. Si vous ne le faites pas, je vais chercher un infirmier et nous vous attachons pour vous l'administrer par injection.

J'ai avalé ma salive. *Quelle horreur! Où est-ce que je suis tombé?*

– Est-ce que je peux au moins téléphoner?

– Oui, je vous en prie, téléphonez. Mais d'abord, vous buvez ça.

Je n'avais pas d'autre choix que d'avaler la mixture. Puis, on m'a indiqué la cabine téléphonique et j'ai appelé Kathrin.

– Allo Kathrin! ai-je fait, énervé, je suis à...

– Je sais où tu es, c'est moi qui t'y ai emmené.

– Ah bon, ai-je fait. Ecoute, ils ne veulent pas me laisser sortir.

– Je sais, c'est compliqué.

– Kathrin, il faut que je parte de là, je suis entouré de fous!

– Je sais, Jan, je sais. Je viens te voir ce soir après le boulot.

Puis, j'ai appelé mon employeur.

– Je suis enfermé ici.

– Tu es enfermé *où*?

– On me retient ici contre ma volonté.

Les responsables de mon entreprise de toiture n'en avaient pas grand-chose à faire. Je n'avais obtenu ce travail que grâce à mon statut d'ancien prisonnier politique de RDA et parce qu'il fallait donner une chance aux *Ossis*. C'était aussi la seule raison pour laquelle on ne m'avait pas encore licencié malgré mon manque absolu de conscience professionnelle.

Quelques jours plus tard, un juge a décidé que je devais rester encore six semaines dans cette clinique. *Six semaines en compagnie de ces dingues, c'est impossible à supporter quand on est normal!* ai-je pensé.

Kathrin, de son côté, faisait des pieds et des mains pour obtenir ma libération. Elle courait d'un juge à l'autre pour trouver un moyen de me sortir de là. Elle a même engagé un avocat. Mais tout cela n'a servi à rien.

– Qu'est-ce qu'on va bien pouvoir faire? soupirait-elle à chaque fois qu'elle passait me voir.

Je ne faisais que lui causer des soucis. Je ne m'occupais pas d'elle, j'étais indifférent à sa présence ou à son absence. Quel triste individu j'étais, ingrat et dépourvu de savoir-vivre. Pourtant, Kathrin me soutenait inconditionnellement. Elle m'aimait vraiment. Et moi, je n'étais même pas sensible à son amour.

Dans le milieu des hooligans, le bruit que Joker était chez les cinglés s'est répandu rapidement. J'étais devenu le sujet de conversation n°1 lors de leurs rencontres. Ils étaient nombreux à venir me rendre visite. De Leverkusen[2], de Cologne, de partout, ils venaient voir le grand Joker qui restait assis à baver sur sa chaise. Car je bavais littéralement.

....

2 Ville de Rhénanie-du-Nord-Westphalie, située à mi-chemin entre Cologne et Düsseldorf. (N.d.E.)

On me donnait des médicaments très forts qui me chamboulaient complètement dans ma motricité. J'avais les idées claires, mais je ne parvenais pas à m'exprimer correctement. Mon visage était secoué de violents spasmes, mon cou était contracté, ma tête pendait de travers, bref, j'avais totalement perdu le contrôle de mon corps. C'était comme si on avait enfermé mon cerveau dans une camisole de force. Je me sentais complètement démuni et, la plupart du temps, extrêmement fatigué. J'étais affalé dans mon fauteuil roulant, semblable à une poupée de chiffon, et je bavais. C'était un triste spectacle. Je le voyais dans les yeux de Kathrin, lorsqu'elle venait me rendre visite. Elle croyait alors m'avoir perdu pour toujours. Même moi, je ne savais plus ce qui m'arrivait.

Un jour, Ouragan et Moustique, excédés, ont déclaré tout de go au médecin:

– On l'emmène avec nous, cette fois!

Le psychiatre a fait la moue et répondu, impassible:

– Si vous l'emmenez maintenant en utilisant la force physique, je ne pourrai pas vous en empêcher. En revanche, sachez que, dans ce cas, vous serez sous mandat d'arrêt et que nous récupérerons Monsieur Günther sans problèmes.

– Vous êtes malade, s'est exclamé Moustique, horrifié par mon état. Qu'est-ce que vous lui faites? Il est complètement out.

– Laissez-nous le soin de nous occuper de ces choses, entendu?

J'étais censé continuer ce traitement qui me détraquait complètement. Mais au bout d'un moment, je me suis débrouillé pour ne plus prendre les cachets. Je faisais semblant de les avoir avalés et les cachais sous ma langue le temps que l'infirmier s'éloigne, puis je les recrachais. En revanche, pour le médicament liquide que je devais prendre devant leurs yeux avant chaque repas, je n'ai rien pu faire. J'étais aussi obligé de participer à toutes sortes d'activités thérapeutiques à la noix:

il fallait tresser des corbeilles, confectionner des calendriers, faire cuire des spaghettis, etc. Et tout cela était terriblement fatiguant pour moi, démoli comme je l'étais par leurs traitements.

Zeller continuait à élaborer des plans d'évasion. Il oubliait de mettre des sous-vêtements, courait dans les locaux en brandissant une cuillère et nous donnait rendez-vous près du cheval à bascule.

Toutefois, le pire, c'était la thérapie de groupe. Nous étions une douzaine de patients et un animateur. Chaque jour, il fallait s'installer en demi-cercle et, ensuite, chacun racontait ce qu'il voulait. Bien sûr, personne ne parlait jamais. Ils étaient tous bourrés de drogues ou réellement fous. Et rien que dix minutes passées dans la même pièce avec ce genre de personnes dans un silence pesant peuvent sembler terriblement longues! Le premier jour, voyant que tous se fixaient les uns les autres sans prononcer un mot, j'ai fini par prendre la parole.

– Bon, je vais commencer. Comme vous l'avez sûrement remarqué, je suis ici par erreur.

– Hmmh, a fait l'animateur.

– Et dans le cadre de cette rencontre, j'aimerais attirer votre attention sur le fait que je suis un jeune homme tout à fait normal et intelligent.

– Intéressant, poursuivez, Monsieur Günther, a fait l'animateur.

– Je ne me sens pas à ma place, dans cette institution. Je vous demanderai donc d'en tenir compte et de me laisser partir.

– Hmmh... je vous en prie, continuez.

– Qu'est-ce que vous voulez que je vous dise d'autre? Vous n'avez pas compris ce que j'essaie de vous dire?

– Hmmh...

– Comment ça, hmmh? Est-ce que je m'adresse à un mur? Vous m'entendez?

Il s'est contenté de me regarder. Je me suis demandé s'il n'était pas payé au nombre de «Hmmh» qu'il émettait. Tout cela n'avait aucun sens. Ils auraient aussi bien pu le remplacer par un ordinateur programmé pour dire «Hmmh» à chaque parole prononcée.

– Là, il y en a un qui vient de faire dans son pantalon, ai-je poursuivi en désignant mon voisin qui restait assis la bouche ouverte, à se balancer inlassablement. Vous avez remarqué?

– Hmmh.

– Et en voilà un autre qui ne fait que baver. Et cette femme, là-bas, qui hurle sans arrêt. Et Zeller qui tapisse les murs de cacao. Vous voyez bien que je ne suis pas comme eux, que je n'ai rien à faire ici! Vous comprenez? Ohé?!

J'ai abandonné. Ce type, même sans médicament, était encore plus fou que les dérangés du service. Dès le deuxième jour, moi aussi je me suis tu. Je restais assis, les bras croisés, entouré de tous ces patients qui bavaient, urinaient, hurlaient ou gémissaient, et je ne disais pas un mot durant deux longues heures. *Comment faire pour sortir d'ici?* était la question que je me posais en boucle. *Je vais réellement devenir fou si je reste là.*

Kathrin venait tous les jours. Et à chaque fois, en la raccompagnant à la porte, je la suppliais de m'emmener avec elle. Elle me répondait alors:

– Mais je reviens demain, Jan. Tu arrives bientôt au bout. Et tu sais quoi? Après, on partira en vacances. On ira en Grèce.

– La Grèce, ai-je murmuré, et mes yeux s'illuminaient comme ceux d'un petit enfant.

Kathrin savait faire patienter le rêveur que j'étais. Et ainsi, je rêvais de la Grèce et je comptais les jours jusqu'à ma sortie de la clinique.

Au bout de quatre semaines, j'ai obtenu la permission de me promener dans le parc, et après six semaines, j'ai enfin pu rentrer à la maison. Mon ami! J'avais déjà vécu beaucoup de choses, mais mon séjour forcé dans cette clinique psychiatrique faisait indubitablement partie de mes pires expériences. A l'avenir, je serais plus prudent si mes copains me proposaient un cocktail! Et une chose était sûre, jamais, plus jamais, je ne toucherais à la moindre drogue.

24. La Grotte

On a beau prendre des bonnes résolutions, en fin de compte, on ne les tient jamais. Et moi, je n'ai pas fait exception à la règle. J'étais tellement englué dans le bourbier que je ne pouvais faire autrement que de m'y enfoncer toujours plus profondément. Et à la fin des années 1990, alors que j'avais dans les 35 ans, on m'a fait une proposition qui allait achever de me couler complètement, même si, à ce moment-là, je n'en étais pas conscient. Ma vie était en train de déraper complètement.

C'est après un match de foot que Tokyo m'a pris à part pour me glisser:

– Ecoute-moi bien, Joker, j'ai une super idée pour un business. Si tu arrêtais un peu de picoler, je pourrais peut-être te faire gagner beaucoup d'argent.

J'ai tendu l'oreille. Il y avait intérêt à être attentif quand Tokyo faisait une proposition, car il était malin. D'autres casseurs, qui brillaient plutôt par leurs biceps, n'étaient pas très intelligents. Mais Tokyo, c'était différent! Il pouvait être vraiment violent, toutefois, il possédait de la matière grise. Peu à peu, il s'était hissé tout en haut de la hiérarchie et était devenu quelqu'un de très influent, et pas seulement dans le milieu du football. Il était désormais un personnage-clé de la scène hooligan et néonazie et se trouvait mêlé à de sombres affaires, dont il valait mieux ne pas être trop au courant.

– Voilà, je t'explique, a-t-il dit, j'ai ouvert un bar avec un copain. On l'a a appelé *La Grotte*, en souvenir de notre bistrot sur l'Alex. Et j'aimerais te proposer la place de barman.

– A moi? ai-je fait, déconcerté. Pourquoi à moi?

– Joker, tout le monde te connaît, tout le monde t'aime bien, je le sais. Partout, tu es apprécié. Et ça te plairait, de servir de la bière, non?

– Oui, en fait, c'est vrai que ça me plairait.

– Tu vois. Et bien sûr, tu serais notre associé à part entière. Nous serions trois: toi, Mario que tu ne connais pas encore et moi. Par contre, il faudrait que tu t'engages à ne pas boire et ne pas te shooter, tu comprends? Et si tu peux y arriver, tu seras un homme riche. Alors, qu'est-ce que t'en penses?

Son offre était alléchante. Qui n'avait jamais rêvé de devenir riche? Et tout cela, simplement en servant de la bière.

– C'est vraiment tentant, en effet, ai-je dit.

– Qu'est-ce que tu fais en ce moment, professionnellement? T'as quelque chose en cours?

– C'est plutôt le calme plat. Il y a quelques semaines, ils m'ont poussé à démissionner de mon boulot de couvreur.

– Ben alors, c'est l'occasion rêvée pour toi, Joker!

– Oui, tu as raison.

J'ai réfléchi encore quelques instants, mais, en réalité, ma décision était déjà prise. Je ne pouvais pas laisser passer cette chance.

– Je commencerais quand?

– Ça dépend de toi, Joker. Si tu veux, tu peux te lancer dès ce soir.

– C'est génial, Tokyo! D'accord, je marche! Je suis avec vous!

– O.K., Joker, a-t-il dit en me tapant sur l'épaule. On discutera des détails ce soir. Mais d'ici-là, tu tâches de rester sobre, d'accord?

– Oui, oui, pas de problème!

C'est ainsi que j'ai commencé à travailler derrière le comptoir de *La Grotte*. Tokyo ne s'était pas moqué de moi. La bière coulait à flots et l'argent aussi. Je faisais boire les copains jusqu'à ce qu'ils ne puissent plus tenir debout.

– Joker, tu travailles ici? s'étonnaient-ils en me voyant à mon poste. Cool, je viendrai plus souvent, c'est sûr!

Tokyo avait raison. J'étais une véritable locomotive. Les gens m'aimaient bien parce que je plaisantais toujours et que je m'efforçais de mettre de l'ambiance. Cependant, il m'avait prévenu dès le début:

– Joker, les gens doivent venir ici pour dépenser leur fric. Pas question pour toi d'avoir des états d'âme. Ils sont là pour nous enrichir. Il faut qu'ils éclusent, éclusent… à en mourir, t'as compris?

J'avais compris. C'était aussi dans mon propre intérêt, car plus l'alcool coulait, plus ma part augmentait en fin de mois. Et comme ce bar était ma seule source de revenus, j'exploitais le filon à fond. Je connaissais presque tous les clients personnellement, mais je me moquais de leur existence. Lorsque l'un d'eux, complètement soûl, se mettait à me raconter sa vie, je le regardais en ne pensant qu'à une chose: *Combien d'argent peut-il lui rester en poche?* Et quand il s'effondrait sous la table, il était expédié à l'air libre pour laisser la place au suivant. Je gavais de bière des centaines de fans de foot les uns après les autres.

En un temps record, le bar s'est révélé beaucoup trop petit, et nous avons loué des locaux plus grands. Les affaires marchaient à merveille. Je me sentais bien. Bientôt, j'ai même eu mes propres employés que j'ai formés au métier. J'en profitais pour me relaxer et, de plus en plus, pour tâter un peu de la bouteille, lorsque Tokyo s'absentait. Et je ne me cantonnais plus à la bière, je buvais aussi du whisky, et du Jack Daniel's, s'il vous plaît!

Pour couronner le tout, je me suis mis à consommer de la cocaïne. Il fallait bien tenir le coup, rester opérationnel, quand la fête durait jusqu'au petit matin. C'est ainsi que je suis rapidement devenu complètement accro à cette substance. J'en achetais, je la mélangeais et je la revendais dans notre bistrot. J'étais persuadé d'avoir tout bien en main. Pourtant, en réalité, je ne contrôlais absolument plus rien.

Tout s'est mis à me glisser entre les doigts. En un rien de temps, la drogue est devenue mon principal centre d'intérêt. Elle influençait toute ma vie. Si quelqu'un me demandait de l'accompagner à un concert, je calculais combien de coke il me faudrait pour tenir le coup. C'était un cercle infernal dont je ne parvenais plus à sortir. Et comme je savais très bien jouer la comédie, les gens ne se rendaient pas compte à quel point j'étais dépendant. Tokyo lui-même a mis un certain temps avant de concevoir des soupçons. Mais un jour, il a fini par découvrir le pot aux roses.

– Dis-moi, Joker, tu ne toucherais pas à la cocaïne, par hasard? Tu sais que si les flics font une descente ici, ça va chauffer pour toi!

J'ai donc camouflé ma réserve ailleurs, mais j'ai continué à sniffer et à m'enfoncer dans la débauche et la misère. J'allais de plus en plus mal. Il m'arrivait de rester éveillé des nuits entières à réfléchir au sens de la vie. Et chaque fois, quand j'avais vraiment l'impression de toucher le fond, il me semblait que, quelque part, quelqu'un pourrait me sauver. *Dieu existe-t-il?* me demandais-je.

Un jour, j'ai vu arriver dans notre bar une connaissance que j'avais perdue de vue depuis bien longtemps. Parti à l'Ouest deux ans avant la chute du mur, il avait fait carrière chez les «Hells Angels», un club de motards tristement célèbre, et était parvenu plutôt en haut de l'échelle. Quand il a débarqué avec sa Harley-Davidson, ses cheveux longs et son blouson en cuir, j'ai cru que le diable en personne faisait son entrée.

– Hé, salut, ai-je fait, ne serais-tu pas...

– C'est bien moi, Rocky, a-t-il confirmé.

Autrefois, je l'avais admiré comme s'il était un demi-dieu, mais quelque part, il avait changé. Il avait encore de la prestance, cependant, quelque chose de sombre, de lugubre pesait sur lui. C'était très particulier. Il dégageait quelque chose de malsain, et cela faisait peur. Le bistrot se trouvait soudain comme sous une chape de plomb.

Il s'est assis au comptoir et a commandé une bière. En le servant, je ne pouvais me défaire de l'idée qu'il ne se trouvait pas là par hasard. Sa présence ne me plaisait vraiment pas du tout. J'espérais de tout cœur qu'il boirait sa bière et repartirait aussitôt.

– Alors, qu'est-ce que tu deviens, Joker? C'est génial, les affaires que vous faites ici, rien à dire! Et qui sont tes partenaires?

– Euh, il y a d'abord Tokyo, ai-je fait prudemment.

Je me méfiais de ce gars. Je sentais chez lui une telle malhonnêteté que cela me glaçait le sang.

– En fait, je peux pas trop parler, maintenant, ai-je dit pour me sortir d'affaire.

– T'as pas besoin d'avoir la trouille, je suis l'un des vôtres, comme autrefois, a-t-il tenté de me rassurer. Il est où Tokyo?

– Il est à l'arrière.

– O.K., alors je vais aller y faire un petit tour.

Avant que je ne puisse l'en empêcher, il a contourné le comptoir et s'est dirigé tranquillement vers nos locaux privés, comme s'il était chez lui. On aurait dit que c'était *lui* qui commandait. Et ce qui me plaisait encore moins, c'est qu'il a commencé à se montrer de plus en plus souvent pour discuter avec Tokyo. Je ne pouvais pas le supporter. C'était un personnage tellement sombre, et l'ambiance changeait complètement, quand il arrivait. *Je ne veux pas de lui ici*, pensais-je, *il y a quelque chose de louche dans tout ça*.

Il avait de plus en plus d'influence sur Tokyo, à tel point qu'un jour, j'ai vu mon ami, fier comme un paon, arriver avec un blouson de cuir à l'effigie des «Hells Angels».

– Hé, Tokyo, qu'est-ce qui se passe?

Il a haussé les épaules, faisant mine de ne pas comprendre.

– Pourquoi tu t'étonnes, Joker, ça a toujours été mon rêve!

– Ça n'a *jamais* été ton rêve, quand on se retrouvait sur l'Alexanderplatz! Tu ne voulais surtout pas devenir un rocker!

– Tu te trompes, j'ai toujours rêvé de ça.

– C'est pas vrai! Tu avais toutes sortes d'autres rêves, mais pas celui-là!

– Comment peux-tu savoir mieux que moi ce à quoi j'aspirais? Tu ne les connais pas, mes rêves. Et d'ailleurs, je veux aussi me procurer une moto comme eux.

C'est la fin de tout, me suis-je dit.

– Depuis quand tu veux faire de la moto?! me suis-je énervé. Tu t'es jamais intéressé aux motos! Tokyo, tu ne te rends pas compte que ce Rocky te manipule complètement?

– Tu te fais des idées, Joker.

– Non, pas du tout. Dès le début, je me suis méfié de ce Rocky. Il ne m'inspirait pas confiance. Maintenant, il t'a entraîné dans son truc. Et en plus de ça, tu prétends que c'était ton rêve depuis toujours! Réveille-toi, Tokyo!

– Joker, ça ne change rien entre nous, de toute façon, a-t-il fait, conciliant.

Cependant, je n'étais pas dupe. Je savais très bien que si Tokyo s'intéressait subitement à ce milieu, c'était parce que Rocky était passé par là. Ce funeste personnage préparait un mauvais coup, c'était certain, même si je n'avais pas encore découvert de quoi il s'agissait. Et puis, soudain, lors de notre prochaine réunion d'associés, il s'est trouvé là, assis à la table avec nous, comme s'il avait toujours été des nôtres.

– Voilà, a-t-il déclaré, j'aimerais m'associer à vous. Et j'achète ma part. J'ai pensé vous donner 2000 à chacun.»

Et à peine avait-il fini sa phrase qu'il alignait déjà deux billets de 1000 devant chacun de nous trois, tout naturellement, comme s'il s'agissait d'un simple pourboire! *C'était donc ça, le hic!* ai-je compris. *Il veut faire partie de l'affaire. Je ne peux pas laisser faire ça.* Naturellement, à ce moment-là, je ne savais pas que Tokyo et Mario avaient déjà discuté le tout avec lui derrière mon dos et que la chose était décidée depuis longtemps. J'ignorais aussi que, au fond, je n'étais qu'une marionnette, un genre de mascotte qui servait à attirer du monde. Officiellement, j'étais un des associés, mais en réalité, je n'avais pas grand-chose à dire.

– Qu'est-ce que ta participation va nous apporter? ai-je hasardé prudemment.

– Bonne question, Joker. L'avantage, c'est que j'ai des relations. Je vous aiderai à augmenter considérablement votre chiffre d'affaires.

Ça ne me plaît pas du tout, ai-je pensé en gigotant nerveusement sur ma chaise. *Je ne veux pas plus d'argent. Tout va très bien comme ça.*

Car je savais une chose: avec l'entrée en scène de personnages comme Rocky, la police ne tarderait pas à se montrer. Et si elle se montrait dans notre bar, elle allait fouiner partout et, peut-être, mettre la main sur ma drogue. Et cela ne m'allait vraiment pas. Mais que pouvais-je faire? Si ce grand type avait déjà sorti l'argent, tout était clair.

Je me doutais que cela allait mal se terminer, car je sentais que Rocky était un vrai truand. J'aurais bien aimé partir, me retirer complètement, mais comment pouvais-je me retirer si ce bar constituait ma seule et unique rentrée d'argent? Les autres, qui avaient tous un pied dans la criminalité, avaient d'autres sources de revenus que notre commerce, contrairement à moi, qui en dépendais pour vivre.

Rocky s'est associé à nous et, dans son sillage, des personnages louches, dont je préférais ne pas approfondir les activités, ont commencé à venir de plus en plus souvent consommer chez nous. Car, ce n'était un secret pour personne, Rocky était une figure très importante de la mafia. Il était mêlé à de sombres magouilles et touchait au trafic de drogue et d'armes. De temps à autre, il me glissait quelques billets par-dessus le comptoir pour que je tienne ma langue. Et alors que je ne voulais rien avoir à faire avec la mafia, malgré moi, je m'y trouvais forcément mêlé en ma qualité de copropriétaire du bar. La police savait très bien à quoi s'en tenir sur mon compte, même si je me tenais plutôt dans l'ombre. Pour eux, les choses étaient claires: Jan Günther trempait aussi dans tout ça!

Bizarrement, Rocky avait une attitude très positive à mon égard. Lors de nos réunions mensuelles, qui étaient toujours houleuses, il prenait même souvent mon parti. Les autres se plaignaient systématiquement des chiffres que je leur présentais.

– Pourquoi il n'y a que 5000 de recette? Tu peux nous expliquer ça, Joker? On investit 3000 et on n'en récolte que 5000, c'est du n'importe quoi!

– Vous m'accusez de m'en mettre dans la poche? disais-je, vexé.

Et chaque mois, ces mêmes discussions usantes se répétaient invariablement. Or, avec la venue de Rocky, j'avais maintenant quelqu'un qui me soutenait.

– J'aimerais vous poser une question, a-t-il dit une fois: L'un de vous soupçonne-t-il Joker de s'en mettre dans les poches? Moi, en tout cas, je n'ai pas cette impression.

Personne n'a répliqué.

– Je voulais juste dire ça au passage, a poursuivi Rocky. Je lui fais confiance dans ce domaine. Et encore une chose: il fait bien son boulot.

Les autres ne l'ont pas contredit et l'affaire a été réglée. Car personne ne contredisait jamais Rocky! Quand il parlait, on se contentait de l'écouter et d'exécuter ses demandes sans poser de questions. Il dégageait une telle puissance qu'il pouvait tout se permettre. Il s'appropriait ce qu'il voulait, détruisait ce qu'il voulait, s'achetait ce qu'il voulait. Et celui qui ne lui obéissait pas au doigt et à l'œil s'attirait des ennuis, de gros ennuis. Il était d'une telle arrogance que personne ne pouvait le supporter. Mais personne n'avait envie de lui chercher des histoires. C'était comme si une puissance invisible l'avait doté d'une aura maléfique à laquelle nul ne pouvait porter atteinte.

A deux reprises, j'ai vécu quelque chose de très étrange avec lui. Les deux fois, sa supériorité tranquille a été ébranlée devant mes yeux, et ce de manière inexplicable. Et les deux fois, c'était en rapport avec un cadeau que j'avais reçu d'un client nommé Patrik. Patrik était un habitué de *La Grotte* et un vieil ami à moi. Nous nous étions rencontrés au foot, dix ans plus tôt, et nous avions participé à pas mal d'émeutes ensemble. Depuis, il s'était marié et il venait au bar une fois par semaine. Un jour, il m'a apporté un cadeau. C'était une vieille Bible poussiéreuse, traduite par Luther, une édition de 1849.

– Hé, Jan, regarde ce que j'ai là, a-t-il fait en me tendant le vieux livre. Je l'ai trouvée en débarrassant l'appartement de mon père!

J'étais plutôt surpris. La dernière fois, c'était Horst qui m'avait offert une Bible, mais Patrik et lui n'avaient vraiment rien en commun.

– Hé, mec, ça doit valoir cher, ai-je constaté en feuilletant les pages tachées par la moisissure. Mais pourquoi t'as pensé à moi?

– Eh ben, a-t-il fait en haussant les épaules, je me suis dit: *Si j'en fais cadeau à quelqu'un, ça ne peut être qu'à ce vieux Jan derrière son comptoir*, car quand tu es bourré, vers 4 heures du matin, tu deviens très religieux.

– Religieux? me suis-je étonné. Qu'est-ce que tu veux dire par là?

– Ben, tu marmonnes qu'il doit bien exister un Dieu et des choses de ce genre.

– T'es sûr?

– Oui, sûr. Et c'est pour ça, j'ai pensé que cette Bible, elle t'irait bien.

Je ne savais pas du tout que je disais des choses pareilles, ai-je songé, complètement abasourdi. Puis, j'ai posé l'ouvrage à côté de la caisse sans plus m'en préoccuper. En fait, j'avais l'intention de le ramener chez moi le soir même, mais je l'ai oublié et, ainsi, la vieille Bible Luther est restée pendant deux jours à la même place.

Rocky avait des habitudes bien ancrées. Par exemple, tous les samedis, il entrait dans le bar à 15h25 pile, disait: «Bonjour les gars!», se glissait derrière le comptoir, ouvrait le frigo, en sortait deux bières – une pour lui et une pour moi – puis posait son derrière sur un tabouret près de la caisse. Les pieds sur l'évier, il regardait le foot à la télé pendant une bonne demi-heure et il repartait. C'était un genre de rituel.

Ce samedi-là, il est arrivé comme d'habitude.

– Bonjour les gars!

Il s'est approché du réfrigérateur, a pris les deux bières, m'en a passé une et, alors qu'il allait s'asseoir près de la caisse, comme à son habitude, son regard est tombé sur la Bible que j'avais oubliée. Il l'a fixée, comme hypnotisé. Puis, sans même boire une seule gorgée de sa bière, il a dit tout à coup:

– Bon, il faut que j'y aille!

Et il a quitté le bistrot d'un pas pressé.

Qu'est-ce qui lui prend? ai-je songé. *Il ouvre sa bière, n'y touche même pas et repart. Bizarre!*

Quelques mois plus tard, un autre fait singulier s'est produit. Le même Patrik, celui qui m'avait offert la Bible, m'a donné un soir une croix dorée.

– Pourquoi tu veux me donner ça?

– Ben, comme je te l'ai déjà dit, parfois, quand tu as bu, tu es particulièrement religieux. Donc je me suis dit que j'allais te faire cadeau de cette croix que j'ai trouvée il y a longtemps.

– Merci, ai-je dit. Tu sais quoi? Je vais la mettre dans ma bagnole, comme porte-bonheur.

C'est ainsi que j'ai accroché la croix au rétroviseur de ma voiture. *On ne sait jamais*, pensais-je. *Une croix… Jésus… Dieu… peut-être qu'il y a quelque chose derrière tout ça. En tout cas, ça ne peut pas faire de mal!*

Puis, un jour, Rocky m'a demandé si je pouvais l'emmener quelque part avec ma voiture. J'ai répondu oui et, alors qu'il s'installait, il a aperçu la croix suspendue au rétroviseur.

– Qu'est-ce que c'est que ce truc? s'est-il exclamé.

Puis, il s'est tu. Il ne parvenait pas à détourner son regard de la croix, tandis que je conduisais, et je me suis demandé pourquoi il était aussi calme. Car généralement, il parlait beaucoup. Mais ce jour-là, il s'est contenté de fixer la croix qui se balançait doucement devant ses yeux.

– Qu'est-ce qui se passe? lui ai-je demandé au bout d'un moment. Tu vas bien?

Il est resté bouche close.

Etrange, me suis-je dit. *Si la croix le dérange, pourquoi ne l'a-t-il pas déjà arrachée pour la jeter?* Ça aurait davantage correspondu à son tempérament que de rester figé sur son siège sans rien dire. Juste avant que nous arrivions à destination, il s'est écrié, énervé:

– Arrête-toi, là, à droite. Arrête-toi tout de suite!

Je me suis arrêté. Il a ouvert la portière et s'est mis à vomir. Ensuite, il ne m'a plus jamais redemandé de le véhiculer. Je me suis longtemps posé des questions au sujet de ce qui s'était produit ce jour-là dans ma voiture. C'était vraiment incompréhensible qu'un caïd de la mafia comme Rocky puisse se mettre dans tous ses états à la vue d'une simple croix.

J'ai réfléchi encore un certain temps à cette énigme, mais finalement, j'ai cessé de chercher à comprendre. Peut-être ne s'était-il pas senti bien dans ma voiture, tout simplement. Car il n'était pas concevable que la croix puisse avoir été la cause de son malaise. Ce n'était qu'une croix, rien d'autre qu'une simple croix.

25. Tarte aux quetsches

J'avais depuis longtemps oublié les épisodes de la Bible et de la croix quand Tokyo m'a invité à un rassemblement de rockers. Il était maintenant engagé à fond avec les «Hells Angels». En un rien de temps, il avait obtenu l'emblème pour son blouson. Certains avaient dû attendre plus de dix ans pour devenir membres de ce club très fermé, mais pour Tokyo, c'était allé très vite. Et plus il fréquentait ses nouveaux copains, plus notre bar se vidait. Nos habitués avaient peur de ces types louches en blouson noir qui accaparaient le bistrot de plus en plus. Personne ne les connaissait vraiment, et ils restaient simplement assis là, la mine sombre, à observer les autres clients.

– Tokyo, à cause de tes potes, on perd toute notre clientèle, lui ai-je fait remarquer un jour, inquiet.

– Non, je ne crois pas, a-t-il répliqué, insouciant.

– Si, crois-moi, nos habitués ont vraiment la trouille, quand ils voient ces types. Vous êtes vraiment obligés de vous rencontrer toujours ici? Vous n'avez pas de local à vous?

– On en aura un un jour, a-t-il répondu laconiquement et la discussion a été close.

Je lui en voulais, car désormais, la police se montrait régulièrement et nos clients étaient toujours plus nombreux à se retirer. Pour moi, c'était une question de survie, et j'étais furieux que cela ne fasse ni chaud ni froid à Tokyo, Mario et Rocky. Notre bistrot de passionnés de foot était sur le déclin, et moi avec lui. Je continuais à boire et j'étais de plus en plus endetté à cause de ma consommation de cocaïne. Je me rendais bien compte que ma vie était en train de m'échapper, mais je ne voyais pas d'issue.

Le soir où Tokyo est venu m'inviter à ce rassemblement annuel de motards, j'avais à nouveau pris de la drogue pour pouvoir tenir la nuit. Il s'en est d'ailleurs probablement rendu compte, mais il ne m'a rien dit. Car après tout, il n'était pas responsable de moi...

Je les ai donc suivis, lui et sa bande, à ce fameux rassemblement de rockers qui devait durer trois jours et réunir plus de 5000 motards du monde entier, dont ceux du club des «Hells Angels». Il y aurait de la musique, une tombola, des motos, des femmes plus ou moins dénudées et de l'alcool coulant à flots.

Pour moi, ces journées ressemblaient un peu à des vacances. Je n'avais pas besoin de me tenir derrière le bar, je pouvais me contenter de traînasser et de picoler. Je restais scotché toute la journée aux tables où on servait de la bière et je m'imbibais d'alcool en regardant vaguement les gens qui passaient. Ils avaient tous la mine patibulaire et l'air défoncé. *Finalement*, me suis-je dit, *tout est toujours sombre partout: au foot, dans mon bar, et même ici. Tout est si sombre et déprimant. La vie n'est qu'une galère absurde et sinistre*.

Je m'étais souvent demandé si l'existence humaine avait un sens, et surtout si *ma* vie avait un sens. Pourquoi étais-je là? Et quel était le rôle de Dieu dans tout cela? En fait, je croyais en l'existence de Dieu. Au fond de moi, je savais qu'il était là, quelque part. Même si je n'avais jamais eu affaire à lui, j'étais persuadé de sa présence. Parfois, le dimanche, alors que j'avais encore la gueule de bois, je zappais à travers le paysage audiovisuel, et un jour, je suis tombé par hasard sur la retransmission d'un culte chrétien. J'ai voulu changer à nouveau de chaîne, mais je n'y suis pas parvenu. On voyait là un pasteur qui prêchait en dirigeant son index vers des spectateurs invisibles, et lorsqu'il a dit: «Oui, c'est de *toi* dont il s'agit. Dieu t'aime et il va te sortir de là», il m'a semblé qu'il pointait son doigt précisément sur moi.

Ces mots ont touché mon cœur. Je savais qu'ils s'adressaient à moi, qu'il y avait vraiment quelque chose de vrai derrière cette notion de Dieu. Et presque malgré moi, ce culte télévisé du dimanche à 12h30 est devenu un programme obligatoire. Quand j'avais travaillé au bar jusqu'au petit matin, j'allais même jusqu'à mettre le réveil pour ne pas manquer la prédication.

De plus en plus fréquemment, je vivais des situations qui me rappelaient la réalité de Dieu, comme au deuxième jour de ce rassemblement de rockers. Alors que, depuis tôt le matin, j'étais assis à boire, mon regard est tombé sur un groupe de gars assez costauds qui déambulaient en discutant avec animation. Extérieurement, ils ressemblaient à tous les autres, mais à y regarder de plus près, ils étaient différents. Ils n'avaient rien de sombre. Une certaine cordialité se dégageait d'eux, et ils se traitaient mutuellement avec affection. *Ceux-là sont particuliers*, me suis-je dit alors qu'ils passaient juste devant ma table. *Ils ont l'air aussi gentils que Horst!*

Et soudain, j'ai éprouvé une profonde nostalgie, une sorte d'aspiration à autre chose. Je me sentais attiré par ces gens, par leur franchise, par l'amour sincère qu'ils se manifestaient. Ils ne jouaient pas la comédie. Ils étaient authentiques. Ils ne portaient pas de masque pour épater la galerie et en imposer, contrairement à moi. Tout comme Horst, ils ne semblaient en avoir aucunement besoin. Ils rayonnaient de la même manière. Il fallait que je sache à quel club ils appartenaient. Dès qu'ils m'ont eu dépassé, j'ai cherché l'emblème sur leurs blousons. C'était une grande croix jaune avec l'inscription «Tribe of Judah».

La tribu de Juda? me suis-je étonné. *C'est quoi ce nom? Et qu'est-ce qu'ils fabriquent dans cet enfer?*

– Dis, c'est qui ceux-là? ai-je demandé au gars assis à côté de moi.

– Aucune idée, a-t-il répondu en haussant les épaules.

– Il faut que je fasse leur connaissance, ai-je déclaré en me levant subitement.

J'avais toujours été curieux et il fallait que je sache ce qui se cachait derrière ce groupe. Je me suis donc hâté de les rattraper et je les ai interpellés:

– Bonjour, est-ce que je peux vous déranger un instant?

Les trois hommes se sont arrêtés et m'ont fait face.

– Oui?

Un peu embarrassé, je me suis raclé la gorge.

– Euh... qui êtes-vous, en fait?

– Qui nous sommes? Nous sommes des chrétiens.

– Vous êtes chrétiens?

– Oui, nous sommes chrétiens. Tu as l'air drôlement surpris. Comment t'étais-tu imaginé les chrétiens?

– Autrement, ai-je avoué.

– Autrement, comment?

– Eh bien, des vieux avec une Bible ou des gens aux cheveux longs qui se baladent avec une guitare. Je pensais que vous étiez complètement en dehors du monde.

Ils ont affiché un grand sourire.

– Nous sommes hors du monde, en effet, a acquiescé l'un d'eux. Et tu sais quoi? Jésus regarde dans notre cœur, ce n'est pas notre apparence extérieure qui l'intéresse. Tu comprends?

Là, il m'a cloué le bec. Et ça, c'était suffisamment rare pour qu'il vaille la peine de le souligner. *Il regarde dans mon cœur. Au fond de mon cœur!* ai-je pensé. Je savais que ce gars disait la vérité.

– Tu voudrais savoir plus de choses sur nous? Tu veux qu'on en discute? Viens, on t'invite, c'est la tente jaune, là-bas!

Le jaune était justement ma couleur préférée. Ma voiture était jaune, mon appartement était jaune, mes sous-vêtements, mes chaussures... tout était jaune. J'aimais vraiment cette couleur.

– La tente jaune. O.K., ça marche!

– C'est quoi ton nom?

– Jan.

– Jan, voilà Bernd et Simon, et moi c'est Rainer, a dit le plus grand pour faire les présentations.

Nous avons traversé la place et j'ai commencé à les bombarder de questions:

– Oui et... je veux dire, est-ce que vous faites des prières et tout ça?

– Bien sûr, les chrétiens devraient prier, a répondu Rainer.

– Hmmh, une autre question: Qu'est-ce que vous faites ici, où c'est pourtant l'enfer?

– C'est justement pour ça qu'on est là.

– D'accord, mais est-ce qu'il y en a qui vous écoutent, quand vous parlez de Dieu et de la religion?

– Tu sais, on est patients. Dieu aussi est patient. Par contre, Jan, si tu viens avec nous, tu dois laisser là ta bière. Chez nous il n'y a ni bière ni cigarettes.

– Bon, alors c'est tout vu, ai-je déclaré en voulant faire demi-tour.

Mais Bernd m'a retenu en disant:

– Tu peux quand même tenir une demi-heure sans bière ni cigarette, non?

– Oui, oui, je peux, ai-je fait, gêné. Bon, alors d'accord, je viens.

En entrant dans la tente jaune, j'ai aussitôt été enveloppé d'une atmosphère de paix. Je ne sais pas d'où venait cette impression, car l'endroit n'avait rien de particulier. C'était juste une grande tente qui abritait une vieille caravane. Par la fenêtre, je pouvais voir une sorte de géant occupé à cuisiner quelque chose. A l'extérieur de la caravane, ils avaient disposé quelques tables en bois et des bancs. Je me suis assis sur l'un d'eux et les trois gars ont pris place avec moi.

– Jan, tu as déjà entendu parler de Jésus? m'a demandé Rainer.

– Oui, Jésus est mort sur la croix, ai-je récité en hochant la tête. Ils l'ont tué. C'est bien ça?

– Hmmh. Mais est-ce que tu sais qu'il est aussi ressuscité?

– Euh, oui, j'ai vaguement entendu parler de ça. Jésus serait vivant, à ce qu'on raconte.

– C'est la vérité. Il est vraiment vivant.

J'ai froncé les sourcils.

– Mais vous déraillez, les gars. Qu'est-ce que ça veut dire: «Il est vivant»?

– Je comprends que tu aies du mal à accepter ça, a dit Rainer d'une voix calme. Alors si ça t'intéresse, je peux te raconter comment j'ai fait la connaissance de Jésus.

– O.K., accouche!

Il s'est mis à me parler de sa vie, à m'expliquer comment il avait été au bout du rouleau, comment il avait rencontré Jésus et comment ce Jésus l'avait totalement transformé. Ensuite, c'est Bernd qui m'a raconté son histoire, puis Simon. Je les ai écoutés avec attention tout en ne cessant de me demander: *C'est qui, ces types? Qu'est-ce qu'ils me racontent, là? C'est fou! J'aimerais bien être comme eux, si naturels, si honnêtes. Je me sens tellement bien avec eux, ils sont si gentils. En fait, je n'ai plus du tout envie de partir.*

Ils me rappelaient Horst. Et leur sincérité me faisait tellement de bien.

Moi aussi, je préférerais vraiment être honnête comme ça, plutôt que d'avoir tout le temps à me cacher, ai-je pensé. *J'aimerais simplement pouvoir me laisser aller, être aussi serein qu'eux.*

D'un autre côté, je savais que jamais je ne parviendrais à être comme eux. Car ma vie était bien trop embrouillée, j'étais dans la panade jusqu'au cou. Je ne pouvais pas rester avec ces gars. Ce n'était pas mon monde, même si je le souhaitais intensément. *Mais cette paix*, ai-je alors pensé, *cette atmosphère incroyable qu'il y a ici! Ce calme! Moi aussi je veux l'expérimenter!* J'étais tiraillé intérieurement entre la liberté que je ressentais là et la drogue, l'alcool, les bagarres et les activités criminelles dans lesquels j'étais empêtré.

Alors que j'étais ainsi plongé dans mes réflexions tout en écoutant ce qu'on me racontait, la porte de la caravane s'est brusquement ouverte et le géant, qui jusque-là n'avait cessé de s'activer en faisant des bruits de vaisselle, est apparu sur les marches. Celles-ci grinçaient sous son poids. En l'apercevant, j'ai su aussitôt que c'était lui le président du club. Et les présidents de club, ce n'étaient pas n'importe qui.

– Hé, qui es-tu, toi? m'a-t-il demandé avec sa voix de basse.

Ses cheveux étaient attachés en une queue de cheval, et avec son cou épais, il ressemblait à un lutteur.

– Euh... moi... moi, c'est Jan, ai-je bredouillé.

– Jan, j'ai quelque chose pour toi, a-t-il annoncé en s'approchant de moi à grands pas.

Je m'attendais au pire. Il fallait être prudent avec les types de ce genre. Peut-être ma figure ne lui convenait-elle pas, peut-être allait-il m'en coller une et me virer sur-le-champ. Vu sa carrure, je n'aurais pas été étonné de découvrir qu'il cachait une kalachnikov derrière son dos. Mais en réalité, c'était tout autre chose qu'il cachait. Il m'a tendu un petit plateau, et sur ce plateau, il y avait une tarte aux quetsches. Je n'en croyais pas mes yeux.

– Je l'ai faite exprès pour toi, a déclaré le géant en déposant la pâtisserie encore chaude devant moi sur la table.

C'est pas possible! me suis-je dit. *Je rêve ou quoi? Il a vraiment fait une tarte aux quetsches pour moi?! Ils me mènent en bateau ou quoi?*

Il s'est assis avec nous et nous avons mangé la tarte en bavardant tranquillement. L'ambiance était vraiment indescriptible, dans cette tente, et je n'ai pas vu le temps passer. A un certain moment, le président du club (il s'appelait Maurice) a demandé s'il pouvait prier pour moi.

– Oui... si tu veux, ai-je fait, quelque peu gêné et mal à l'aise. Mes affaires ne marchent pas très bien, tu peux toujours prier pour ça.

– En fait, non, je voulais dire: Est-ce qu'on peut prier pour *toi*?

– Euh... je... j'sais pas trop, ai-je bégayé en me grattant le menton l'air embarrassé. Je... je n'ai jamais vraiment prié.

Sans que je m'y attende, Maurice a posé sa grosse main sur ma tête et dit:

– Jésus est là, Jan.

Puis, après une brève pause, il a ajouté: «Merci de prendre soin de Jan. Amen.»

Il a ôté sa main de ma tête. J'étais complètement chamboulé.

– C'est tout? ai-je demandé.

Je m'étais imaginé cela complètement autrement, comme un rituel compliqué, une prière pompeuse débitée d'une voix monocorde de moine, accompagnée de sons de cloches et d'une odeur d'encens, enfin, quelque chose de ce genre.

– Oui, c'est tout pour l'instant, a confirmé Maurice, mais à partir d'aujourd'hui, on va régulièrement prier pour toi, Jan.

Je ne savais que répondre. Ces gars me fascinaient.

– Vous êtes trop... vraiment!

– Tiens, a fait Rainer en me tendant un bouquin à la couverture excentrique, on aimerait t'offrir cette «Bible du motard». Tu y trouveras quelques-unes de nos histoires.

– Vos histoires? Cool!

– Il y a aussi l'histoire de Jésus. Lis-la, à l'occasion. Elle est vraiment intéressante.

– Merci, je la lirai. C'était vraiment cool de faire votre connaissance. Le top!

– Tu feras peut-être encore de nombreuses expériences avec Dieu, Jan.

– Oui, qui sait...

J'ai pris la Bible et, exactement comme celles de Horst et Patrik, elle a fini par rejoindre un rayon de ma bibliothèque sans que j'y jette un œil. Mais je ne parvenais pas à chasser de ma tête ces jeunes de la «Tribu de Juda». Et il m'était impossible d'oublier ce géant qui m'avait offert sa tarte aux quetsches et qui avait prié pour moi. *Et si jamais ils disaient la vérité?* pensais-je. *Si jamais ce Jésus était vraiment vivant?*

26. Arrivé à destination

Plus les mois passaient, plus notre bar battait de l'aile. Je commençais à sérieusement m'inquiéter pour ma situation financière. Mais finalement, un copain rusé m'a donné une idée que je jugeais excellente. A ce moment-là, je ne me doutais pas qu'elle serait l'élément déclencheur d'un événement qui allait complètement bouleverser ma vie.

– Joker, ta situation n'est pas brillante. Tu as besoin d'argent. Pourquoi tu n'essayerais pas de gruger l'Etat?

– Et comment tu veux que je gruge l'Etat?

– Ecoute, voilà, tu te fais mettre en arrêt maladie pour un an, et après, ça te permet d'encaisser des indemnités pendant les cinq années qui suivent.

– Tu rêves, si c'était aussi simple, tout le monde le ferait!

– C'est vrai, ce n'est pas si simple. D'abord il faut qu'un médecin te diagnostique une maladie dont tu souffriras pendant un an. Et il faut qu'elle ait l'air réelle. Le médecin doit croire que tu es vraiment malade, tu comprends? S'il voit clair dans ton jeu, ça ne peut pas marcher.

– Hmmh, ai-je fait.

Automatiquement, l'épisode de la crise d'appendice que j'avais simulée étant petit et qui s'était finalement révélée authentique a surgi dans mon esprit. Je n'avais jamais manqué de talent d'acteur. En fait, presque toute ma vie, j'avais été sur une scène de théâtre: à l'école, au foot, derrière le comptoir, pendant les fêtes, bref, partout. Je savais très bien jouer la comédie. Donc cela devait pouvoir fonctionner.

– Il faut quoi comme maladie?

– A toi de trouver quelque chose. Un truc psychique. Une psychose maniaco-dépressive, peut-être.

Une psychose maniaco-dépressive? ai-je songé. *Oui, je crois que ce serait dans mes cordes.*

Le lendemain, j'ai emprunté des livres sur le sujet afin de me familiariser avec les symptômes de cette maladie. Puis, j'ai choisi un psychiatre et j'ai pris rendez-vous. Bien sûr, je me suis transformé en conséquence. J'avais laissé pousser ma barbe et volontairement gardé les ongles sales. Je marchais courbé et parlais d'une voix tremblotante. Bref, je faisais une impression épouvantable. J'étais tellement dans mon rôle que j'aurais pu pleurer sur commande, là, sur-le-champ.

Le scénario a parfaitement fonctionné. J'ai débité à ce médecin une histoire rocambolesque. Et je jouais la comédie avec une telle perfection que, après le rendez-vous, il est allé jusqu'à me raccompagner à l'ascenseur et à dire, en me posant la main sur l'épaule: «Mon pauvre, pauvre ami!»

J'allais le voir en consultation toutes les trois semaines, je lui présentais mon show et il prolongeait mon arrêt pour trois semaines supplémentaires. Et cela a duré pendant dix mois. Il ne m'en manquait plus que deux pour terminer l'année et avoir la certitude de toucher des indemnités durant cinq ans. Mais soudain, au bout de ces dix mois, l'assurance n'a plus voulu payer.

– Monsieur Günther, a fait mon médecin, nous sommes dans une impasse. Je ne vois qu'une solution: je vous inscris à une thérapie pour patients souffrant de psychose maniaco-dépressive. Qu'en pensez-vous?

– Eh bien, je ne sais pas trop, ai-je hésité, ne voulant en aucun cas suivre une thérapie. Faudra-t-il que j'y aille tout de suite?

– Non, cela ne se passe pas ainsi. Il faudra au moins six mois pour que la cure soit acceptée par la caisse.

Cela me convenait à merveille. Car de toute façon, il ne me manquait plus que deux mois. Le temps d'attendre cette autorisation, je les aurais largement et, ensuite, à moi les cinq ans d'indemnités!

– Faites comme vous voudrez, ai-je fait d'une voix éteinte.

– Vous verrez que cela vous fera du bien, Monsieur Günther.

– Je veux bien vous croire.

Le lundi, le médecin a envoyé la demande, et le vendredi, il avait déjà la réponse: ma thérapie était acceptée! J'étais attendu dans le centre de Burgschwanden. *Mais c'est pas possible! Je ne veux pas faire de thérapie!* me suis-je dit quand le psychiatre m'a annoncé la «bonne nouvelle». Toutefois, pour aller au bout de mon escroquerie, il fallait que je tienne encore deux mois. Que cela me plaise ou non, je devais faire cette cure.

Mes associés du bar, évidemment, n'étaient pas partants du tout. Je continuais à leur servir de pôle d'attraction pour les clients, et mon absence allait générer de nouvelles pertes financières. Mais je ne pouvais plus faire marche arrière. Soit je suivais cette thérapie, soit tous les efforts que j'avais déployés pendant dix mois pour ma mise en scène s'avéreraient vains.

Kathrin non plus n'a pas été particulièrement ravie quand je lui ai fait part de mon plan.

– Jan, c'est quoi, encore, cette histoire? Comment tu vas t'en sortir? Comment tu comptes simuler une maladie maniaco-dépressive 24 heures sur 24? Et pas seulement en présence des médecins, mais aussi devant les patients...

– Ça marchera bien, ai-je fait, sûr de moi.

– Jan, je crois que cette fois, tu vas vraiment à la catastrophe.

– Ah, mais ne t'inquiète pas, Kathrin!

– Sans parler de notre situation financière qui n'est vraiment pas brillante...

– Allez, tout va s'arranger, crois-moi.

– Mais qu'est-ce qu'on va devenir, Jan, qu'est-ce qu'on va devenir?

Elle m'a accompagné jusqu'à la gare, et c'est ainsi que le voyage a commencé, voyage qui allait fondamentalement changer ma vie…

Dans mes bagages, outre mes vêtements, j'avais glissé une quantité de CD néonazis pour pouvoir écouter au moins de la «bonne musique» durant cette cure barbante. Au fil des années, je m'étais procuré toute la collection des disques et CD des groupes skinhead. Quand nous avions déménagé, avec Kathrin, quelques semaines auparavant, mon ami Patrik avait passé cinq bonnes heures de travail à les ranger par ordre alphabétique dans mon armoire, depuis A comme «Arische Herrenrasse[1]», en passant par S comme «Sturmtruppen[2]», jusqu'à Z comme «Zions Gegner[3]».

Comme je n'avais rien de mieux à faire durant le voyage monotone en train, j'ai ouvert mon sac pour farfouiller dedans… et j'ai découvert la «Bible du motard». J'étais sûr à 100% de ne pas l'avoir emportée. Mais d'une manière ou d'une autre, elle s'était retrouvée là, et je me suis mis à la lire. Elle contenait effectivement les histoires des gars de la «Tribu de Juda», et tout m'est alors revenu à l'esprit. Combien j'avais apprécié leur compagnie, lorsque nous avions mangé cette tarte aux quetsches, assis ensemble autour de la table, dans la tente jaune. *C'est hallucinant, ce qu'ils ont vécu,* ai-je songé en lisant. *Eux aussi étaient autrefois mêlés à des organisations mafieuses, exactement comme moi. Dieu aurait-il le pouvoir de me sortir de là, moi aussi?* J'ai aussitôt repoussé cette pensée. *Non,* me suis-je dit, *je suis trop enfoncé dans ce bourbier. Ça ne peut pas me concerner, c'est impossible.*

1 «Les Aryens, la race des seigneurs».
2 «Troupes d'élite».
3 «Les ennemis de Sion».

Malgré cela, j'avais l'impression que quelque chose de très particulier allait se produire durant mon séjour dans cette clinique. Et cette impression ne me quittait pas. Quelque chose se préparait, je le sentais, tout simplement.

«Dieu, ai-je prié, dans l'attitude typique des prières à la Jan Günther, comme si Dieu était une baguette magique que l'on sortait à volonté pour obtenir un objet convoité. Si vraiment tu existes, alors il faut que tu prennes les commandes pour que tout marche bien et que je puisse obtenir cet argent.»

A Burgschwanden, un infirmier est venu me chercher à la gare. A peine avais-je mis un pied sur le quai que je me suis tassé et que j'ai voûté les épaules pour me glisser à nouveau dans mon rôle longuement travaillé d'un maniaco-dépressif. Je savais toutefois qu'il ne serait pas facile de jouer la comédie durant plusieurs semaines et à toute heure du jour devant les médecins, les thérapeutes et, surtout, devant les autres patients. C'était un drôle de défi, qui allait mobiliser tous mes talents d'acteur.

Au début, j'ai même pris plaisir à les mener tous par le bout du nez. Mais au bout de deux semaines, je me sentais de plus en plus mal à l'aise. Je commençais à me poser de sérieuses questions sur mon existence. Elle était terriblement désespérante, et je m'en rendais compte chaque jour davantage. Le soir, lorsque, enfin seul dans ma chambre, je n'étais plus obligé de porter mon masque, je feuilletais avec intérêt la «Bible du motard». Pas une seule fois je n'ai écouté les CD de musique nazie que j'avais emportés. Par contre, je n'ai plus lâché le livre. Durant de longues promenades au bord de la rivière, je réfléchissais sérieusement au désastre irrémédiable de ma vie.

Je crois qu'il faudrait que j'aille dans une église, ai-je pensé un soir avant de m'endormir. *Dieu veut peut-être me parler...* Ainsi, le dimanche suivant, je me suis rendu en ville pour assister à un culte. Mais les participants étaient complètement différents de Horst et des motards chrétiens que j'avais rencontrés. Ils dégageaient une forte impression de tristesse. Même la réunion était terriblement ennuyeuse et traînait en longueur. Les gens semblaient si gris et si désespérés. A un moment, une vieille femme a prié d'une voix chevrotante: «Seigneur Jésus, aie pitié de ma sœur qui est à l'hôpital.»

Oh là là, ai-je pensé, *jamais je ne veux devenir comme eux! C'est hors de question. Comme les gars de la «Tribu de Juda», peut-être, mais pas comme ces gens-là, si ennuyeux et endormis! Non, trop peu pour moi! Mais qu'est-ce que je cherche, en fait?*

Au fond, je savais que j'étais un «looser». Ma vie n'était qu'un échec, du début à la fin. *Je suis accro à la drogue et alcoolique, je traite ma femme comme une moins que rien, ma vie n'est que désordre, que ruines. Finalement, ce n'est que justice si j'ai atterri là, à Burgschwanden. Je suis un looser. Ma vie est complètement fichue.*

Perdu dans mes pensées, je suis retourné à la clinique et me suis replongé dans le livre. J'ai lu le passage où Jésus choisit ses disciples. Je n'ai pas vraiment compris, mais cela sonnait bien. *Pourtant, si tout cela était faux...* doutais-je encore. Sans cesse, cette question me torturait, me rendant presque malade: *Dieu existe-t-il?*

Le jeudi 21 novembre, à la fin d'une thérapie de groupe, je suis à nouveau parti pour l'une de mes grandes promenades. Cette fois, j'ai pris un autre chemin, car je ne connaissais pas la région forestière qui se situait de l'autre côté de la rivière, et je voulais l'explorer. Cela faisait maintenant trois semaines que je suivais cette cure et j'étais tellement retourné intérieurement que je n'y tenais plus. Ma vie ne pouvait pas continuer ainsi. Il fallait que quelque chose se passe, et ce l'après-midi même.

Aujourd'hui, tu vas te mettre à la recherche de Dieu, ai-je décidé. *Aujourd'hui, il faut éclaircir tout ça, il faut que tu sois fixé. Et si Dieu existe, il sait ce que j'ai l'intention de faire. Maintenant, j'aimerais vraiment savoir s'il existe ou pas. Et s'il existe, il doit se révéler à moi d'une manière ou d'une autre.*

J'ai donc longé la rivière à travers la forêt et, tout en marchant, je défiais Dieu: «Jésus, ai-je dit à haute voix. Si tu existes vraiment, si tu es bien le Fils de Dieu et si tu es réellement vivant, alors je te donne l'occasion aujourd'hui de te présenter à moi.»

En outre, moi, Jan, j'ai eu le toupet de lui poser les conditions de cette rencontre: «Et voilà comment je m'imagine la chose: tu m'apparais sous une forme humaine, tu t'entretiens avec moi – juste quelques phrases – et je ferai tout ce que tu veux. Si tu existes vraiment, tu dois pouvoir faire cela. Car tu es fort, tu as créé le monde. Donc ce ne sera pas difficile pour toi. Je veux te voir maintenant!»

J'espère qu'on ne m'a pas entendu, ai-je pensé ensuite. J'ai regardé autour de moi, mais je n'ai vu personne. Soudain, j'ai ressenti comme une chaleur dans mon cœur. Je savais que je n'avais pas parlé dans le vide. Quelqu'un m'avait entendu, j'en avais la certitude! Et je savais qu'il allait se produire quelque chose.

Mon cœur battait la chamade. Qu'allait-il se passer, exactement? Je n'en avais aucune idée. Je m'attendais à tout moment à voir Jésus surgir de derrière un arbre. En réalité, je me l'imaginais comme une créature vêtue de blanc, avec de longs cils et voletant comme un ange. Et je croyais vraiment qu'il allait se montrer à moi, là, dans la forêt.

Est-ce que je saurais faire face à cette situation? me suis-je soudain demandé, le cœur battant plus vite encore. *Qu'est-ce que je fais s'il vient vraiment? Qu'est-ce que je fais si je me trouve face à lui tout d'un coup? Mince, Jan! Il va se passer quelque chose. Ça y est, bientôt!*

J'ai prié à nouveau: «Jésus, c'est vraiment sérieux. Je sens que tu es là. Mais j'aimerais te connaître à 100%. Je ne peux pas me contenter d'un vague sentiment bizarre. Je veux te connaître vraiment! Car alors, je pourrai vraiment croire et vivre avec toi. Alors je deviendrai chrétien. Je changerai toute ma vie. Mais il faut que tu te révèles à moi!»

Mon cœur battait à tout rompre. Je sentais bien que je ne me parlais pas à moi-même. Je savais que quelqu'un m'écoutait et qu'il allait se passer quelque chose.

«Jésus! Révèle-toi à moi! ai-je dit en regardant vers le ciel, toujours en marchant le long de la rivière. Où es-tu? Serait-il possible que des millions de personnes croient en une chimère? Je marcherai dans cette forêt jusqu'à ce que tu te sois révélé à moi, même si je dois marcher deux journées entières. Je veux te voir, Jésus!»

Puis, j'ai atteint une clairière et, devant moi, est apparue une immense propriété. Cela ressemblait à un château ou à une maison de maître. A l'entrée, il y avait un grand panneau sur lequel on lisait: «Glaubenszentrum»[4].

En le voyant, je me suis demandé, les genoux flageolants: *Serait-ce ma réponse? Est-ce que Dieu a mis à cet endroit un panneau exprès pour moi? Ça ne peut venir que de lui. «Glaubenszentrum»! C'est quoi ce truc? Jamais j'ai entendu parler d'une chose pareille.*

Et puis, en dessous, écrit en plus petit, j'ai lu: «Ecole Biblique de Burgschwanden.»

«Ecole biblique», me suis-je répété mentalement. *Qu'est-ce que je suis censé faire ici?* «Est-ce à cet endroit que je vais te rencontrer, Jésus?»

Comme dans un rêve, j'ai pris une brochure dans une petite boîte en bois fixée sur le portail. Elle portait le titre: «Du moins vers le plus.» En l'ouvrant, j'ai lu la phrase: «Un message de Dieu pour toi.»

....

4 Signifie: «Centre de foi» ou «Centre chrétien».

Un message de Dieu pour moi? *Qu'est-ce qui se passe ici? Suis-je bien dans la réalité? Ce bâtiment existe-t-il vraiment? Je suis dans un trip ou quoi? Pourtant je n'ai pris aucune drogue. C'est fascinant!* Toutefois, je n'étais pas encore satisfait. Je voulais toujours «voir Jésus».

Je devais avoir l'air plutôt égaré, marchant ainsi de long en large devant ce centre chrétien, plongé dans ma lecture. Dès la première question du livret, je me suis senti personnellement visé: «Es-tu dépendant?»

Oui, je suis dépendant, ai-je pensé et j'ai dévoré avidement le texte, ligne après ligne. Tout ce qui était écrit là correspondait trait pour trait à ma vie. «Jésus est mort sur la croix pour toi personnellement», disait l'auteur de la brochure. Et même si j'avais déjà lu tout cela dans la «Bible du motard», je comprenais enfin ce que cela signifiait.

Il a tout pris sur lui, tout mon passé, tout ce que j'ai fait! Je peux obtenir le pardon!

Je ne percevais plus le monde autour de moi. J'étais comme dans un cocon. Je ne faisais qu'aller et venir en lisant. *Maintenant, Dieu me parle*, me suis-je dit. *C'est Dieu lui-même qui s'adresse à moi ici. C'est Dieu qui me pose ces questions. Et je lui dois une réponse.*

Je n'entendais plus rien, aucun pas, aucun son. Je ne faisais que lire cette brochure. Tout en parcourant le large champ qui s'étendait devant la propriété, j'avalais les mots qui étaient imprimés sur ces pages.

Puis, soudain, derrière moi, quelqu'un m'a tapoté sur l'épaule. Me retournant, je me suis retrouvé face à un homme surgi du néant. Il était de taille moyenne et avait des yeux bleus pétillants. Je ne l'avais jamais vu de ma vie.

– Tu cherches quelqu'un? m'a-t-il demandé.

Sa question m'a pris totalement au dépourvu. Comment savait-il que je cherchais quelqu'un?

C'est peut-être Jésus?! Cette pensée m'a traversé l'esprit comme un éclair. Soudain, j'ai commencé à avoir vraiment très chaud. Je n'osais pas lui répondre. Je ne pouvais pas lui avouer que j'étais à la recherche de Jésus. Cela aurait été beaucoup trop gênant. Puis, avec un calme incroyable, l'homme m'a regardé droit dans les yeux et a déclaré:

– Je crois que tu cherches Dieu.

Ça alors! Comment pouvait-il être au courant? On n'entendait pas un bruit. Complètement stupéfait, j'ai regardé cet étranger avec des grands yeux et je lui ai demandé:

– Es-tu Jésus?

L'homme a éclaté d'un rire cordial.

– Moi? Non, je ne suis pas Jésus! Mais tu sais quoi? Je le connais bien.

J'étais vraiment content que personne d'autre n'ait assisté à cet échange. *Ce n'est pas possible, comment ai-je pu être aussi naïf et lui demander s'il était Jésus? Qu'est-ce qu'il va penser de moi?*

– Au fait, je m'appelle Matthias, s'est-il présenté.

– Euh... moi c'est Jan, ai-je dit, encore un peu troublé par cette drôle de situation.

– Tu fais du tourisme par ici?

– Non, je fais une cure dans la clinique.

– Ah, à la clinique. Ça te dirait de venir assister à un culte chez nous? Nos réunions sont plutôt décontractées.

– J'ai déjà été à l'église dimanche dernier et... eh bien, ça n'était pas vraiment très cool.

– Ici, le culte est différent. Il y a une guitare électrique et une batterie, par exemple.

– Quoi, vous avez ça?

– Pourquoi pas? Si on aime Dieu, on peut le louer avec de la musique, avec de la *bonne* musique, j'entends, tu ne crois pas?

– Oui, bien sûr... euh...

Tu sais quoi? Je viendrai te chercher. Je passe te prendre dimanche matin, puis on ira au culte ensemble. D'accord?

– O.K., on peut faire ça.

– Parfait, alors à dimanche!

Il a fait demi-tour et, d'un pas rapide, est retourné vers l'école biblique.

– Attends Matthias! l'ai-je rappelé. Tu ne connais même pas mon nom de famille ou mon numéro de chambre. Et il y a plusieurs bâtiments, à la clinique, et différentes entrées.

– Ne t'inquiète pas. Sais-tu qui a organisé notre rencontre aujourd'hui? C'est Dieu. Pour lui, ce ne sera pas difficile de nous faire nous retrouver. Faisons confiance au Seigneur. Allez, bon courage, Jan!

Et il a disparu.

Est-ce qu'il vient vraiment de dire: «Faisons confiance au Seigneur, il réussira à nous faire nous rencontrer à nouveau?» Ça, c'est de l'aventure! ai-je pensé. *C'est passionnant! C'est incroyable!* «Dieu, est-ce vraiment toi qui as fait cela? Est-ce que je viens vraiment de vivre ces choses?»

J'ai repris le chemin de Burgschwanden et j'ai atteint le pont par lequel j'étais arrivé. Partout, le sol était jonché de feuilles. Il faisait un froid glacial. Les branches des arbres et des buissons étaient couvertes d'une fine pellicule de givre. Je me suis assis sur un banc, au bord de la rivière, et j'ai repris ma lecture. Peut-être des gens sont-ils passés près de moi, mais je n'y ai pas pris garde. J'étais trop préoccupé par moi-même et par Dieu. Je savais très clairement que je me trouvais devant *la* décision de ma vie. J'étais convaincu que Dieu existait vraiment, qu'il s'intéressait à moi, qu'il me prenait au sérieux. Il me parlait et il attachait vraiment de l'importance à cette décision devant laquelle j'étais placé.

A la dernière page de la brochure, il y avait une prière que l'on pouvait prononcer si on ressentait le besoin d'accepter Jésus dans sa vie. J'étais persuadé qu'il me fallait dire cette prière. Mais avant cela, le vieux Jan a voulu encore une fois en rajouter.

«Dieu, ai-je dit, si je lis cette prière, ce ne sera pas seulement du bout des lèvres. Non, ce sera une décision prise vraiment avec le cœur. Je veux vivre avec toi, je veux m'y engager maintenant. Et pour ça, je prononcerai cette prière trois fois. *Trois fois*, je la prononcerai!»

Puis, j'ai commencé: «Seigneur, pardonne mes fautes et mes péchés. Merci, Jésus, d'être mort et ressuscité pour moi. J'aimerais que tu viennes maintenant dans ma vie. Amen.»

Je l'ai lue une deuxième fois. Et alors que je récitais les paroles en étant bien conscient de leur impact, ma vie s'est déroulée comme un film dans ma tête. Je me suis senti submergé par le péché et la souillure de mon cœur. Je me rendais soudain compte combien j'étais sale à l'intérieur de moi-même. Toutes ces personnes que j'avais blessées et torturées! Quel égoïste, quelle brute j'étais! Sans parler de mon attitude envers ma femme, attitude qui était au-dessous de tout! Mon péché était si grand, si grand devant Dieu! Et lui avait donné sa vie pour moi! Pour moi, Jan. Il s'était laissé clouer sur la croix pour un type comme moi! Je n'ai pu retenir mes larmes. J'ai pleuré comme un petit enfant.

Je me suis alors rappelé le gars de l'Union que j'avais piétiné et dont la peau du visage était restée collée à mes bottes. Je me suis rappelé Dessau, où nous nous étions acharnés sur ce pauvre nouveau avec une serviette nouée, transformée en arme. J'ai vu Sergej baignant dans son sang sur le trottoir. Tous les crimes et toutes les bassesses que j'avais commis repassaient devant mes yeux, tous les êtres humains que j'avais tabassés et martyrisés, tout me revenait à la mémoire. J'avais accumulé tant de haine à l'intérieur de moi. Tant de haine! Je me dégoûtais. J'avais la conscience terriblement chargée.

«Et tu veux vraiment me pardonner tout cela? ai-je sangloté. Peux-tu vraiment tout me pardonner? Peux-tu me libérer de cette culpabilité?»

J'ai lu la prière pour la troisième fois et j'ai pleuré toutes les larmes de mon corps, là, sur le banc, au bord de la rivière, en donnant ma vie à Jésus.

«Amen, ai-je dit, le visage inondé de larmes. Amen.»

A ce moment-là, un rayon de soleil a transpercé les nuages. Un rayon de soleil qui est tombé directement sur mon banc. Pendant quelques secondes seulement, et puis c'était fini. C'était comme si Dieu me disait: «Oui, Jan, je t'ai pardonné. Donne-moi ta main.»

Je me sentais si léger que j'avais l'impression d'avoir été transporté au ciel. C'était comme si on m'avait débarrassé d'un sac à dos trop lourdement chargé. Ce poids que j'avais traîné durant tant d'années s'était tout simplement envolé. J'étais un homme nouveau! Je me suis levé d'un bond, plein de joie.

«Alléluia!» me suis-je écrié.

Je me sentais tellement libéré. Toute la saleté de mon cœur était lavée. J'étais vraiment un homme nouveau. Le vieux Jan, venais-je de comprendre, était mort sur ce banc dans la forêt.

«Alléluia!» me suis-je à nouveau écrié, alors que je n'avais presque jamais prononcé ce mot auparavant. «Je suis un homme nouveau! Ça y est, enfin! Je suis libre!» me suis-je exclamé en dansant.

Depuis toujours, j'avais été en recherche, mais sans savoir à quoi j'aspirais véritablement. Maintenant, je savais ce que j'avais cherché toutes ces années. J'avais cherché Dieu, j'avais cherché Jésus. Et je venais de le trouver. J'avais trouvé un Père dont l'amour était infini, qui n'avait jamais cessé de me chercher. Il avait toujours été là: pendant mes séjours en prison, puis quand, désespéré de la vie, je désirais la mort. Toute ma vie, il avait été là, attendant seulement que je saisisse sa main tendue.

Et, enfin, je l'avais fait. Ce jeudi 21 novembre 2002, à 14h55, j'ai saisi sa main et je lui ai abandonné la direction de ma vie. J'étais enfin arrivé à destination. J'appartenais à Dieu.

27. Un nouveau Jan

Soudain, tout ce qui m'entourait était devenu magnifique: les arbres, les montagnes, les prés, tout m'apparaissait splendide. Jamais, je ne m'étais intéressé à la nature, auparavant. Mais désormais, je me rendais compte de la beauté de la création de Dieu et de l'amour du détail avec lequel il avait tout agencé. Il avait tout fait si admirablement. *Quelle ingéniosité de la part de Dieu,* ai-je songé. *C'est extraordinaire! Cette racine, cette forme de fleur! C'est vraiment incroyable!*

Le cœur débordant de ce que je venais de vivre, je suis rentré à la clinique. Je désirais que tout le monde soit au courant de ce qui m'était arrivé. Je voulais qu'ils sachent que j'avais rencontré Dieu au bord de la rivière.

Comme tous les après-midi, les patients étaient assis dans le foyer et avaient l'air de s'ennuyer. Complètement hors d'haleine, je me suis approché des deux femmes avec lesquelles j'étais à table à midi. Elles avaient un certain âge et aimaient bien «cancaner».

– Bonjour!

– Bonjour. Que s'est-il passé? Tu as l'air différent, a remarqué Louise, une des deux, qui était en train de siroter tranquillement son thé.

Manifestement, on voyait sur moi que j'avais vécu quelque chose de particulier.

– Saviez-vous que Dieu existe? ai-je explosé.

– Pardon?! a-t-elle dit, manquant de s'étrangler.

– On dit à tout bout de champ: «Dieu merci!», «A Dieu ne plaise!», Dieu par-ci, Dieu par-là, mais figurez-vous qu'aujourd'hui, je l'ai rencontré personnellement.

– Ah! Et où ça?

Louise a toussoté, puis elle a fait un signe de tête vers sa voisine.

– Ma petite Rose, tu as entendu? Il vient de rencontrer Dieu.

– Oui, j'ai entendu, a répondu Rose en me jetant un regard plus que sceptique.

– Croyez-moi, je ne vous raconte pas de bêtises. En fait, je joue la comédie depuis que je suis arrivé ici. Je ne suis pas du tout maniaco-dépressif.

– Comment? Louise a écarquillé les yeux.

– Ma petite Rose, il dit qu'il n'est pas dépressif.

– Oui, j'ai entendu, a fait celle-ci d'un air pincé.

– Vous devez penser que je suis fou.

– Non... cela ne nous viendrait pas à l'idée.

– Il y a vraiment un Dieu vivant, ai-je poursuivi fébrilement. Je viens de faire sa connaissance. Il est vraiment là, pour chaque être humain. Tout est écrit dans la Bible, vous devriez la lire. J'étais au bord du fleuve et j'ai dit: «Dieu, où es-tu? Où es-tu?» Et soudain, je l'ai rencontré. J'ai prié. J'ai prié et il m'a pardonné tous mes péchés. Je suis comme né de nouveau. Je ne peux pas expliquer comment ça s'est produit, mais c'est arrivé, tout simplement. Vous comprenez?

– Oui-oui, oui-oui... euh... qu'est-ce qu'on t'a prescrit comme médicaments, dernièrement?

Bien sûr, elles ne croyaient pas un seul mot de ce que je venais de raconter. Et, honnêtement, c'était effectivement un peu difficile à suivre: solitaire maniaco-dépressif jusque-là, j'étais subitement débordant d'énergie. Mais je me souciais peu de ce que les gens pouvaient penser de moi. J'avais le cœur bien trop rempli pour cela. J'éprouvais une joie immense et j'étais très excité. En outre, il me tardait de voir comment les choses allaient continuer dans ma vie.

Je courais partout comme un fou en racontant mon histoire incroyable à tous ceux que je croisais. En fait, j'assommais complètement les gens avec ma foi toute neuve, et ils étaient vraiment dépassés. Parfois, même, je devenais agressif lorsque certains me conseillaient la prudence.

J'étais incapable de gérer cette nouvelle situation. Et peut-être Dieu me regardait-il en «souriant» et en se disant: Laissons-le d'abord un peu faire, ce Jan.

Je continuais à parler de ma foi. Et je priais aussi beaucoup, rempli de reconnaissance pour ce que je venais de vivre et curieux de ce qui m'attendait: «Merci, Dieu, de ce que j'ai pu te connaître. Qu'est-ce qui va se passer, maintenant? C'est vraiment incroyable! Incroyable! Mais j'ai quand même un peu peur de retourner à Berlin. Mais tu m'aideras. Je pense qu'à partir de maintenant, il faut que j'aille régulièrement à l'église, n'est-ce pas? C'est un peu ennuyeux, mais je le ferai, je suis prêt à tout.»

Quand je ne courais pas à travers la clinique comme un fou, je lisais frénétiquement la «Bible du motard» dans ma chambre. «Jésus, priais-je, tu es vivant, tu es vraiment ressuscité! Il faut que je relise l'histoire de Pâques. C'est tellement génial!»

Ce récit de la Bible s'est déroulé comme un film devant mes yeux. Et je ne manquais pas d'imagination, moi, le chauffeur de bus de la forêt de Köpenick! Me transportant littéralement dans cette époque lointaine, je me suis représenté les soldats crachant sur Jésus et le flagellant, puis la foule se moquant de lui quand, sur le chemin de Golgotha, il ployait sous le poids de la croix. Tout m'apparaissait de manière si vivante que j'avais le sentiment d'assister à la scène. C'était comme si je me tenais moi aussi sous la croix quand Jésus s'écriait: «Tout est accompli!»[1]

J'étais impatient de pouvoir parler de tout cela à ma psychologue attitrée.

....

1 Voir Evangile de Jean, chapitre 19, versets 17 à 30. (N.d.E.)

– Ecoutez, il y a du changement, ai-je dit à peine entré dans son bureau.

Jamais je n'avais été aussi loquace. Je me suis assis en face d'elle et suis allé droit au but.

– Vous savez quoi? J'ai rencontré Dieu!

Elle a rajusté ses lunettes.

– Oh, vous avez été sur la colline, là-haut, dans cette secte?

– Oui... oui, j'ai été là-haut! Et c'est là que j'ai rencontré Dieu.

– Vous devriez vous méfier. Il s'agit d'être très prudent avec ces affaires religieuses.

– Ça m'est complètement égal. J'ai rencontré Dieu! Vous comprenez?! Je l'ai appelé et il s'est révélé à moi. Vous pouvez le faire, vous aussi. Et vous savez quoi? M'imaginer que je suis un arbre pour puiser l'énergie dans la terre, ce n'est pas ça qui peut me guérir. Mon énergie ne vient que d'un seul: de Jésus! C'est le meilleur thérapeute. Et avec lui, vous n'avez pas besoin de prendre rendez-vous, il est toujours disponible. En plus, il peut guérir les maladies, c'est écrit dans la Bible. Tout y est.

– Bon, bon, je crois que nous allons nous arrêter là pour aujourd'hui, a-t-elle marmonné en refermant son dossier et en commençant à trouver la situation embarrassante.

– Au fait, ai-je ajouté, je voulais encore vous dire que j'ai raconté des bobards. Je ne suis pas malade du tout, vous savez. J'ai fait semblant, durant tout ce temps.

Elle s'est levée pour me raccompagner à la porte.

– Eh bien, il est préférable que vous gardiez cela pour vous, a-t-elle fait en souriant. On ne le consignera pas dans votre dossier. Vous pouvez disposer.

Le dimanche, Matthias est venu me chercher pour le culte. Il m'a trouvé sans problème, comme il l'avait dit. Bien sûr, il n'était pas au courant de ce qui s'était passé depuis notre première rencontre. Il ne me connaissait pas du tout et en était resté à notre seule et unique conversation où je lui avais demandé s'il était Jésus. Il devait me prendre pour un drôle d'énergumène. Et je l'ai surpris encore davantage quand je suis apparu dans le hall de la réception, la Bible sous le bras, et que j'ai crié à la cantonade:

– Hé, les gars! Quelqu'un veut nous accompagner au culte?!

– Euh, non... en fait, on est invités à un anniversaire, a dit une des personnes présentes.

– Bon, dommage, ai-je répliqué. Mais moi, j'y vais. Personne ne veut m'accompagner? Vraiment?

– Non, non, vas-y tout seul.

– Bon, alors à tout à l'heure! ai-je fait en me tournant vers Matthias. Ce culte, il est protestant ou catholique?

– On pourrait dire... protestant, mais tu sais, l'important, c'est toujours la Bible. Nous nous attachons à ce que dit la Bible.

– La Bible, oui la Bible, c'est bien, ai-je acquiescé en hochant la tête avec enthousiasme. Regarde, j'en ai une. Et je me suis mis à parler sans plus m'arrêter. Je lui ai raconté comment j'avais rencontré Dieu, juste après notre entrevue, et comment j'étais devenu un homme totalement nouveau.

– C'est quand même génial qu'on se soit croisés! Qu'est-ce que t'en penses?

– Oui... oui, ce n'était pas un hasard, a affirmé Matthias en restant toutefois très sceptique.

Cela ne lui semblait pas possible que j'aie changé à ce point, que je me sois converti comme ça. Un instant, il a songé qu'il s'agissait peut-être d'une blague avec une caméra cachée ou de quelque chose de ce genre. Il devait y avoir un piège quelque part.

Pendant tout le trajet, je l'ai bombardé de questions. Puis, après le culte, qui avait été effectivement très dynamique, nous avons convenu de nous retrouver le lendemain. Matthias était encore un peu méfiant quant à mon ardent désir de savoir et ma conversion radicale au bord de la rivière, mais il m'a promis qu'il prendrait le temps de répondre à mes questions sur la foi, et ce du mieux qu'il pourrait.

C'est ainsi que nous nous sommes retrouvés chaque soir. Nous nous rendions ensemble au château qui dominait l'endroit et qui, la nuit, était tout illuminé, et nous nous installions sur un de ses vieux murs. Pour plaisanter, nous appelions ces rencontres «les sermons du château». Là, alors qu'à nos pieds s'étendaient la station thermale et ses mille lumières, puis la rivière qui serpentait à travers la campagne, nous parlions et parlions durant des heures.

La plupart du temps, c'était moi qui parlais. J'avais tant à raconter et tant de questions à poser. Pendant la journée, j'en rassemblais des centaines, et le soir, lors de nos «sermons du château», Matthias me fournissait les réponses. Il lui fallait énormément de patience et de tact avec un gars fougueux comme moi. Il m'expliquait tout à l'aide de la Bible. Il m'a aussi fourni un grand nombre de cassettes avec des prédications. Moi, j'absorbais toutes ces informations au sujet de Dieu et de Jésus comme une éponge desséchée. J'étais tellement curieux, je voulais tout savoir. Je ne faisais pas dans la demi-mesure.

Matthias avait 25 ans, il était donc plus jeune que moi, mais c'était vraiment le gars qu'il me fallait pour m'aider dans mes débuts avec Dieu. Il était vif et sportif et n'avait qu'un désir: vivre avec le Seigneur des aventures extrêmes. Aussi, Dieu lui avait-il envoyé un type particulièrement extrême, c'est-à-dire moi!

Le fameux jeudi, il m'avait vu par la fenêtre, alors qu'il se rendait à la bibliothèque. C'était comme si Dieu avait attiré son attention sur moi et lui avait dit: «Matthias, tu vois cet homme, là-bas? Cet homme à la mine patibulaire, qui est en train de lire une brochure? Eh bien, il me cherche. Va le voir!» Matthias avait soif d'aventures, et Dieu lui a donné Jan! Et ça, mesdames et messieurs, c'était un vrai défi!

A la clinique, les patients ont commencé à se parler à voix basse quand je les croisais. Certains pensaient qu'on m'avait administré des drogues particulières. Quant à ma thérapeute, elle a diagnostiqué une «mégalomanie religieuse».

Un jour, lors d'un repas, Louise m'a remis discrètement une bombe lacrymogène au poivre en disant:

– Tiens, pour quand celui de la secte reviendra. Il faut que tu sois toujours armé. On ne sait jamais ce qui peut arriver. N'ai-je pas raison ma petite Rose?

– Oui, on entend sur ces gens les histoires les plus folles, a renchéri sa petite Rose. Si cet homme veut t'enlever, tu auras au moins de quoi te défendre.

J'ai empoché la bombe en haussant les épaules. *Ce que les gens peuvent avoir des idées farfelues*, ai-je songé.

Puis, après une semaine de discussions soutenues avec Matthias, j'étais comme vidé. Je lui avais raconté tout ce qu'il y avait à raconter et je n'avais plus rien à dire.

– Bon, Jan, a fait alors celui-ci, tu m'as parlé de ta vie de pécheur pendant huit jours. Maintenant, c'est à moi de te poser une question: Comment imagines-tu ton avenir?

– Oui, eh bien c'est très simple, ai-je fait. Je retourne dans mon bar et je continue à vendre de la bière. Bien sûr, je ne mentirai plus et je ne tromperai plus les clients. Je vais même les conduire à Dieu un par un. Je serai un barman chrétien, et chaque copain à qui je servirai une bière aura un psaume en prime.

Matthias m'a regardé, les sourcils froncés, puis il m'a répondu une chose à laquelle je ne m'attendais pas:

– Dis, tu ne te rends pas compte des bêtises que tu débites? Tu ne peux pas continuer comme avant, dans ton ancien milieu. A mon avis, tu dois tourner le dos à cette vie-là, et complètement.

Comment peut-il se permettre de me dicter ce que j'ai à faire? ai-je pensé, fâché. *Ce n'est qu'un petit provincial qui doit venir d'un bled perdu où ils sont tous cousins. Il n'a aucune idée de ce qui se passe dans une grande ville!*

– Tu ne comprends pas, ai-je dit. Je ne peux pas décrocher aussi facilement. C'est beaucoup trop compliqué. Je suis enfoncé jusqu'au coup dans tout ça.

– Mais réfléchis un moment, Jan, a insisté Matthias en secouant la tête. Si tu retournes là-bas, tu vas retomber, c'est sûr. Tu ne peux pas y arriver sans aide.

– Bien sûr que si, j'y arriverai. Comment peux-tu savoir mieux que moi ce dont je suis capable? Tu n'en as aucune idée. Et puis, il y a tous mes copains. Je ne peux pas les laisser tomber comme ça. Ils sont tout ce que j'ai. Ce sont mes amis!

– Tu appelles ça des amis! s'est écrié Matthias. Regarde où ces prétendus amis t'ont amené! Tu croules sous les dettes, tu es mêlé à des histoires douteuses et tu es alcoolique et drogué.

Ce Matthias me paraissait tout à coup beaucoup moins sympathique. Je me sentais agressé. Que savait-il de ma vie, en réalité? Toute mon existence dépendait de ce bar et de cette organisation mafieuse. *La Grotte* était mon gagne-pain. Ce grand escogriffe n'avait vraiment aucune idée de ce qui se passait à Berlin.

Mais heureusement, Matthias ne s'est pas laissé intimider.

– Alors, Jésus te sort de la mouise, il te donne une nouvelle vie, et toi, tu n'es même pas prêt à renoncer à quelques amis? A des amis qui ne sont même pas de vrais amis?

Il commençait à être sérieusement agacé.

– Et je vais te dire une chose, Jan, a-t-il poursuivi. Jésus a renoncé à tout, pour toi. A tout. Il est mort pour toi, et dans une terrible torture, en plus. Ils l'ont sauvagement fouetté. Tout cela, il l'a supporté par amour pour toi, Jan, afin que tu puisses être libre.

J'ai avalé ma salive. J'avais assez d'imagination pour me représenter à nouveau la scène. Je ressentais littéralement la douleur que Jésus avait dû endurer lorsque le fouet des soldats romains claquait sur son corps meurtri. Et tout cela, il l'avait supporté pour moi. Pour moi!

– Ça va, tu peux t'arrêter, Matthias, j'ai compris, ai-je murmuré, gêné.

– Non, je ne m'arrête pas, a-t-il fait, irrité. Et ensuite, ils ont percé ses pieds et ses mains avec des clous, et il a souffert d'une manière indescriptible. Tout ça pour toi, Jan.

– Arrête, maintenant, ai-je répété.

– Je n'ai pas fini, Jan. Ils l'ont crucifié. Et la douleur qu'il a dû endurer quand, sous le poids de son corps, les blessures qu'il avait aux pieds et aux mains se sont ouvertes davantage encore... il l'a supportée pour toi, Jan.

– Oui, d'accord... c'est bon, tu as raison Matthias, ai-je bredouillé.

– Attends, je n'ai pas encore terminé. Alors, son sang a coulé, goutte par goutte. Et l'une de ces gouttes a coulé pour toi.

Il m'a regardé intensément.

– Crois-tu que ce Jésus qui a subi tout cela pour toi a le pouvoir de te délivrer de la mafia? Crois-tu cela, Jan?

J'ai évité son regard et je n'ai rien répondu. J'étais profondément bouleversé par ce qu'il venait de dire. Ces mots avaient vraiment touché mon cœur. Je savais que ce n'était pas Matthias qui avait parlé, mais que c'était Dieu qui s'était adressé à moi.

– Je veux retourner dans ma chambre, ai-je soufflé.

Il m'a raccompagné à la clinique et je suis monté dans ma chambre. Je me suis assis sur mon lit, le visage dans les mains, désespéré. Je ne voyais pas d'issue.

«Ô Jésus, ai-je prié. Je sais, tu as beaucoup souffert pour moi. Mais que dois-je faire? En fait, ce que Matthias dit est logique, je le sais. Pourtant, je ne peux pas simplement... J'ai la trouille, Jésus. J'ai vraiment la trouille. Je ne peux pas y arriver tout seul. Si tu veux que je quitte tout cela, il faut que tu m'aides.»

Je n'ai pas fermé l'œil de la nuit. J'ai prié pour recevoir une réponse. J'ai prié jusqu'à ce que, enfin, je parvienne à prendre une décision: avec la force de Dieu et les prières de tous les chrétiens que Matthias connaissait, je voulais tenter de commencer cette nouvelle vie à Berlin.

Le lendemain soir, quand j'ai retrouvé Matthias, je lui ai fait part de ma décision.

– Matthias, ce que tu m'as dit hier soir, c'est la vérité. Il faut que je change de vie. Il faut que je quitte le milieu. Ce sera vraiment très dur. J'ai très peur, il faut que je te l'avoue. Mais je veux faire confiance à Dieu et remettre mon avenir entre ses mains.

– Exactement, Jan, a approuvé Matthias en hochant la tête. Et *il* t'aidera, je te le promets. Jésus sera avec toi, aussi à Berlin.

– Oui, ai-je murmuré, tremblant intérieurement en songeant à ce qui m'attendait. Jésus sera avec moi, aussi à Berlin.

28. La sortie

Je m'attendais à ce que ce soit rude. J'avais quitté Berlin en étant hooligan et néonazi et je revenais en étant chrétien. Je craignais énormément la réaction de mes partenaires, surtout devant ma décision de quitter ce milieu mafieux.

Je ne me souciais pas de l'avis de Mario, puisque je n'avais que rarement eu affaire à lui. Mais j'appréhendais la confrontation avec Tokyo et Rocky. J'ai demandé à Matthias de contacter toutes les écoles bibliques et toutes les églises qu'il connaissait afin qu'elles prient pour moi sans relâche. Car une chose était sûre: on ne plaisantait pas avec les gars de la mafia. Ils n'allaient pas me laisser partir aussi facilement.

Dès mon arrivée à Berlin, j'ai téléphoné à Tokyo.

– Bienvenu à la maison! Joker, a-t-il dit. J'espère que tu t'es bien rétabli.

Je me suis raclé la gorge.

– Euh... Tokyo, il faut qu'on parle.

– Pas de problème. Rentre d'abord chez toi et repose-toi. On se voit demain, O.K.?

– Non, Tokyo, il faut qu'on se voie aujourd'hui.

– Aujourd'hui? Ça ne peut pas attendre demain?

– Non, ça ne peut pas attendre, c'est important.

– Bon, O.K., alors passe à mon club, on pourra discuter.

Trois quarts d'heure plus tard, j'ai retrouvé Tokyo au bar de son club. Je suis tout de suite entré dans le vif du sujet.

– Tokyo, il faut que je te raconte quelque chose. C'est important pour moi que tu l'apprennes le premier et que ce soit moi qui t'en parle en personne.

– Tu parais bien mystérieux, Joker. De quoi il s'agit?

– On peut se parler seul à seul? ai-je fait en désignant des yeux les nombreuses personnes qui se trouvaient autour de nous.

– O.K., a-t-il concédé, dans ce cas, on va dans mon bureau.

On accédait aux locaux supérieurs par un escalier en colimaçon. Tokyo m'a conduit vers son bureau et m'a offert un siège. Mais j'ai préféré rester debout, étant beaucoup trop nerveux pour m'asseoir.

– Ecoute, Tokyo, ai-je commencé d'une voix ferme, tout en tremblant intérieurement, il faut que je te le dise avant que tu l'entendes par quelqu'un d'autre: j'ai rencontré Jésus.

– Hmmh, a fait Tokyo, nullement impressionné.

La nouvelle ne semblait aucunement l'inquiéter. Il connaissait ma tendance à la spiritualité et s'imaginait probablement que c'était là ma dernière lubie. Les bras croisés, il attendait la suite des révélations.

– Je me suis converti pendant ma cure, ai-je poursuivi. Ma vie a complètement changé. Maintenant, je marche avec Jésus-Christ et...

J'ai respiré profondément et pris mon courage à deux mains.

– ...et c'est pourquoi je veux quitter le business.

Tokyo est resté bouche bée.

– Très bien Joker. Mais, dis-moi, qu'est-ce que tu veux quitter exactement?

– Comment ça?

– Je veux que tu précises ce que tu veux quitter.

– Tout.

– Tout?

– Oui.

– Le club? Le BFC Dynamo? Le bar? Ton groupe de musique?

– Tout ça, ai-je confirmé.

Puis, en me donnant encore un peu de courage, j'ai ajouté:

– Et je pensais que vous me donneriez dans les 3500 marks pour solde de tout compte. C'est tout ce que je demande. Sinon, à part ça, je décroche de tout.

Tokyo m'a toisé d'un œil glacial. Il fallait qu'il digère ce que je venais de lui annoncer si brutalement.

– Fais attention, Joker, a-t-il dit finalement, ce que tu viens de me raconter là, on va l'oublier vite fait, d'accord? Je ne peux pas transmettre cette information aux autres telle quelle, tu comprends? Je te propose la chose suivante: tu vas rentrer chez toi retrouver ta femme, tu vas boire une petite bière tranquillement et on se revoit quand tu auras repris tes esprits.

– Mon cher Tokyo, je n'ai jamais eu l'esprit aussi clair que maintenant, lui ai-je rétorqué. Jamais je n'ai pris une décision aussi irrévocable que celle-ci. Jésus-Christ...

Tokyo ne m'a pas laissé terminer ma phrase, perdant subitement contenance.

– Tu vas la fermer avec ce Jésus! a-t-il hurlé en serrant les poings. Je vais mettre les choses au clair une fois pour toutes, Joker, et tout à fait indépendamment de ton Jésus: si vraiment tu veux décrocher, tu es automatiquement un traître. J'espère que c'est clair pour toi. Tu sais ce que ça signifie?

– Tokyo, ma décision est prise, lui ai-je répondu avec un calme qui ne pouvait provenir de moi.

– Joker, rentre chez toi et réfléchis bien si tu veux t'infliger ça et en faire subir les conséquences à Kathrin.

Je n'ai pas relevé sa menace implicite.

– Tokyo, ai-je dit, tu ne peux pas me retenir. Je décroche. C'est mon dernier mot.

Sur ces paroles, j'ai fait demi-tour et j'ai quitté son bureau.

A la maison, Kathrin m'attendait déjà la mine soucieuse.

– Mais à quoi tu ressembles! s'est-elle exclamée lorsque j'ai franchi la porte d'entrée.

Effectivement, le changement qui était intervenu dans ma vie se voyait aussi extérieurement. J'avais maigri, je portais un pull tricoté main et toute dureté et toute brutalité avaient disparu de mon visage.

– Ecoute, on va avoir de gros problèmes, ai-je déclaré depuis le couloir en posant mon sac de voyage.

– Qu'est-ce que tu vas m'annoncer encore? a-t-elle fait en croisant les bras d'un air provocateur. Fais bien attention à ce que tu vas me dire, cette fois!

– Oh Kathrin, il y a tant de choses que je ne t'ai pas dites. J'ai fait une expérience incroyable pendant la cure.

Je me suis approché d'elle, mais elle a reculé instinctivement.

– Tu as rencontré une autre fille? a-t-elle demandé sèchement.

– Non, un autre homme.

– Tu es devenu homosexuel?

– Mais non, Kathrin, écoute-moi s'il te plaît.

Elle a soupiré, l'air las.

– Ne me raconte pas encore des foutaises, Jan. Tu m'en as déjà assez fait voir. Qu'est-ce qui va encore me tomber dessus?

– Je suis enfin parvenu à destination.

– A quelle destination?

– Je me suis converti.

– Tu as fait *quoi*???

– J'ai rencontré Jésus.

– Tu as rencontré *Jésus*?

– Oui, Kathrin, ai-je fait calmement. Dieu est entré dans ma vie.

Elle semblait vraiment inquiète et ses mains tremblaient légèrement.

– C'est quoi, encore, ces idioties, Jan?! Tokyo m'a déjà appelée. Il m'a dit que tu venais de tout laisser tomber, que tu avais un grain et que je devais faire en sorte que tu reviennes à la raison.

– Kathrin, crois-moi, tout va s'arranger.

J'ai essayé de poser ma main sur son bras, mais elle m'a évité et est partie dans la cuisine.

– Rien ne va s'arranger! a-t-elle crié en arpentant la pièce de long en large. Qu'est-ce que tu leur as raconté? Que tu décrochais? T'es fou ou quoi? De quoi on va vivre? Tu sais bien qu'on a des dettes!

Effectivement, nous en avions des dettes! La pauvre était complètement bouleversée et dépassée par la situation.

– Dieu... Dieu va nous aider à éponger nos dettes, ai-je dit.

Elle m'a regardé comme si j'étais un extraterrestre.

– Quoi?

– Oui, ai-je confirmé, tu verras, ça va finir par s'arranger.

– Comment ça, ça va finir par s'arranger?! s'est-elle exclamée avec un rire amer. Pour toi, tout est toujours extraordinairement simple! Depuis des années, c'est toujours la même chose, je m'efforce d'organiser notre vie tant bien que mal, pendant que toi, tu te soûles ou que tu te défonces la tête avec tes copains hooligan. Et qui prend toutes les responsabilités, finalement? Moi. Qui a tout fait pour toi quand tu es rentré d'une bagarre avec les côtes cassées? Moi. Qui est venu te rendre visite tous les jours chez les fous quand tu as fait cette psychose schizophrène? Moi. J'en ai tellement marre, Jan. Tu ne peux pas t'imaginer combien j'en ai marre!

– Essaie de comprendre, Kathrin. Je suis devenu un homme nouveau. Jésus m'a totalement transformé.

Kathrin a secoué la tête avec désespoir.

– T'es encore parti dans un trip? C'est ça? Mais je te dis une chose: je ne supporterai pas une nouvelle thérapie chez les dingues.

– Non, Kathrin, ai-je tenté de la rassurer. Ce n'est pas un trip. Dieu existe vraiment et je l'ai rencontré sur la colline de Burgschwanden. Si seulement tu pouvais me croire.

Ma copine ne savait plus quoi penser. Complètement déconcertée, elle était au bord de la crise de nerfs.

– Et c'est ton Dieu qui va payer le loyer de notre nouvel appartement et les factures d'électricité et de téléphone? a-t-elle demandé désespérée, la voix soudain chevrotante. Il faudra bien qu'on vive de quelque chose, si tu laisses tout tomber comme ça!

– Kathrin, ai-je dit, Dieu a un plan pour toi et pour moi. Et ce plan tient compte de notre situation financière. Dieu prendra soin de nous.

C'en était trop pour elle.

– Tokyo avait raison, a-t-elle murmuré en me fixant, décontenancée. Tu as vraiment un grain. Et je crois que pour moi aussi, le temps est venu de décrocher.

Je ne m'étais pas attendu à cela.

– Mais Kathrin, sois raisonnable...

D'un geste, elle m'a coupé la parole, puis, passant devant moi, elle est allée dans notre chambre à coucher. Là, d'un coup sec, elle a tiré une valise de dessous le lit.

– C'est terminé, Jan, a-t-elle fait d'une voix tremblante. Je n'en peux plus.

Elle s'est essuyé furtivement les yeux et s'est mise à jeter des vêtements pêle-mêle dans la valise.

– Kathrin, s'il te plaît!

Brusquement, elle s'est retournée et m'a regardé avec des yeux exprimant à la fois une véritable colère et une profonde tristesse.

– Ne dis rien Jan. Tais-toi, tout simplement.

Je n'avais aucun moyen de la retenir. Elle a terminé de rassembler ses affaires et est partie. Après avoir entendu claquer la porte, je me suis jeté sur le lit et j'ai pleuré toutes les larmes de mon corps. J'étais déchiré intérieurement et complètement désespéré. Que pouvais-je faire? Etait-ce le prix à payer pour être chrétien?

J'ai appelé Matthias et je lui ai raconté tout ce qui venait de se produire. Il est resté très calme.

– Mais Jan, c'était sûr que les choses se passeraient comme ça. Essaie de te mettre à la place de Kathrin. Sa réaction est tout à fait logique. Mais reste-lui fidèle, Jan. Ne te retire pas. Permets-lui d'abord de surmonter le choc. Laisse-là tranquille un moment. Donne-lui un peu de temps.

Je suis resté seul dans l'appartement pendant trois jours, complètement à bout nerveusement. Comment tout cela allait-il finir?

29. L'explication

Le dimanche suivant, je me suis rendu dans une église que Matthias m'avait conseillée. Contrairement à mes craintes, je m'y suis tout de suite senti à l'aise. C'était comme une grande famille, et j'ai été accueilli avec tant d'amour que j'ai cru que Dieu lui-même me prenait dans ses bras. J'ai même eu quelques larmes d'émotion lorsque les gens m'ont donné un peu d'argent et divers cadeaux, une fois que, à la demande du pasteur, j'avais dit quelques mots devant l'assemblée pour me présenter. Je n'avais jamais vécu une chose pareille. J'étais vraiment confondu par la chaleur de ces chrétiens. J'avais l'impression qu'il y avait une fête dans le ciel pour le retour du fils prodigue.

Une fois le culte terminé, je me suis assis dans ma voiture. Il fallait d'abord que j'accuse le coup de cette cordialité débordante qui m'avait été manifestée. J'étais complètement désemparé devant tant de gentillesse et de sincérité, car dans mon univers de truands, on avait eu d'autres habitudes. Et, tandis que je remerciais Dieu pour cette nouvelle expérience incroyable, je me suis soudain souvenu des gars de la «Tribu de Juda». *Eh, mais il est grand temps que je les appelle!* ai-je pensé. *Il faut que je leur dise que je me suis converti.*

Je savais que leur carte de visite traînait quelque part dans la voiture. Je me suis mis à sa recherche pour la dénicher finalement dans la boîte à gants. Les mains tremblantes, j'ai composé le numéro sur mon portable. Une grosse voix de basse s'est fait entendre.

– Euh, salut Maurice, ai-je dit le cœur battant à tout rompre. C'est Jan. Tu te souviens de moi?

– Bien sûr, Jan! s'est-il exclamé joyeusement.

– Tu te souviens vraiment de moi? me suis-je étonné.

– Mais bien sûr, tu étais au rassemblement de motards il y a un an et demi, c'est ça?

– Oui, c'est bien ça!

– On prie pour toi tous les mercredis depuis qu'on t'a rencontré, Jan. Qu'est-ce qui se passe?

A ces mots, je n'ai plus pu me contenir, tant j'étais touché. Je me suis mis à pleurer.

– Je... je me suis converti!

– C'est vrai?! Alléluia! a crié Maurice dans le téléphone. Viens tout de suite, on va faire une grande fête. Où es-tu, maintenant?

– A Berlin... j'étais dans une église, là, et... euh... Je bafouillais, tandis que les larmes coulaient sur mon visage. Tout est nouveau pour moi... J'ai Jésus et... euh...

– Du calme, du calme. Allez, passe simplement nous voir!

Il m'a donné l'adresse et je me suis rendu à Wildau, un peu en dehors de Berlin, où j'ai retrouvé ces gars de la «Tribu de Juda». Ils étaient cinq. Nous nous sommes réunis dans la cuisine et nous avons prié ensemble. Nous étions tous tellement heureux. Je devais toujours m'essuyer les yeux, tant j'étais ému par ce que je vivais.

– C'est génial, ai-je dit, vraiment génial. Vous vous souvenez que vous m'aviez donné une «Bible du motard» à l'époque?

– Oui.

– Elle est là. Regardez, voilà la Bible que vous m'avez offerte!

– Il faut que je raconte ça aux autres! a fait Maurice enthousiaste.

Il a passé les minutes suivantes au téléphone pour annoncer la bonne nouvelle de ma conversion à toutes les personnes possibles.

Quand l'euphorie du début s'est un peu calmée, nous nous sommes assis à une table pour discuter de ce qu'il convenait de faire. Ces gars savaient tous très bien que je me trouvais dans une situation critique. Ils connaissaient la mafia et tout ce milieu criminel. Nous nous comprenions bien et ils savaient par expérience combien j'étais en danger.

– Ecoute-moi, Jan, a dit Maurice, on ne va pas se voiler la face. On sait tous que ces gars avec lesquels tu t'es acoquiné peuvent devenir assez désagréables. On a une proposition à te faire: tu pourrais disparaître avec ta copine pour dix-huit mois, quelque part où personne ne te connaît.

– Non, je ne peux pas faire ça, ai-je dit en secouant la tête. Je ne peux pas me cacher. Il faut que j'affronte la situation.

– Tu es vraiment sûr? a demandé Maurice.

J'ai pris une grande respiration et hoché la tête.

– Tout à fait, ai-je confirmé. Je ne suis pas le genre à vivre dans l'anonymat. Pour moi, il n'y a qu'une possibilité: faire face à la situation.

– O.K., Jan, on va maintenant prier pour toi afin que dans tout ce que tu fais, tu sois sous la bénédiction de Dieu. Et le Seigneur placera une armée d'anges à tes côtés pour te protéger partout où tu iras.

Ils allaient commencer à prier quand mon portable a sonné. C'était Tokyo. Sa voix m'a glacé le sang.

– On se retrouve ce soir, a-t-il dit. Fais bien attention à ce que tu vas dire aux autres, Joker, O.K.? Réfléchis bien!

Il avait déjà raccroché. Pendant quelques secondes, j'ai regardé fixement devant moi, frissonnant légèrement. Mon pouls battait subitement à 180.

– L'explication est pour ce soir, ai-je murmuré en les regardant chacun tour à tour. Priez pour moi, s'il vous plaît. Ça ne va pas être facile. Ça ne va vraiment pas être facile.

J'ai vu dans leurs yeux qu'ils comprenaient. Nous avons prié ensemble et, avant de me laisser partir, ils m'ont fait cadeau d'un carton de cinquante «Bibles du motard».

– Que Dieu t'accompagne, a dit Maurice en me serrant fraternellement dans ses bras. Et si tu as besoin de quoi que ce soit, tu as mon numéro.

– Merci, ai-je fait, merci pour tout!

Ce même après-midi, j'ai appelé Matthias pour le tenir au courant de la rencontre qui devait avoir lieu le soir. J'étais vraiment très inquiet et je me demandais ce que les mafiosi m'avaient préparé comme mauvais coup.

– Matthias, il faut que vous soyez très nombreux à prier pour moi, ai-je imploré. S'il te plaît dis à tous tes amis à l'école biblique de prier pour moi. La confrontation avec mes anciens acolytes est pour ce soir. Je suis sûr qu'ils ont de mauvaises intentions. Ils ont dû se mettre d'accord pour me tendre un piège, c'est certain. Ça peut vraiment devenir dangereux pour moi.

– Jan, ça ne sera pas dangereux, a répondu Matthias, confiant, car Dieu est avec toi et il gardera sa main sur toi. Il te donnera les mots justes et te protègera.

Jusqu'à l'heure du départ, j'étais comme sur des charbons ardents. Puis, le soir venu, je me suis armé de trois «Bibles du motard» et je suis entré dans notre bistrot, les genoux flageolants.

«Dieu, il faut que tu m'aides, ne cessais-je de prier, il faut que tu m'aides.»

– Bonsoir, Joker, a fait une des employés qui était en train d'essuyer les tables. Ça fait longtemps qu'on t'a pas vu.

– Oui, salut, ai-je fait en lui adressant un sourire.

Elle m'a regardé plus attentivement.

– C'est drôle, mais on dirait que t'es plus comme avant.

– Oui, ai-je répondu, c'est parce que Jésus habite en moi.

– *Quoi*?!

Elle est restée bouche bée, complètement immobile, tandis que je la dépassais pour m'approcher du comptoir où quelqu'un m'attendait déjà. C'était Rocky. Confortablement installé sur notre estrade, les pieds posés sur une table, il buvait tranquillement une bière en se balançant sur sa chaise.

– Dis donc, a-t-il attaqué aussitôt sans se perdre en salutations, j'ai entendu dire que tu étais quelque part dans l'ouest pour fêter Noël? Et puis, tu as rencontré le père Noël sur son traîneau, tu t'es installé à l'arrière et tu es parti pour un voyage dont tu n'es pas encore revenu. C'est bien ça?

Rocky a toujours eu un humour assez bizarre. Alors que je me tenais debout devant lui, j'ai pris mon courage à deux mains et, soutenant son regard féroce, j'ai répondu:

– Bon, on peut dire ça comme ça. J'ai suivi cette cure, comme tu sais, et là, j'ai rencontré Jésus.

– C'est bon, t'as pas besoin de m'en dire plus, m'a-t-il arrêté d'un geste tout en continuant à se balancer. Et donc, tu continues à cheminer avec lui?

– C'est ça.

– Hmmh.

Je m'étonnais moi-même du calme avec lequel j'étais capable de faire face à ce boss de la mafia.

– Et puisqu'on a abordé le sujet, ai-je ajouté, je voulais justement t'offrir quelque chose.

– Tu veux m'offrir quelque chose?

– Je veux te donner un livre, ai-je fait en posant sur la table la «Bible du motard» à la couverture multicolore.

– C'est une Bible?!

Instantanément, il a ôté ses pieds de la table et l'expression de son visage s'est complètement transformée. Il était subitement beaucoup moins «cool».

– Tu veux m'offrir une Bible? Une *Bible*?!

Puis, il s'est mis à trembler. Le grand Rocky, qui ne craignait rien ni personne et qui avait certainement quelques cadavres dans son placard, s'est mis soudain à disjoncter.

– Tu veux que je te dise une chose, Joker? Il y a un truc que tu n'as pas pigé! Je crois vraiment qu'il y a quelque chose que tu n'as pas compris!

Il s'est mis à respirer avec difficulté, a roulé les yeux et a fourré la main dans la poche arrière de son pantalon.

– Attends, mon cher! Attends, je vais te montrer quelque chose!

Je n'étais vraiment plus très rassuré. Qu'avait-il donc l'intention de faire? Etait-il armé? Allait-il m'abattre là, en plein milieu du bistrot? Finalement, ce n'est pas une arme qu'il a sortie de sa poche, mais un bonnet de laine noire. Trois chiffres six flamboyants étaient brodés à l'intérieur. Je connaissais la signification de ce nombre: pour beaucoup, il symbolisait l'antéchrist.

J'avais toujours su que Rocky trempait dans l'occultisme, mais je n'avais jamais pris le temps d'y réfléchir. En cet instant, j'ai automatiquement repensé aux deux événements bizarres – la Bible sur le comptoir et la croix dans la voiture – qui, déjà, l'avaient mis dans cette sorte d'état de choc.

– Voilà mon gars, a-t-il déclaré en me montrant le symbole occulte. C'est *ça*, ma religion! Tu comprends? C'est ça ma religion, mon vieux!

– Je comprends bien, ai-je répondu, tout à fait calme. Je sais que c'est ta religion. Mais pourquoi ça t'empêcherait d'accepter un cadeau?

Les ailes de son nez se sont mises à frémir. Je ne le reconnaissais plus. Il ressemblait à un loup qui montre les dents devant un agneau, s'apprêtant à le dévorer, mais qui, contre toute logique, n'y parvient pas. Sans dire un seul mot de plus, il a attrapé la Bible, s'est levé de sa chaise, a quitté le bar et n'est plus revenu. Un de moins! Et uniquement à l'aide d'une Bible.

C'est fou ce qui se passe ici, ai-je pensé.

L'employée, qui avait suivi notre conversation à une certaine distance, a secoué la tête, incrédule.

– Je ne l'ai jamais vu comme ça, a-t-elle dit.

Une demi-heure plus tard, Mario et Tokyo sont entrés. Eux aussi se sont épargné les préliminaires.

– Tu nous suis dans l'arrière-salle, Joker.

Dans cette arrière-salle, beaucoup d'affaires louches avaient été traitées et beaucoup d'argent sale était passé de main en main. Nous nous sommes assis autour de la table. L'air était chargé d'électricité et j'avais vraiment très peur.

«Seigneur, ai-je prié silencieusement, j'ai besoin de ton aide, je n'y arriverai pas tout seul.»

– Ecoutez, ai-je commencé d'une voix ferme: j'ai rencontré Jésus et c'est pour cette raison que je veux quitter le milieu.

– Eh, Joker, a fait Tokyo avec la mine de quelqu'un qui vient de mordre dans un citron, t'es vraiment aussi naïf? Tu crois vraiment que tu peux partir comme ça, aussi simplement? On n'est pas dans une bibliothèque, ici, où on peut rendre sa carte d'adhérent et rentrer chez soi tranquillement.

– Tokyo, je sais que, d'un point de vue purement humain, c'est difficile à comprendre. Mais j'ai donné ma vie à Dieu et, maintenant, je veux faire des pas décisifs avec lui. Et un de ces pas, c'est de tirer un trait sur tout ça.

Tokyo me fixait de ses petits yeux, l'air sceptique.

– Je n'ai qu'une question à te poser, Joker: Est-ce que tu es avec la police? Est-ce qu'ils t'ont engagé comme indic?

– T'imagines vraiment une chose pareille? ai-je demandé en secouant la tête. Tu sais ce que j'aimerais, Tokyo? J'aimerais tellement que toi aussi tu viennes au Seigneur. Tokyo, Dieu veut devenir ton Père.

– Tu peux oublier. Je ne veux rien avoir à faire avec ce Dieu. Je *suis* Dieu!

– Tokyo, tu n'es pas Dieu. A partir d'aujourd'hui, je prierai toujours pour toi. Si Dieu a pu me sauver moi, il peut sauver n'importe qui, même toi.

J'ai vu que mes paroles le dérangeaient. Tout comme Rocky, Mario et lui étaient complètement dépassés par la situation.

– Joker, je vais te dire une chose, a grogné Tokyo en pointant son index sur mon visage. Si tu nous prends pour des imbéciles, je t'explose la tête.

– Je ne vous prends pas pour des imbéciles. Je veux changer de vie. Je suis chrétien, maintenant. Et ça, c'est un cadeau que je vous ai apporté à chacun.

J'ai posé les «Bibles du motard» sur la table. Aussitôt, Tokyo s'est transformé en une véritable bête enragée.

– Dégage cette saloperie de la table!!! a-t-il vociféré en bondissant comme s'il avait été piqué par une tarentule.

– Non, je ne les enlève pas, ai-je dit calmement alors qu'il restait figé sur place, le regard rivé sur les Bibles, comme s'il s'agissait d'une bombe à retardement qui allait exploser dans les secondes suivantes.

Je sentais qu'un véritable combat se livrait dans la pièce, comme si la lumière et les ténèbres se faisaient face. Puis, soudain, Tokyo s'est jeté sur moi, m'a arraché de ma chaise et m'a agrippé par le col avec ses grosses paluches. Réduit à l'impuissance et pendant à quelques centimètres du sol, je le regardais droit dans les yeux. Il était rempli de fureur.

Nous nous connaissions depuis l'adolescence. Nous avions été amis. Tokyo m'avait même sauvé la vie quand ceux de Magdebourg avaient failli me transformer en paraplégique. Mais en cet instant, il était devenu mon pire ennemi.

– Qu'est-ce que tu fais si je te réduis en pièces ici même? a-t-il hurlé, les joues en feu.

– Rien, Tokyo, ai-je répliqué avec sérénité.

Il était capable de m'étrangler sur-le-champ, j'en étais certain. Mais étrangement, cela ne me faisait pas peur. Je sentais une paix profonde en moi. Je savais que, si je mourais, j'irais au ciel. Cette certitude ancrée dans mon cœur était plus forte que la tempête qui sévissait autour de moi.

– Et si je te tue maintenant, hein?! a crié Tokyo, fou furieux, en me secouant comme une poupée de chiffon.

Je ne respirais presque plus.

– Tokyo, je suis déjà mort, ai-je dit la voix rauque en soutenant son regard avec assurance. Le vieux Jan est mort il y a un mois, sur un banc, au bord de la rivière à Burgschwanden.

Tokyo a relâché son emprise et s'est écarté de moi. J'ai tâté prudemment mon cou. Je sentais encore la marque de chacun de ses doigts qui m'avaient étranglé.

– O.K., les gars, alors je m'en vais maintenant.

– Tu ne vas nulle part, a sifflé Tokyo en barrant le passage. Tu as encore des dettes envers nous.

– Je n'ai pas de dettes. Pour être précis, c'est même le con-traire. Mais laissons tomber. Je renonce à ma part.

– T'es un sale traître, a proféré Tokyo. Tu nous plaques comme ça et tu crois que ça ne va rien te coûter? Tu nous dois un gros paquet. Mais si tu veux, on peut fermer les yeux et tu peux rembourser tes dettes en travaillant comme serveur.

Il voulait me faire craquer, mais je n'ai pas marché.

– Non Tokyo, je ne travaillerai plus ici. C'est définitivement fini. Je pars maintenant avec mon Dieu et je ne remettrai plus jamais les pieds dans ce bar.

Et c'est ce que j'ai fait. Je les ai laissés plantés là, et, impassible, je suis passé à côté d'eux. Sidérés et incapables de bouger, ils m'ont suivi des yeux et n'ont rien fait pour me retenir. Comme une anguille, je leur ai échappé des mains. J'ai quitté *La Grotte* sans un regard en arrière. Ce chapitre de ma vie était définitivement clos.

30. Un trait tiré sur le passé

C'est vraiment un miracle si je suis sorti vivant de cet antre de brigands. Je n'ai su que quelque temps plus tard, par une des serveuses que j'ai rencontrée par hasard dans la rue, comment l'histoire s'est terminée.

– Ce soir-là, Joker, m'a-t-elle raconté, après que tu as quitté le bistrot, il s'est passé quelque chose que je n'avais encore jamais vu. Rocky est revenu, il s'est assis avec Tokyo et Mario derrière le comptoir et ils se sont mis à boire.

– Comment? me suis-je exclamé, surpris. Tokyo et Mario ne boivent jamais d'alcool!

– C'est bien ce que je dis, a insisté la serveuse en hochant la tête. Ils ont commencé à écluser et à écluser, tu n'imagines pas à quel point. Ils étaient complètement anéantis par ce que tu leur as révélé. Et puis, ils ont élaboré un plan pour t'assassiner. Ils disaient qu'ils allaient t'attirer dans leur voiture et t'emmener dans la forêt en te faisant croire que vous alliez vous amuser un moment, et que là, ils te pendraient à un arbre pour faire un peu comme pour Jésus, ou quelque chose de ce genre.

J'ai secoué la tête, consterné par ce que je venais d'apprendre. Toutefois, je n'avais pas peur. Je savais que j'étais gardé par la main de Dieu et qu'il me protégerait contre tous ces projets de meurtre. J'ai d'ailleurs entendu parler d'autres plans que l'on dressait contre moi. En outre, les histoires les plus folles circulaient à mon sujet. On racontait que je me promenais habillé d'un imperméable et que je faisais peur aux enfants. Quelqu'un prétendait même m'avoir vu apparaître dans le bar sous la forme d'un «saint», comme ceux que représente l'imagerie religieuse, et proclamer: «Mes brebis, je viens vous rassembler!» Telles étaient les fables obscures qui, sans cesse, alimentaient les conversations au club.

Quatre jours après son départ, poussée par la curiosité, Kathrin m'a fait une visite surprise. Elle a ouvert prudemment la porte d'entrée et s'est avancée à pas de loup jusqu'au salon, s'attendant à me trouver en transe, au milieu de bâtons d'encens et de cierges. Au lieu de cela, j'étais tranquillement assis dans un fauteuil à lire la Bible. A sa vue, j'ai bondi de joie. J'avais envie de la serrer dans mes bras, mais je ne voulais pas l'effaroucher.

– Kathrin! me suis-je écrié. Je suis content de te voir! Est-ce que tu aimerais un café?

Déconcertée, elle a froncé les sourcils et s'est immobilisée sur le seuil.

– Toi, tu veux *me* préparer un café? Tu ne m'as jamais préparé de café, Jan, pourquoi est-ce que tu le ferais maintenant, comme ça, tout d'un coup?

– Parce que je t'aime vraiment. Et parce que je suis tellement content que tu sois revenue. Entre donc et assieds-toi!

Elle ne savait plus trop ce qu'il fallait penser de tout cela. Elle s'imaginait que j'avais atterri dans une secte et qu'elle n'allait pas tarder à devoir me faire interner à nouveau en psychiatrie. Elle s'est assise dans le canapé et s'est mise à observer chacun de mes faits et gestes avec méfiance. Je suis allé dans la cuisine, puis je suis revenu avec une tasse de café. Surprise, mais toujours très sceptique, elle l'a acceptée.

– Qu'est-ce qui t'arrive, Jan? Je ne comprends plus rien à rien!

– Ma chère Kathrin, Dieu existe vraiment, ai-je dit avec un grand sourire. Pour l'instant, tu ne comprends pas, mais avec le temps, tu te rendras compte qu'il s'est vraiment passé quelque chose en moi.

– Je vois qu'il s'est passé quelque chose: tu es devenu une mauviette!

J'ai éclaté de rire.

– Ecoute-moi, Kathrin. Il s'est passé quelque chose dans mon cœur. Sur cette montagne, j'ai rencontré un certain Matthias et on s'est retrouvés régulièrement pour parler. Il m'a ouvert les yeux sur beaucoup de choses. J'ai même arrêté de fumer.

– Tu as arrêté de fumer?

– Oui, du jour au lendemain, ai-je acquiescé en hochant la tête. J'étais complètement accro aux cigarettes, tu le sais bien. Mais Dieu veut que je ne sois dépendant que de lui. Matthias me l'a expliqué. Nous avons prié ensemble et, depuis, je n'ai plus touché à aucune cigarette. J'ai été entièrement délivré.

– Dis-moi, Jan, ce Matthias, sur la montagne, il n'est pas le fruit de ton imagination, par hasard?

– Kathrin, tu ne crois quand même pas que je suis de nouveau schizophrène?

– Je ne sais plus ce que je dois croire, a-t-elle fait en haussant les épaules. Quand tu me parles de ce Matthias, j'ai l'impression qu'il a plus d'influence sur toi que Tokyo! Et je trouve ça très inquiétant. Soit ce gars est le super gourou d'une secte et ça lui donne plus de pouvoir que Tokyo, soit c'est un fantôme.

– Matthias n'est ni un super gourou ni un fantôme, ai-je tenté de la rassurer. Tu feras sa connaissance, et tu verras, il est complètement inoffensif.

– Je crois que je n'ai pas envie de faire sa connaissance. Je trouve tout ça bien trop mystérieux. Tu reviens de cette cure et tu n'as plus que Jésus et Dieu à la bouche. Je n'arrive pas à partager ton enthousiasme, Jan. Je ne crois pas à l'existence d'un être surnaturel comme Dieu. Et pour être honnête, tout cela est trop compliqué pour moi.

J'ai hoché la tête, compréhensif.

– Tu sais quoi, Kathrin? Je t'achète une Bible pour enfants et, tous les soirs, je t'en lis une histoire. Tu verras comme c'est passionnant!

Kathrin a accepté, ce qui a fait de moi l'homme le plus heureux de la terre. Dès le lendemain, elle s'est réinstallée dans notre appartement et, comme promis, j'ai commencé à lui raconter chaque soir une histoire de la Bible pour enfants, en changeant de voix à chaque personnage. Et toutes les nuits, elle s'endormait un sourire aux lèvres. Pour la première fois, j'avais le sentiment de la rendre vraiment heureuse. J'étais si reconnaissant à Dieu de me l'avoir rendue. Durant quatre ans et demi, j'avais traité ma copine comme si elle n'existait pas et, malgré cela, elle m'était restée fidèle. Il était temps pour moi de récompenser cette fidélité. J'avais bien l'intention de faire les choses comme il fallait, cette fois.

Il y avait beaucoup d'autres choses, dans ma vie, que je voulais mettre en ordre le plus rapidement possible. En premier lieu, je me suis rendu aux bureaux de la caisse d'assurance maladie, où j'ai déclaré que je n'avais pas droit aux indemnités. La femme derrière le guichet m'a fixé, ahurie:

– Vous êtes conscient que vous ne toucherez plus rien si je tiens compte de ce que vous me dites là?

– Oui, je sais bien, et c'est pour cela que je suis venu.

Elle a rajusté ses lunettes et m'a regardé dans les yeux, la mine sérieuse.

– Comprenez-moi bien, Monsieur Günther, vous ne recevrez plus d'argent. Il vous faut encore une semaine d'arrêt maladie, sinon, vous n'aurez plus droit aux indemnités.

– Oui, je sais, c'est bien cela dont il s'agit, ai-je répété patiemment.

– Oui, a-t-elle fait, péremptoire, c'est bien cela dont Il s'agit. Et vous allez donc cesser d'insister et nous laisser régler cette affaire. Entendu?

J'ai quitté les lieux en secouant la tête. Et effectivement, malgré ma démarche, j'ai continué à toucher les indemnités. A dire vrai, nous en avions bien besoin pour rembourser nos dettes.

A partir de ce moment-là, ma vie a été remplie d'aventures! Si je racontais tout ce que j'ai vécu avec Jésus depuis le 21 novembre 2002, je pourrais noircir encore au moins mille pages. Malheureusement, j'ai aussi perdu de vue quelques-uns de mes anciens amis, comme Horst, à qui j'aurais tellement aimé raconter que j'étais devenu chrétien. J'ai aussi appris que Moustique était devenu alcoolique et qu'Ouragan avait quitté le milieu des hooligans, s'était marié et avait trois enfants.

Mon cher ami Dirk s'est séparé de sa copine et habite à nouveau seul. Il travaille comme mécanicien et est toujours un passionné de mots-croisés. Nous nous retrouvons parfois chez moi et, à ces occasions, nous passons des nuits entières à nous rappeler nos passionnantes aventures de jeunesse. Il n'est pas opposé à la foi et je prie pour que lui aussi puisse rencontrer Jésus un jour. Si Dieu a pu arracher de l'enfer un gars comme moi, il peut sauver chacun.

Kathrin ne sait pas encore trop quoi penser de Jésus. Mais là non plus, je ne me fais pas de souci, car je l'ai confiée à Dieu, et il prendra soin d'elle. Au fait, nous nous sommes mariés, entre-temps.

Matthias a terminé son école biblique et travaille comme pasteur pour les jeunes dans une petite église près de Berlin. Quant à moi, j'ai retrouvé un emploi de couvreur et je raconte à tous ceux que je rencontre de quelle manière Jésus a changé ma vie.

Exactement deux ans après ma conversion, je suis retourné à Burgschwanden. J'avais pris une décision importante, et deux témoins seulement – Kathrin et Matthias – devaient m'accompagner pour assister à cet acte symbolique.

C'était une journée pluvieuse, mais le temps qu'il faisait m'importait peu. Car à l'intérieur, j'étais profondément ému et passablement agité.

– Venez, je vais vous montrer où je suis né! ai-je dit lorsque nous avons atteint l'orée du bois, derrière la clinique.

Nous avons laissé la voiture et longé la rivière jusqu'au banc sur lequel j'avais donné ma vie à Jésus. J'avais l'impression de revivre toute la scène. Même les senteurs de la forêt me rappelaient cet événement bouleversant.

– Ecoutez, ai-je fait le torse bombé, j'ai pris une décision importante et je tiens à la sceller en présence de témoins à l'occasion de ce deuxième anniversaire.

C'était typique. Il fallait toujours que je verse dans la grandiloquence! Tout devait avoir une profonde valeur symbolique.

Nous nous sommes donc approchés de la rive et j'ai déclaré solennellement:

– Aujourd'hui, en ce 21 novembre 2004, je me sépare de mes vingt boucles d'oreilles.

A ces mots, j'ai dévissé une boucle après l'autre et je les ai jetées dans la rivière d'un geste élégant. Kathrin et Matthias me regardaient avec étonnement.

– Je me sépare aussi de toutes mes fringues de skinhead, de néonazi et de fan du BFC.

J'avais apporté dans un sac de sport mes vestes en cuir, mes *rangers*, mes habits de foot, etc., afin de les jeter en ce jour mémorable. C'est ainsi que je les ai expédiés avec plaisir dans une benne à ordures que nous avons trouvée sur le chemin du retour, à la lisière de la forêt. Il était temps pour moi de me séparer définitivement de tout cet attirail lié à mon ancienne vie et, en faisant cela, j'ai ressenti un magnifique sentiment de liberté.

– Et à partir de ce jour, ai-je affirmé pour conclure mon discours sur la rive de Burgschwanden, je me laisserai pousser les cheveux.

Jusque-là, j'avais toujours eu le crâne rasé, agrémenté d'une crête iroquoise. Mais désormais, j'étais prêt à tourner irrévocablement le dos à mon passé.

La dernière chose dont il fallait que je me sépare, c'était ma gigantesque collection de CD nazis. J'en avais plus de 500 et, en dehors de leur valeur symbolique, ils représentaient aussi une valeur commerciale non négligeable. Comme j'étais tenté de les vendre, j'ai dit à Dieu: «Je vais demander conseil séparément à plusieurs chrétiens. S'il y en a ne serait-ce qu'un seul qui est contre cette vente, j'irai à la déchetterie.»

J'ai appelé Matthias en premier. Je n'avais même pas achevé de formuler ma question qu'il s'est écrié: «A la poubelle!»

Le suivant était Maurice, de la «Tribu de Juda». Lui aussi était d'avis qu'on ne devait pas revendre ces trucs diaboliques. Finalement, j'ai demandé encore l'avis d'un membre de mon église qui m'a lui aussi fermement déconseillé de les vendre. Les choses étaient donc claires: toutes ces saletés nazies devaient finir sur un tas d'ordures. Et à qui pouvais-je demander de l'aide pour cette action? Au bon vieux Patrik, bien sûr!

Je l'ai donc appelé, et lorsque je lui ai fait part de mon intention, sa réponse a fusé: «A la décharge? J'arrive tout de suite!»

C'était lui qui avait passé cinq heures de travail intensif pour les trier par ordre alphabétique. Mais il l'avait fait uniquement parce qu'il était mon ami, car l'idéologie véhiculée par cette musique ne correspondait absolument pas à sa vision du monde. Il se réjouissait d'autant plus de pouvoir m'aider à m'en débarrasser. Avec un sourire de satisfaction, il a sorti les CD de mon armoire et les a fait disparaître dans quatre grands sacs de voyage. Ensuite, nous sommes partis pour la décharge.

Le soleil était déjà bas à l'horizon, en cette froide journée d'hiver, et un vent glacial soufflait, lorsque nous sommes arrivés près de la cabane du gardien, à l'entrée du complexe. Un homme vêtu d'une combinaison orange est sorti à notre rencontre.

– Qu'est-ce que vous avez à recycler? a-t-il demandé.

– Oh, seulement quelques vieux CD! ai-je répondu.

– Pour 20 marks, vous pouvez les jeter dans le broyeur, là-bas, a-t-il dit en désignant un grand container.

Sous son regard attentif, nous avons vidé avec élan le contenu des quatre sacs dans la machine.

– Vous avez raison de détruire ces trucs, a fait l'homme. Et de nos jours, tout se recycle!

Patrik et moi nous sommes contentés de nous regarder sans rien dire en réprimant un sourire.

– Vous voulez voir comment tous ces CD vont être broyés? a demandé l'ouvrier à notre grande surprise.

Il nous a fait signe d'approcher d'une construction en métal dont l'accès était en principe interdit aux personnes étrangères au service. Nous l'avons suivi et nous nous sommes installés de façon à bien voir le container. La température avait encore baissé et tout était étrangement calme. On aurait dit un calme qui précède la tempête. Et la tempête est arrivée. Comme un orage, mais en beaucoup plus fort, la machine s'est mise à gronder. Le vacarme était assourdissant. Nous observions, fascinés, comment les CD étaient réduits en miettes. Puis, le broyeur s'est arrêté. Le silence qui s'en est suivi n'était pas le même qu'avant; il était comme revêtu d'une certaine solennité.

Je savais que j'avais pris la bonne décision. J'avais abandonné à Jésus toutes ces saletés liées à ma vie passée. Tout ce qui faisait partie du vieux Jan gisait au fond de la rivière, dans une poubelle ou avait été réduit en pièces par la machine à broyer. C'était un sentiment agréable, un peu comme si j'avais réussi un examen final. Et je sentais que c'était comme un point de départ d'une nouvelle vie.

31. Le retour

Après ma conversion, j'ai évité les stades de football pendant deux ans. Je continuais à m'intéresser au BFC et je me tenais toujours informé des résultats de leurs matchs, mais je n'y assistais plus. Souvent, quand je rencontrais un supporter du BFC dans la rue, il m'interpellait:

– Hé Joker, on entend les trucs les plus fous à ton sujet! Pourquoi tu ne viens plus au stade?

– Mes priorités ont changé, tentais-je d'expliquer à chaque fois. Je suis toujours fan du BFC, mais avant, le club occupait la première place, puis suivaient la drogue et l'alcool et, très loin derrière, ma femme. Maintenant, à la première place – de loin la plus importante – il y a Jésus. Ensuite vient ma femme et, seulement après, toutes les autres choses. Le BFC se situe quelque part en bas de la liste, à la dix-huitième place ou quelque chose comme ça.

– Je ne te suis pas...

– Bon, je peux comprendre que tu aies du mal à saisir. Mais si tu veux en savoir plus, on peut en discuter quand tu veux et je t'expliquerai qui est Jésus.

– Non merci, me répondait-on alors généralement.

Certains étaient toutefois intéressés. Nous convenions alors d'un rendez-vous et, tout en nous promenant, je leur parlais de ma vie. Cela leur donnait l'occasion de réfléchir à la leur. Il arrivait même que des criminels notoires m'appellent pour me demander de prier pour eux. C'était fou! Les gens se rendaient compte que ce n'était pas du cinéma et que ma transformation était bien réelle. Kathrin aussi voyait que je vivais ma foi jour après jour. Au début, elle ne voulait pas l'admettre, mais au fond, ma fidélité à la Bible l'impressionnait. Même si elle ne parvenait pas à croire en ce Dieu, pour rien au monde elle ne m'aurait échangé contre l'ancien Jan.

Deux ans après avoir cessé de fréquenter les stades, je sentais que le temps était venu d'y retourner en tant que chrétien et en homme nouveau. J'ai demandé au pasteur de mon église de prier pour moi et je suis parti assister à une rencontre.

Sur le chemin, j'ai prié: «Seigneur, j'ai vraiment besoin que tu m'équipes. J'appelle ta bénédiction sur chaque mot, chaque conversation, chaque respiration que j'aurai. J'ai besoin de ton entière protection.»

C'était un match à domicile, par une journée d'hiver glaciale, mais je n'avais pas le temps d'avoir froid. Car soudain, j'étais de retour, moi, Joker, celui qui avait assuré l'ambiance, celui qui s'était distingué par sa brutalité et son absence de scrupule. Le Joker associé d'un bar de supporters, à qui beaucoup avaient fait confiance... et qui était aussi un traître. J'étais de retour, et 500 personnes avaient les yeux braqués sur moi, comme si j'étais un extraterrestre. C'était un véritable choc pour eux.

– Hé, dis, t'as vu, Joker est de nouveau parmi nous!

Cette nouvelle se répandait comme une traînée de poudre dans le milieu des hooligans. Leurs sentiments à mon égard étaient mitigés, lorsqu'ils me voyaient. Les uns disaient:

– Salut Joker. C'est génial que tu sois revenu! Qu'est-ce que tu deviens?

– Je suis chrétien, leur répondais-je, et j'ai une vie passionnante, tu peux me croire!

Mais d'autres devenaient agressifs et me criaient:

– Saloperie de traître!

Il faut dire qu'ils étaient tous d'extrême droite et que, pour eux, Jésus faisait partie des faibles. Et être faible, c'était être homosexuel ou gauchiste. Celui qui avait quelque chose à faire avec Jésus était à leurs yeux une mauviette, un blanc-bec, un minable. Ils ne comprenaient pas que Jésus était tout sauf faible. J'avais cependant quelques bonnes conversations où je ne parlais que de ma foi en Dieu. A un certain Martin qui, autrefois, venait toujours se soûler dans notre bar, j'ai ainsi pu dire:

– Tu te souviens, Martin, quand on se défonçait ensemble et que je te parlais de Dieu? Eh bien, je l'ai vraiment rencontré, ce Dieu. Et tu sais, il faut que je t'avoue aussi que je t'ai arnaqué, à l'époque. Je n'en avais qu'après ton argent.

– Allez, c'est tout à fait normal, a-t-il fait, m'arrêtant d'un geste.

– Non, ce n'est pas normal et j'aimerais m'en excuser. En plus, je me suis moqué de toi et j'ai parlé derrière ton dos, et je veux te demander pardon pour ça aussi.

– Bon, d'accord, ça va comme ça, Joker, a-t-il bredouillé, déconcerté.

Il avait du mal à concevoir que moi, qui avais fait partie des caïds au sein des hooligans, je lui présente mes excuses. Et c'est ainsi que je parlais à chacun. J'étais d'ailleurs étonné de voir combien j'étais encore connu dans le milieu, alors que j'avais disparu depuis deux années entières.

Mais mon plus grand «come-back» a été sans conteste lors du mariage de Tokyo, qui a eu lieu quatre ans après ma conversion. Jamais je n'allais oublier cette journée. Quelques semaines auparavant, j'avais reçu un SMS de mon ancien associé, libellé ainsi:

> *Cher Joker. Par ce message, je t'invite à mon mariage. Il aura lieu le 22 août au «Spartanerhof». Je serais ravi que tu sois parmi nous. Salut. Tokyo.*

J'étais stupéfait. Celui qui avait projeté de m'assassiner après ma conversion, qui avait eu l'intention de m'obliger à me déshabiller en plein stade pour faire un exemple devant tous, *ce* Tokyo me conviait à son mariage? S'agissait-il d'un piège? Ou avait-il vraiment enterré la hache de guerre?

Aussitôt, j'ai appelé Matthias.

– Matthias, je viens de recevoir une invitation pour le mariage de Tokyo. Qu'est-ce que je dois faire?

– Prie à ce sujet. Nous allons prier de notre côté. Dieu te montrera si tu dois y aller ou pas.

J'ai prié et, lorsque, le lendemain, j'ai eu à nouveau Matthias au téléphone, il lui semblait que je devais m'y rendre. Il m'a cité le Psaume 23 où il est écrit que Dieu dresse devant nous une table, en face de nos adversaires.[1]

Et des adversaires, j'allais en rencontrer, à ce mariage, ça, c'était certain! Il y aurait les «Hells Angels» venus du monde entier et tous les caïds de la mafia du foot. Je savais qu'ils ne verraient pas d'un bon œil que je me montre à cette grande fête. Mais quelque part, j'étais convaincu que je devais y aller.

J'ai demandé à toute mon église de prier pour moi ce jour-là. Puis, vêtu de mon plus beau costume, je suis parti pour le *Spartanerhof*, le nouveau bistrot de Tokyo, en portant mon cadeau de mariage. C'était un petit arbre avec, accroché à une branche, un verset biblique que j'avais écrit sur une étiquette: «C'est donc à leurs fruits que vous les reconnaîtrez.»[2]

Le *Spartanerhof* était un immeuble imposant que Tokyo et Rocky avaient rénové. Au-dessus de l'entrée étaient suspendus des masques de pierre et des têtes de mort. J'avais l'impression de me trouver dans un film, en m'avançant ce jour-là avec ma Golf jaune, couverte d'autocollants «Jésus», dans la cour où étaient stationnées au moins 80 motos des «Hells Angels». En outre, sur la vitre arrière, j'avais collé une grande affiche qui disait: «Jésus veut te parler.» Cette voiture jaune au milieu de toutes ces motos noires était déjà, en soi, une véritable provocation. Je suis sorti et, portant des deux mains mon pot avec la plante, j'ai commencé à monter les larges marches qui menaient au *Spartanerhof*.

....

1 Voir Psaume 23 verset 5.

2 Evangile de Matthieu, chapitre 7 verset 20.

Ils étaient tous là, ceux du BFC, et me fixaient bouche bée. Personne n'avait imaginé que j'oserais vraiment venir. Mais j'étais venu et, muni de mon cadeau, je montais les nombreuses marches, tandis que les invités formaient un genre de haie d'honneur à ma droite et à ma gauche. Certains ont même sorti leur appareil photo pour immortaliser cet instant historique. Puis, ils se sont mis à applaudir. On se serait cru sur le tournage d'un film à Hollywood, avec Dieu comme «réalisateur». Tout en ne cessant d'applaudir, ils me lançaient, sur un ton approbateur: «C'est courageux de ta part d'être venu, Joker. Chapeau!»

Peut-être cela ressemblait-il un peu à l'entrée de Jésus dans Jérusalem, le dimanche des Rameaux, me disais-je. Puis, je suis parvenu sur le seuil où j'ai été assailli par une musique tonitruante et des effluves d'alcool et de cigarettes. L'ambiance était sinistre. Tous les types avec leur blouson noir et à la mine patibulaire étaient assis et m'observaient d'un œil critique. J'ai posé l'arbuste sur une table en cherchant le marié des yeux, mais je ne l'ai vu nulle part. Puis, soudain, la musique a cessé et, avant qu'un nouveau morceau ne commence, une voix de basse bien connue a résonné à travers la salle:

– Où est mon ami Joker?!

Apparemment, la nouvelle de mon arrivée m'avait précédée. Il y a eu une bousculade pour laisser passer le géant qui se frayait un chemin au milieu de la foule. Tokyo avait encore grandi et grossi. Il était tellement énorme que j'avais l'impression d'être un moucheron à côté de lui. Et, enfin, nous nous sommes retrouvés face à face. Un large sourire illuminait son visage.

– Approche, mon petit!

Puis, en présence de tous ses invités, il m'a pris dans ses bras comme un vieil ami. Il m'a serré si fort et si longtemps que j'avais de la peine à respirer. Cette étreinte avait une signification incroyable. C'était le signe qu'il n'avait plus d'animosité à mon égard. C'était la marque de l'acceptation et de la réconciliation. La terre s'est comme arrêtée de tourner, tandis que nous étions ainsi dans les bras l'un de l'autre. C'était un moment très fort.

– Je suis vraiment content que tu sois venu à mon mariage, a-t-il dit finalement en me lâchant. Ça représente beaucoup pour moi. Merci!

– Mais c'est avec plaisir. Je suis très content que tu te maries.

– Joker, a-t-il déclaré solennellement, aujourd'hui, tu es mon hôte. Mange, bois et sois à l'aise! Qu'est-ce que je peux t'apporter comme boisson, une bière?

– Non, je ne bois plus d'alcool.

– Tu ne bois plus d'alcool?

– Non, j'ai arrêté. Et je ne fume plus non plus.

– C'est vrai, Joker? C'est trop! Alors va te chercher ce que tu veux.

Il m'a accompagné jusqu'au bar, où j'ai commandé un Red Bull.

– Allez, prends-en deux, a dit Tokyo en faisant signe au barman.

– Tu as raison, je vais même en prendre trois.

– Toujours le même vieux plaisantin! s'est esclaffé Tokyo en me tapant sur l'épaule. Tu me plais comme ça, Joker. Fais comme chez toi!

J'ai bu mon Red Bull et je me suis rapidement trouvé mêlé à toutes sortes de discussions. Maintenant que j'avais à nouveau la faveur de Tokyo, tout le monde voulait soudain me parler. Toutefois, il y avait aussi dans l'assistance des gens qui me haïssaient véritablement et qui n'attendaient qu'une occasion propice pour me tabasser. Dans cette atmosphère chargée d'électricité, j'étais pleinement conscient que Dieu me protégeait. Il veillait à ce que personne ne porte la main sur moi. Oui, jamais je n'oublierais ce mariage. Dieu m'a vraiment accompagné par son Esprit, je ne peux pas dire autre chose.

32. Leipzig

La nouvelle du retour du «grand» Joker s'est rapidement répandue. Un jour, alors que j'étais en train de me promener avec notre chien, mon portable a sonné. C'était Melek, un de mes anciens copains.

– Hé, Joker, vieille branche! a-t-il braillé avec son accent saxon prononcé, j'ai entendu dire que tu étais de retour. Ça te dirait de venir à la rencontre à Leipzig?

Je ne me décidais plus aussi rapidement qu'avant. En outre, Leipzig réveillait en moi de sombres souvenirs. C'était dans cette ville que j'avais été arrêté pour la première fois par la police, lors d'une rixe, en 1987. C'était là aussi que, à la fin des années 1990, j'avais été à nouveau appréhendé, cette fois pour détention de cocaïne. Leipzig était un véritable foyer de violence, connu pour ses débordements extrêmes. Si un derby y était disputé, il fallait s'attendre à un état de guerre. Cette ville était plus prisée par les casseurs de Berlin que leur propre cité, car, à chaque fois, les choses y dégénéraient et la police était complètement dépassée.

– Je vais y réfléchir Melek, ai-je répondu prudemment, je te rappelle.

Faut-il vraiment que je m'aventure dans cette foire d'empoigne? ai-je songé. Je connaissais Melek depuis quelques années. Meneur des hooligans de Leipzig, c'était lui qui prévoyait les lieux pour les combats de rue et qui se chargeait de faire entrer clandestinement des fumigènes dans les stades.

C'était ce week-end-là qu'il devait être décidé dans quelle ville auraient lieu les Jeux Olympiques de 2012, pour lesquels

Leipzig était candidate. Ainsi, de nombreux hommes politiques étaient attendus dans le stade. Connaissant Melek, je savais qu'il avait forcément quelque chose derrière la tête. *Il vaudrait peut-être mieux que je me tienne en dehors de tout ça*, ai-je songé. Mais à ce moment-là, sans que je puisse m'expliquer pourquoi, j'ai eu la conviction que Dieu avait prévu d'intervenir lors de ce derby. J'ai donc rappelé Melek pour lui dire que je viendrais.

C'est en mettant ma confiance entièrement en Dieu que je me suis rendu à Leipzig le samedi suivant. J'ai d'abord rencontré Melek dans le bar habituel des hooligans. En entrant, j'ai été saisi par un mélange de musique néonazie tonitruante, de fumée de cigarettes et de cris assourdissants. L'endroit était plein à craquer. C'était ici que les hooligans se retrouvaient chaque week-end pour mettre au point leurs actions futures. Melek m'a accueilli avec un enthousiasme non dissimulé et, sans me laisser le temps de m'orienter dans cet environnement étourdissant, il m'a aussitôt entraîné vers une table pour me présenter aux autres meneurs. Ils m'ont salué en levant leurs bouteilles de bière et, une fois que j'étais assis avec eux, ils m'ont fait part de leur plan. C'était bien ce que je craignais: à l'occasion de cette journée décisive quant au choix de la ville devant accueillir les Jeux Olympiques, ils avaient effectivement prévu une action d'«éclat». Mais leur plan dépassait de loin tout ce que j'aurais pu imaginer.

– Aujourd'hui, ce sera la journée la plus noire que Leipzig ait jamais connue, a annoncé Melek. Il ne faut surtout pas que la ville obtienne les jeux. On va tout faire pour empêcher ça.

Fier comme un coq, il m'a expliqué qu'ils avaient préparé deux banderoles de 30 mètres, sur lesquelles ils avaient écrit: «Des JO de Juifs: sans nous!» ou encore: «Rudolf Hess[1], martyr pour l'Allemagne!»

1 Rudolf Hess était un nazi de la première heure, représentant officiel d'Hitler auprès du parti national-socialiste.

Je n'en croyais pas mes oreilles. J'en avais pourtant déjà vu des vertes et des pas mûres, mais cela dépassait vraiment les bornes.

– Ça va faire un malheur! a déclaré Melek, enthousiaste. On va dérouler ces banderoles en plein match et provoquer un arrêt du jeu. Les médias vont se jeter là-dessus comme des vautours. Qu'est-ce que t'en penses, Joker?

J'ai regardé les gars en secouant la tête.

– Pour être tout à fait sincère, je n'en pense rien de bon. Vous savez que je suis chrétien, maintenant. Et croyez-moi, ce que vous avez prévu là, Dieu ne le permettra pas! Les agents de sécurité ne vous laisseront pas passer. Non, mon Dieu ne permettra pas une chose pareille.

Ils ont tous éclaté de rire et Melek a posé son bras autour de mes épaules en disant, sûr de lui:

– Ton Dieu ne permettra pas ça? Alors il n'a pas dû faire attention! Car on a déjà enterré le sac avec les banderoles sous les gradins réservés aux supporters. Ça t'en bouche un coin, hein?

Ces mots m'ont fait l'effet d'une gifle. Je ne savais que répondre.

– Mais quand même, ai-je murmuré. On n'échappe pas à Dieu.

Les gars ont mis un doigt sur leur tempe, en un geste évoquant ma «folie», et se sont amusés de mon inquiétude. Je me suis levé et me suis frayé un chemin jusqu'aux toilettes afin de reprendre mes esprits. Je m'y suis enfermé et me suis mis à prier en silence.

«Père, je me suis encore montré trop présomptueux. S'il te plaît, s'il te plaît, ne permets pas que ces banderoles soient déployées dans le stade. Je t'en supplie!»

Durant tout le trajet qui nous menait vers le terrain de foot, j'ai répété la même prière. Malgré mes efforts pour afficher un sourire, je ne pouvais dissimuler mon désespoir.

Parvenus au stade, nous nous sommes séparés. Melek et sa troupe se sont dirigés vers la tribune des supporters et moi, je suis allé à l'opposé, vers les gradins d'honneur. Je faisais les cent pas nerveusement en demandant à Dieu de faire un miracle, quand, soudain, quelqu'un m'a tapoté sur l'épaule.

– Hé, tu aimerais t'asseoir dans la section VIP?

– C'est à moi que tu parles? me suis-je étonné.

– Oui, il me reste un pass VIP, tu peux l'avoir, si tu veux.

Les choses commençaient à prendre une tournure intéressante. D'une manière tout à fait inespérée, je me suis donc retrouvé dans la tribune d'honneur, au milieu des personnalités politiques et des stars du foot. Il y avait un buffet avec des toasts au saumon et au caviar, du champagne et de délicieux amuse-bouche. J'en ai bien profité et, peu avant le coup d'envoi, j'ai choisi une bonne place. Puis, l'arbitre a sifflé le début de la partie.

Dans la tribune d'en face, j'ai aperçu les hooligans assoiffés de violence, ce qui m'a instantanément rappelé l'histoire des banderoles. Devant moi, un homme marchait de long en large, et cela me gênait pour suivre le match.

– Hé, tu ne peux pas te chercher une place? l'ai-je interpellé.

Il s'est retourné et je suis resté estomaqué. L'inconnu n'était autre que Ralf Petersen, une ancienne vedette de mon club! J'avais toujours été son fan. Et quand il jouait encore à Berlin, cela avait été un honneur pour moi de pouvoir le servir parfois dans notre bar. Il faisait souvent la une des journaux à scandale, avec ses histoires de femmes. Ralf m'a regardé, surpris.

– Mais, tu ne serais pas Joker? Le Joker du bar des hooligans à Berlin?

– Si, ai-je dit en hochant la tête. Assieds-toi à côté de moi, il y a encore une place de libre!

– Dis-moi, qu'est-ce que tu fais là? a-t-il demandé après s'être assis. Tu ne fais pas plutôt partie des casseurs d'en face?

– Ce chapitre est terminé pour moi. Tu sais, j'ai changé.

– Ça peut te sembler bizarre, mais moi aussi, j'ai changé, a-t-il affirmé. J'ai rencontré Dieu.

Je l'ai regardé, complètement abasourdi.

– C'est pas possible! Moi aussi!

Tout d'un coup, le match est devenu accessoire pour nous. Pleins d'enthousiasme, nous nous sommes mis à nous raconter nos histoires respectives et, sans nous en rendre compte, nous en faisions profiter tous les spectateurs qui nous entouraient.

– C'est pas un hasard si on s'est rencontrés aujourd'hui, ai-je dit, et je l'ai mis au courant des intentions des hooligans.

Aussitôt, il nous est apparu comme une évidence que nous devions prier d'urgence pour déjouer leur plan. Il ne fallait pas qu'ils parviennent à leurs fins!

«Seigneur, ne permets pas cela! nous sommes-nous écriés d'une voix forte qui montait jusqu'en haut des gradins. Jésus, tu es plus fort que ces fabricants de banderoles!»

A la mi-temps, un des membres de la troupe de Melek s'est faufilé jusque devant l'entrée de la tribune d'honneur et m'a crié: «C'est pour la deuxième mi-temps! Qu'est-ce qu'on va s'amuser!»

Coup de sifflet. Début de la deuxième mi-temps. Le club des hooligans aux banderoles avait deux buts de retard. Ils étaient partis pour perdre, ce qui promettait des émeutes plus violentes encore. Avec Ralf, nous nous sommes mis à prier plus ardemment: «Seigneur, veille sur ce stade! Veille sur ce stade! Ne les laisse pas parvenir à leurs fins!»

Coup de sifflet final. La deuxième mi-temps était terminée et, pour une raison inexplicable, les banderoles n'avaient pas fait leur apparition. Il n'y avait eu aucune bagarre ni aucune arrestation dans le stade. Même les quotidiens de Leipzig allaient parler par la suite d'un derby inhabituellement calme. Nos prières avaient été exaucées! Dieu avait effectivement veillé sur le stade. Mais j'avais hâte de savoir ce qui s'était passé avec les banderoles. Car ils avaient pourtant tout organisé à la perfection. Pourquoi donc ne les avaient-ils pas déroulées? Il fallait que je comprenne.

Après avoir pris congé de Ralf, je me suis frayé un chemin à travers la foule pour rejoindre la bande à Melek. Leur moral était au plus bas.

– Alors, qu'est-ce qui s'est passé? ai-je demandé à mon vieil ami avec un grand sourire. Où sont les banderoles?

C'était moi qui, maintenant, arborais un sourire triomphant. Melek, lui, donnait l'impression de revenir de chez le dentiste après un traitement de racine.

– Tu ne vas pas me croire! J'avais pourtant tout prévu jusque dans les moindres détails. D'abord, les gars n'étaient plus motivés. Et, ensuite, quand on a déterré les banderoles, on a eu la mauvaise surprise de voir qu'elles avaient pris l'eau. Elles étaient complètement détrempées. Je te le dis Joker, c'était comme si tout était ensorcelé.

– Non, Melek, ai-je répondu, crois-moi, si elles avaient été ensorcelées, vous auriez pu les montrer, vos banderoles!

Puis, en lui tapant amicalement sur l'épaule, j'ai ajouté:

– Je te l'avais bien dit: personne n'échappe à mon Dieu.

Et heureusement, car qui sait ce que je serais devenu, si je lui avais échappé…

Epilogue

Je me rappelle encore bien avec quel intérêt j'ai suivi les événements à la télévision, au moment de la chute du mur de Berlin. J'avais alors 19 ans et je venais juste de passer mon bac à Zurich, mais, au fond, je connaissais mieux les civilisations grecques et romaines que nos voisins allemands. Bien sûr, je savais que le pays était divisé en deux et que les habitants de l'Ouest étaient mieux lotis que ceux de l'Est. Cependant, mes connaissances s'arrêtaient là.

C'est seulement il y a trois ans, lors d'une tournée en ex-RDA avec mon mari Demetri, que je me suis réellement rendu compte de ce qu'avait été la vie des Allemands de l'Est avant 1989. Des pasteurs nous ont expliqué ce qu'impliquait, en ce temps-là, le fait d'être chrétien. Ils nous ont raconté qu'ils étaient espionnés par des fonctionnaires de la *Stasi* et même par leurs propres voisins. En Suisse, à l'école, on nous apprend à nous forger notre propre opinion, à réfléchir par nous-mêmes et à tout remettre en question. En ex-RDA, à seulement quelques centaines de kilomètres de chez nous, des gens comme Jan se retrouvaient en prison pour avoir agi de la sorte. Et, le plus fou, c'est que cela s'est passé il n'y a pas si longtemps et que les gens qui ont vécu ces choses sont des gens comme vous et moi!

Je considère comme un grand privilège d'avoir pu écrire l'histoire de Jan, alors que je suis citoyenne suisse. Il y a quelques années encore, j'avais une opinion un peu particulière du peuple allemand. A l'instar de Jan, qui haïssait les Juifs alors qu'il n'en connaissait aucun, je nourrissais de nombreux préjugés envers nos voisins d'Allemagne. Lorsque, en vacances quelque part, je voyais un Allemand un peu trop bruyant ou se plaignant de la nourriture, je pensais aussitôt: *Typique des Allemands!* presque comme si je lui étais supérieure. Depuis, j'ai beaucoup voyagé à travers le monde et j'ai jeté par-dessus bord mes jugements étriqués. J'ai appris à connaître et à apprécier de nombreuses cultures différentes. En outre, cela fait maintenant plus de deux ans que mon mari et moi habitons en Allemagne, et je n'échangerais pour rien au monde les amitiés que j'ai nouées dans ce pays.

Jan fait partie de ces personnes que je porte dans mon cœur. Dès notre première rencontre à l'aéroport de Berlin, j'ai vu briller dans ses yeux l'amour de Jésus. Je pensais commencer à enregistrer son histoire le lendemain seulement, mais, à peine étions-nous installés dans la voiture qu'il s'est lancé dans le récit de sa vie sans que je ne puisse l'arrêter. Le trafic était dense et, avant que nous soyons parvenus à destination, il m'avait déjà raconté bien des épisodes. J'avais rarement rencontré une personne capable de narrer les événements d'une manière aussi captivante: il savait bien garder le côté dramatique des situations, mais agrémentait aussi le tout d'un humour irrésistible. Il m'est souvent arrivé de rire aux larmes. Et lorsqu'il me détaillait les bagarres auxquelles il avait participé avec les hooligans, j'avais l'impression d'être transportée dans le film *Hooligans*, avec Elijah Wood dans le rôle principal.

Le deuxième jour, quand Jan m'a parlé de sa période d'incarcération dans une prison de la *Stasi*, il a spontanément décidé de me la faire visiter afin que je puisse mieux me la représenter. L'endroit était devenu, entre-temps, un lieu commémoratif ouvert à la visite. C'était la première fois depuis toutes ces années que Jan osait y retourner. Il m'a conduit dans les couloirs qui, m'a-t-il dit, sentaient la même odeur qu'alors et m'a même montré le bureau où il avait été interrogé. Mais ensuite, il n'a eu qu'un désir: ressortir aussi rapidement que possible, tant le souvenir de ces terribles moments était pesant.

Le troisième jour de mon séjour tombait le 3 octobre, qui est la Journée de l'Unité allemande. Ce jour-là, nous nous sommes rendus à la Porte de Brandebourg et Jan m'a montré l'endroit où il s'était tenu debout sur le mur, ce fameux 9 novembre, et où il avait soudain lâché la main d'un homme qui tentait de monter. Nous avons passé ensemble par la Porte, chose qui, dix-sept ans auparavant, aurait été une impossibilité. Et, soudain, tout ce que j'avais vu à la télévision et lu dans les journaux à ce sujet est devenu réalité pour moi. Tout d'un coup, cela me touchait personnellement. C'est ainsi que, grâce à Jan, un pan de l'histoire allemande a pris vie devant mes yeux. Je suis profondément bouleversée en pensant aux souffrances qu'il a dû endurer, lui et beaucoup d'autres habitants d'ex-RDA avec lui. Mais ce qui me touche plus encore, c'est cette certitude qu'aucun mur, serait-il même le plus haut du monde, ne peut empêcher Dieu de sauver des hommes. Il «est le même hier, aujourd'hui et pour l'éternité».[1] Son amour est infini pour chacun d'entre nous, peu importe la situation dans laquelle nous nous trouvons. Et c'est toute ma vie que je continuerai à publier ses miracles et ses hauts faits.

Damaris Kofmehl

1 Epître aux Hébreux, chapitre 13 verset 8.

Du même auteur

Marcio, la soif de vivre
Fils d'une prostituée brésilienne, Marcio s'enfuit de l'orphelinat et trouve refuge dans les rues, où il est bien vite confronté à la loi du plus fort. Coincé entre les gangs criminels et une police très brutale, il essaie de s'en sortir par ses propres moyens. Mais un jour, tout bascule. 248 pages – ISBN 2-8260-3431-6

Shannon, combat pour la vie
Qui pourra faire plier Shannon, meneuse de bande à Cleveland? Victime des maltraitances de son père, elle s'enfuit de chez elle et plonge dans une orgie d'alcool, de drogue et de sexe. Son quotidien, ce sont désormais les vols, les combats de rue et, avec l'engrenage infernal de la violence, les meurtres et le satanisme, puis la prison pour jeunes et l'hôpital psychiatrique. Son histoire pourrait s'arrêter là, avec une énième tentative de suicide, mais ce n'est pas le mot de la fin, car un autre combat se livre en parallèle: le combat pour la vraie vie! 296 pages – ISBN 2-8260-3432-4

Eliana, la vie après la samba
Quelle adolescente n'a pas rêvé de se retrouver sous les feux de la rampe? C'est ainsi qu'Eliana entend profiter de ses talents de danseuse de samba pour oublier l'absurdité et la morosité de sa vie. Le monde des night-clubs lui ouvre ses portes, avec ses lumières, ses paillettes et sa noirceur. Elle vole de reconnaissance en succès, mais le bonheur semble toujours lui échapper. Jusqu'au jour où son chemin croise celui de Margaret, une jeune Anglaise... 272 pages – ISBN 2-8260-3455-3

Rinaldo, crimes à l'aéroport
Rinaldo, jeune de 18 ans, est chef d'une bande de jeunes criminels. Lors d'un cambriolage important (vol de salaires), il est arrêté et connaît alors l'horreur des prisons brésiliennes. Frappé à plusieurs reprises, et même torturé, il promet à Dieu de devenir missionnaire s'il lui permet de sortir de cet enfer. Il est exaucé, puisqu'il est libéré au bout de six mois déjà. Mais une fois la liberté retrouvée, il oublie sa promesse et s'enfonce dans des crimes toujours plus graves... Pourtant, Dieu ne cesse de l'appeler. Va-t-il finir par céder? 312 pages – ISBN 2-8260-3462-6

Cours, Valdir, cours!

«Valdir ne répondit rien. Il se sentait tout drôle. Voilà qu'ils étaient assis là, deux vieux camarades d'école, à discuter armes comme ils avaient discuté filles ou football autrefois. Et le plus étrange, c'était que l'idée de posséder une arme commençait à lui plaire...» Comment Valdir, l'enfant qui redoutait les disputes de ses parents alcooliques, est-il devenu un chef de bande, un criminel redouté? Va-t-il pouvoir réellement changer de vie un jour? Ce nouveau récit passionnant et véridique de Damaris Kofmehl vous permettra de le découvrir. 288 pages – ISBN 978-2-8260-3490-2

Alex, la passion du risque

«Des sensations fortes! C'est exactement comme cela que je me l'étais imaginé. Et c'était même plus fort encore! Nous étions campés devant le restaurant du village, comme les fameux trois mousquetaires. A la place de l'épée, une pince coupante à portée de main, cachée sous la veste en jean. C'était une belle nuit d'été; une de ces nuits qui fait inventer les histoires les plus invraisemblables autour d'un feu de camp, et où l'exubérance dégénère dans l'incommensurable...»

Alex, un jeune Suisse peu ordinaire, toujours à la recherche d'une nouvelle poussée d'adrénaline, cambrioleur professionnel à ses heures perdues, va-t-il réussir à sortir du terrible engrenage dans lequel il s'est engagé? Vous le saurez en lisant ce récit authentique et captivant, qui ne peut laisser indifférent.

256 pages – ISBN 978-2-8260-3491-9

15 minutes de terreur

5 août 2002, *Murree Christian School*, Pakistan. Soudain, des coups de feu et des cris stridents retentissent dans le calme du matin. Pour les 150 enfants de cette école internationale située au pied de l'Himalaya, c'est alors le début de 15 minutes qu'ils ne seront pas près d'oublier...

Ces hommes, dehors, prêts à tirer sur tout ce qui bouge, vont-ils parvenir à leurs fins? D'où viennent cette haine et cette détermination dans leur regard? C'est ce que vous saurez en lisant ce récit authentique, profondément bouleversant mais aussi rempli d'un formidable message d'espoir et de pardon.

Un livre que l'on ne peut poser avant de l'avoir terminé!

320 pages – ISBN 978-2-8260-3512-1